पुस्तक माला

हिन्दी की जातीय संस्कृति और औपनिवेशिकता

सभ्यता-समीक्षा

रज़ा फ़ाउण्डेशन | THE RAZA FOUNDATION

हिन्दी की जातीय संस्कृति और औपनिवेशिकता

डॉ. राजकुमार

राजकमल प्रकाशन

रज़ा पुस्तक माला : सभ्यता-समीक्षा
प्रधान सम्पादक : अशोक वाजपेयी | सम्पादक : पीयूष दईया
राजकमल प्रकाशन प्रा.लि. और रज़ा फ़ाउण्डेशन का सह-प्रकाशन

ISBN-978-81-267-3084-1

मूल्य : ₹699

पहला संस्करण : 2018

प्रकाशक : राजकमल प्रकाशन प्रा. लि.
1-बी, नेताजी सुभाष मार्ग, दरियागंज
नई दिल्ली-110 002

शाखाएँ : अशोक राजपथ, साइंस कॉलेज के सामने, पटना-800 006
पहली मंजिल, दरबारी बिल्डिंग, महात्मा गांधी मार्ग, इलाहाबाद-211 001
36 ए, शेक्सपियर सरणी, कोलकाता-700 017

वेबसाइट : www.rajkamalprakashan.com
ई-मेल : info@rajkamalprakashan.com

मुद्रक : यश प्रिंटोग्राफिक्स
नोएडा-201301 (उत्तर प्रदेश)

HINDI KI JATIYA SANSKRITI AUR AUPNIVESHIKTA
(Criticism) by Dr. Rajkumar

श्री उदयन वाजपेयी के लिए

अभिनव रंगमण्डल (शरद शर्मा), इन्दौर ने रज़ा फ़ाउण्डेशन के सौजन्य से २०१४ में अशोक वाजपेयी फेलोशिप आरम्भ की थी। एक लाख रुपये की यह फेलोशिप प्रति वर्ष क्रमश: कविता और आलोचना के लिए देने का निर्णय किया गया था। सन् २०१५-१६ में यह फेलोशिप प्रो. राजकुमार, हिन्दी विभाग बी.एच.यू., वाराणसी को दी गयी थी। यह पुस्तक इसी फेलोशिप के तहत लिखी गयी है।

आमुख

कलाओं में भारतीय आधुनिकता के एक मूर्धन्य सैयद हैदर रज़ा एक अथक और अनोखे चित्रकार तो थे ही उनकी अन्य कलाओं में भी गहरी दिलचस्पी थी। विशेषत: कविता और विचार में। वे हिन्दी को अपनी मातृभाषा मानते थे और हालाँकि उनका फ्रेंच और अँग्रेज़ी का ज्ञान और उन पर अधिकार गहरा था, वे, फ्रांस में साठ वर्ष बिताने के बाद भी, हिन्दी में रमे रहे। यह आकस्मिक नहीं है कि अपने कला-जीवन के उत्तरार्द्ध में उनके सभी चित्रों के शीर्षक हिन्दी में होते थे। वे संसार के श्रेष्ठ चित्रकारों में, २०-२१वीं सदियों में, शायद अकेले हैं जिन्होंने अपने सौ से अधिक चित्रों में देवनागरी में संस्कृत, हिन्दी और उर्दू कविता में पंक्तियाँ अंकित कीं। बरसों तक मैं जब उनके साथ कुछ समय पेरिस में बिताने जाता था तो उनके इसरार पर अपने साथ नवप्रकाशित हिन्दी कविता की पुस्तकें ले जाता था : उनके पुस्तक-संग्रह में, जो अब दिल्ली स्थित रज़ा अभिलेखागार का एक हिस्सा है, हिन्दी कविता का एक बड़ा संग्रह शामिल था।

रज़ा की एक चिन्ता यह भी थी कि हिन्दी में कई विषयों में अच्छी पुस्तकों की कमी है। विशेषत: कलाओं और विचार आदि को लेकर। वे चाहते थे कि हमें कुछ पहल करना चाहिये। २०१६ में साढ़े चौरानवे वर्ष की आयु में उनकी मृत्यु के बाद रज़ा फ़ाउण्डेशन ने उनकी इच्छा का सम्मान करते हुए हिन्दी में कुछ नये क़िस्म की पुस्तकें प्रकाशित करने की पहल *रज़ा पुस्तक माला* के रूप में की है, जिनमें कुछ अप्राप्य पूर्व प्रकाशित पुस्तकों का पुनर्प्रकाशन भी शामिल है। उनमें गांधी, संस्कृति-

चिन्तन, संवाद, भारतीय भाषाओं से विशेषत: कला-चिन्तन के हिन्दी अनुवाद, कविता आदि की पुस्तकें शामिल की जा रही हैं। सभी पुस्तकों पर रज़ा साहब और उनके समकालीन मित्र चित्रकारों आदि की प्रतिकृतियाँ आवरणों पर होंगी।

हिन्दी की जातीय संस्कृति और औपनिवेशिकता एक ऐसा विषय है जिस पर लगातार कई दृष्टियों से विचार करने की ज़रूरत है क्योंकि ऐसे वैचारिक अनुसन्धान से ही हम उन कई प्रश्नों के उत्तर पा सकते हैं जो हमें बेचैन किये रहते हैं। हिन्दी में बार-बार व्याप रही विस्मृति, जातीय स्मृति की अनुपस्थिति आदि ऐसे कई पक्ष हैं जो आलोचना के ध्यान में बराबर रहने चाहिए। डॉ. राजकुमार की यह नयी पुस्तक ऐसे आलोचनात्मक उद्यम की ही उपज है और हम उसे सहर्ष प्रकाशित कर रहे हैं।

अशोक वाजपेयी
अगस्त २०१७, नयी दिल्ली

आरम्भिक

इस पुस्तक में संकलित निबन्धों के विषय यद्यपि ऊपरी तौर से देखने पर अलग-अलग लगते हैं, किन्तु इस सतह को हटाकर देखने पर विचार की वह प्रवहमान अन्तःसलिला दृश्यमान हो उठती है, जो इन सभी निबन्धों को परस्पर सम्बद्ध करती है। इन निबन्धों में कुछ बड़े, कुछ मँझोले और कुछ छोटे हैं। आकार-प्रकार की भिन्नता के बावजूद वैचारिक सघनता की दृष्टि से इनमें कोई बुनियादी अन्तर नहीं है।

इस पुस्तक के ज़्यादातर निबन्ध हिन्दी की प्रतिष्ठित पत्रिकाओं में प्रकाशित हो चुके हैं। कुछ ही निबन्ध ऐसे हैं जो इस पुस्तक में पहली बार प्रकाशित होंगे। इन निबन्धों को एक साथ भले न लिखा गया हो, लेकिन इन्हें एक योजना के तहत ज़रूर लिखा गया है। वस्तुतः ये निबन्ध अभिनव रंग मण्डल द्वारा प्रदत्त अशोक वाजपेयी फेलोशिप के अन्तर्गत लिखे गये हैं। इस योजना के पीछे एक विचार-दृष्टि सक्रिय रही है, जिसे सुविधा की दृष्टि से उत्तर-औपनिवेशिक भारतीय आधुनिकता की दृष्टि कहा जा सकता है। इन निबन्धों में भाषा-साहित्य और समाज-संस्कृति से सम्बन्धित उन वैकल्पिक सम्भावनाओं को चिह्नित करने और उनके निहितार्थों को उजागर का उद्यम किया गया है जो औपनिवेशिक/राष्ट्रवादी दौर में दबा दी गयी थीं।

ये निबन्ध औपनिवेशिक दौर में निर्मित भाषा, साहित्य, संस्कृति और समाज की उन अवधारणाओं को प्रश्नांकित करते हैं; जिन्हें लम्बे समय तक हिन्दी की जातीय और देशज परम्परा के रूप में प्रचारित किया जाता था। इसीलिए राष्ट्र और राष्ट्र निर्माण की प्रायः स्वतः सिद्ध मान ली गयी

परियोजना के औपनिवेशिक और यूरोकेन्द्रित सन्दर्भों को भी इन निबन्धों में रेखांकित किया गया है।

भारतीय इतिहास के आरम्भिक आधुनिक दौर में देश-भाषाओं का उदय साहित्य और संस्कृति की भाषा के रूप में होता है। देशभाषाओं के अभ्युदय से लेकर उत्तर औपनिवेशिक दौर तक इन निबन्धों का दायरा बिखरा हुआ है। किसी एक पुस्तक में इन सभी सन्दर्भों को समेट पाना प्राय: असम्भव है; फिर भी कोशिश यही रही है कि भारतीय आधुनिकता की वैकल्पिक सम्भावनाओं की एक झलक पाठकों को ज़रूर मिल जाय।

निबन्धों में कही गयी बातें किसी अन्तिम निष्कर्ष के रूप में नहीं, बल्कि एक रचनात्मक बहस के रूप में पेश की गयी हैं। यह मानकर चला गया है कि विचार-विमर्श से यह बहस और भी समृद्ध होगी, जिससे भारतीय आधुनिकताओं की वैकल्पिक सम्भावनाओं को समझने में मदद मिलेगी।

यह पुस्तक मुख्य रूप से औपनिवेशिक काल में निर्मित हिन्दी की कथित जातीय परम्परा और उसके औपनिवेशिक सन्दर्भ पर केन्द्रित है। लेकिन इसमें भारतीय आरम्भिक आधुनिकता, औपनिवेशिकता और उत्तर औपनिवेशिकता से जुड़े हुए सन्दर्भों को भी स्थान दिया गया है। वास्तव में इन तीन काल खण्डों को आमने-सामने रखकर भारतीय सांस्कृतिक इतिहास की एक नयी दृष्टि विकसित करना ही इस पुस्तक का अभीष्ट है।

मैं श्री अशोक वाजपेयी जी का आभारी हूँ, जिन्होंने रज़ा फ़ाउण्डेशन की योजना के तहत इस पुस्तक को प्रकाशित करने का निर्णय लिया। इस पुस्तक की पाण्डुलिपि इतनी जल्दी तैयार नहीं हो पाती यदि श्री पीयूष दईया ने इसे यथाशीघ्र तैयार करने का बार-बार आग्रह न किया होता। इसलिए इसके प्रकाशन के निमित्त स्वरूप पीयूष दईया के प्रति मैं अनुगृहीत हूँ। राजकमल प्रकाशन समूह के स्वामी श्री अशोक महेश्वरी के उद्यम से यह पुस्तक प्रकाशित हो रही है। इस हेतु उन्हें धन्यवाद।

डॉ. राजकुमार

क्रम

आमुख : अशोक वाजपेयी

आरम्भिक : डॉ. राजकुमार ९

प्रथम खण्ड : भाषा और साहित्य

बहता नीर
आरम्भिक आधुनिक भारत में भाषा और समाज १५

लोकसाहित्य और लोककलाएँ
संरक्षण एवं अध्ययन की समस्याएँ ५०

क्या अनुवाद की भारतीय पद्धति भी थी? ५७

हिन्दी नवजागरण की परिकल्पना
अवधारणा पर पुनर्विचार की ज़रूरत ७१

अज्ञेय का काल-चिन्तन ८६

मुक्तिबोध का साहित्य और आधुनिकतावाद १००

आलोचना और रचना १०६

कविता की पहचान ११६

साहित्य : रचनाकार, आलोचक और पाठक १३३

साहित्य, कला और विज्ञान १३७

रीतिकाव्य और हिन्दी–आलोचना १४१

औपनिवेशिकता और हिन्दी १४८

द्वितीय खण्ड : समाज और संस्कृति

पंचायत का सपना १५७

भारतीय परम्परा का लोकतन्त्र १६७

विकास बनाम लोकतन्त्र १७५

सामाजिक न्याय और आधुनिकता का विमर्श १८२

राजनीति का धर्म और धर्म की राजनीति १८७

मुक्तिकामी राष्ट्रवाद की प्रतिक्रियावादी परिणति २०४

प्रेम और द्रव्य पर मार्क्स और गेटे २०८

अपने–अपने गांधी २१५

प्रथम खण्ड

भाषा और साहित्य

बहता नीर
आरम्भिक आधुनिक भारत में भाषा और समाज

१

> शेल्डन पोलक : 'उपनिवेशवाद ने दक्षिण एशिया को कैसे बदला, यह हम तब तक नहीं जान सकते, जब तक हमें ये न मालूम हो कि यहाँ क्या था, जिसे उसने बदला।' (२०११ : १९)

औपनिवेशिक दौर में निर्मित ज्ञान के विभिन्न अनुषंगों का विगत वर्षों में गम्भीर अध्ययन तो किया गया और उसकी कमियों का भी यथोचित उल्लेख हुआ, लेकिन भाषाविज्ञान एक ऐसा क्षेत्र है, जहाँ औपनिवेशिक दौर में रचे गये ज्ञान का दबदबा अभी भी बहुत कुछ कायम है। औपनिवेशिक दौर में निर्मित भाषायी मानचित्र मुख्यत: इस तथ्य पर आधारित है कि आर्य भारत में बाहर से आये। इसलिए भारत में मुख्य रूप से दो भाषा परिवार बने जिन्हें 'आर्य-भाषा' परिवार और 'द्रविड़-भाषा' परिवार नाम दिया गया। आर्यों की दो शाखाओं की परिकल्पना की गयी जिनमें से एक यूरोप की ओर चली गयी और दूसरी भारत की ओर आ गयी। यह माना गया कि दो शाखाओं में विभाजित होने से पहले ये एक ही तरह की भाषा का इस्तेमाल करते रहे होंगे। इसलिए उत्तर भारत की आर्य भाषाओं और यूरोप की भाषाओं में खोजने पर कुछ न कुछ सामान्य तत्त्व मिल जायेंगे। यद्यपि 'इण्डो-यूरोपियन' भाषा परिवार के प्रणेता विलियम जोन्स ने माना कि भाषा के उस आदि रूप को खोज पाना मुश्किल है, जिससे इस

परिवार की भाषाओं की उत्पत्ति हुई। लेकिन उत्पत्ति के किसी आदि स्रोत की कल्पना के सहारे हम उसके मूल रूप के समीप पहुँच सकते हैं। इस हेतु हमें सम्बद्ध भाषाओं के बाहरी प्रभावों को हटा कर उस भाषा के मूल रूप की खोज धातु और व्याकरणिक संरचना के आधार पर करनी होगी। इस तरह भाषा की एक आत्मपूर्ण संरचना की कल्पना की गयी और ऐतिहासिक भाषा–विज्ञान के सहारे उसके विकास के विभिन्न चरणों को रेखांकित किया गया। यह सही है कि उस दौर में भाषाओं के पारस्परिक मिश्रण के सहारे भाषाओं के विकास को व्याख्यायित करने वाले विद्वान भी थे। लेकिन तुलनात्मक भाषाशास्त्र का विकास इस तरह हुआ कि भाषायी मिश्रण को परवर्ती परिघटना समझ कर हाशिये पर धकेल दिया गया। कहा गया कि भाषाओं का 'जेनेटिक सम्बन्ध' प्रारम्भिक अवस्था का सूचक है और इसके जरिये भाषा के बुनियादी तत्त्वों को चिह्नित किया जा सकता है। भाषा की परिकल्पना उसके अमिश्रित बुनियादी तत्त्वों के सहारे व्याकरण की बुनियाद पर की गयी। इस तर्क की निष्पत्ति यह है कि भाषा का मूलभूत आन्तरिक तत्त्व ही महत्त्वपूर्ण है और बाक़ी चीज़ें बहुत मायने नहीं रखती हैं। भाषायी वंशवृक्ष में एक ही परिवार की भाषाओं के मध्य इन्हीं मूलभूत तत्त्वों के आधार पर उनके सम्बन्धों को समझा जा सकता है। इस हेतु दूसरे स्रोतों से आये शब्दों को पहचानना और उन्हें बाहर करना ज़रूरी माना गया। इस तरह भाषायी मिश्रण के औचित्य का ही निषेध कर दिया गया। स्पष्ट है कि भाषायी वंशवृक्ष के मध्य सम्बन्ध व्यवहार में आने वाली भाषा के आधार पर नहीं बल्कि उसके अमूर्तन के सहारे स्थापित किया गया।

विलियम जोन्स के एक समान भाषा से लैटिन, ग्रीक और संस्कृत की उत्पत्ति के सिद्धान्त के पीछे ईसाई चिन्तन परम्परा की भूमिका हो सकती है। अम्बर्तो इको ने अपनी पुस्तक 'सर्च फार परफेक्ट लैंग्वेज' में इस परम्परा का उल्लेख किया है। उनके अनुसार यह कहानी बाइबल से शुरू होती है। विप्लव के बाद समूची पृथ्वी पर सिर्फ़ एक ही भाषा थी और सर्वत्र वही बोली जाती थी। लेकिन 'इंसान ने अपने दम्भ में ईश्वर से होड़ लेने की ठानी और स्वर्ग तक पहुँचने के लिए मीनार बनानी शुरू की। मनुष्य के घमण्ड को चूर करने के लिए और इस तरह के मीनार के निर्माण की प्रक्रिया रोकने के लिए ईश्वर ने सोचा कि मुझे नीचे उतरना चाहिए

और वहाँ पहुँच कर उसने भाषा को इस तरह उलझा दिया कि वे एक-दूसरे की बात न समझ पायें...इसीलिए इस मीनार का नाम 'बेबेल' पड़ा। ईश्वर ने समूची धरती की भाषा को तोड़ दिया और फिर उसे पूरी धरती की सतह पर बिखरा दिया, विलियम जोन्स की परिकल्पना के अनुसार ग्रीक, लैटिन ग्रीक, फ़ारसी और संस्कृत एक भाषा परिवार की भाषाएँ हैं और इस समूह की मूल भाषा सम्भवतः संस्कृत थी। फिर इसी के साथ यह बात भी चल निकली कि चार-पाँच हज़ार वर्षों के अलगाव के बाद यूरोप के आर्यों का अपने बिछुड़े हुए भारतीय आर्यों से मिलन हुआ है। अब यह ज़िम्मेदारी यूरोप के आर्यों की है कि वे अपने बिछुड़े और पिछुड़े हुए भारतीय आर्यों को उन्नत सभ्यता का पाठ पढ़ा कर सभ्य बनायें और समान उत्पत्ति के मूल स्रोतों को खोज निकालें। विडम्बना यह है कि इस समूची कहानी को उन्नीसवीं सदी की पढ़ी-लिखी जातियों ने हाथों-हाथ लिया। केशवचन्द्र सेन जैसे लोगों के कथन से इस तथ्य की पुष्टि होती है। अपनी हीन ग्रन्थि से मुक्ति पाने के लिए उन्हें यह सिद्धान्त बहुत आकर्षक लगा कि पश्चिमी सभ्यता के मूल स्रोत भारतीय हैं। इसी के साथ यह बात जोड़ दी गयी कि भारतीय आर्य सभ्यता में कालान्तर में जो गिरावट आयी, उसका मूल कारण इस्लामी आक्रमण है। कहने का आशय यह है कि यह परिकल्पना औपनिवेशिक हितों के अनुकूल तो थी ही, तत्कालीन प्रबुद्ध भारतीयों को भी रास आ रही थी। (२००६ : २१२-२३०)कहा जाता है कि हम जो चाहते हैं, वही खोज भी लेते हैं। इस प्रसंग में भी यही हुआ। उत्तर भारत की भाषाओं और यूरोप की भाषाओं में कुछ सामान्य तत्त्व खोज निकाले गये और उनकी बुनियाद पर 'इण्डोयूरोपियन' भाषा परिवार का महल खड़ा कर दिया गया। विडम्बना यह है कि आज की तारीख़ में आर्यों के बाहर से आने और यहाँ आक्रमण कर अपना वर्चस्व स्थापित करने की सैद्धान्तिकी को निर्विवाद तथ्यों और तर्कों के आधार पर सिद्ध कर पाना मुश्किल है। यहाँ तक कि रोमिला थापर ने अपनी पुस्तक 'द पास्ट बिफोर अस' में इतिहास लेखन के एक विशेष दौर में निर्मित एक आख्यान के तौर पर इस समूची परिघटना का उल्लेख किया है। लेकिन इसे एक निर्विवाद तथ्य के रूप में नहीं रखा है। 'इण्डोयूरोपियन' भाषा परिवार की परिकल्पना को स्वीकार कर लेने पर हुआ यह कि भारत की कथित आर्य भाषाओं और यूरोप की भाषाओं के बीच तुलनात्मक अध्ययन के द्वारा सामान्य तत्त्वों को सामने लाने का

प्रयास तो ख़ूब हुआ, लेकिन भारतीय भाषाओं के बीच समानता और निरन्तरता के तत्त्वों को देखने और उनके निहितार्थों को समझने की कोशिश लम्बे समय तक कम ही की गयी।

टॉमस आर. ट्राटमान के शब्दों में : 'सबसे बुरी बात यह हुई कि भाषा-परिवार की इस सैद्धान्तिकी ने भारत के इतिहास को दो प्रजातियों के इतिहास के रूप में देखने की बुनियाद रख दी। इतिहास की बुनियादी शर्त के रूप में नस्ल की इस नयी यूरोपीय परिकल्पना का भारतीय इतिहास की व्याख्या पर बहुत गहरा असर पड़ा। इसे ही मैंने भारतीय सभ्यता की नस्लीय सैद्धान्तिकी कहा है। इस सैद्धान्तिकी के अनुसार भारतीय सभ्यता की निर्मिति दो प्रजातियों के संघर्ष और उनके आंशिक मिश्रण से हुई। ये प्रजातियाँ थीं; गोरे और संस्कृत बोलने वाले आक्रान्ता आर्य और द्रविड़ भाषा बोलने वाले काले बर्बर मूल निवासी। इस शुरुआती संघर्ष से जाति-व्यवस्था की उत्पत्ति होती है। इस संघर्ष के परिणामस्वरूप पैदा होने वाली नयी सभ्यता की केन्द्रीय संस्था जाति-व्यवस्था बनती है। यह दृष्टिकोण लम्बे समय तक भारतीय सभ्यता के इतिहास के महाख्यान के रूप में कायम रहा। अब ज़रूर इस महाख्यान की सच्चाई पर सन्देह किये जाने और उसकी जाँच-पड़ताल की शुरुआत हुई है। मैंने अन्यत्र दिखाया है कि इण्डोयूरोपियन यानी भारोपीय और द्रविड़ भाषाओं के बीच मुठभेड़ को दो नस्लों की मुठभेड़ के रूप में व्याख्यायित करने के लिए उपलब्ध साक्ष्यों को कितना ज़्यादा तोड़-मरोड़ कर पेश करना होगा! यही नहीं, सभ्यता को गोरी प्रजाति से और बर्बरता को काले लोगों के साथ तात्विक रूप से सम्बद्ध करना बिल्कुल ग़लत है।' (२००६ : २२५)

भारोपीय भाषा-परिवार और आर्यों के आक्रमण से सम्बन्धित विवाद के विस्तार में जाय बिना मैं इस चर्चा को डॉ. कोएनराड के उद्धरण से समाप्त करना चाहता हूँ : 'यह कहना तो जल्दबाजी होगी कि भाषा वैज्ञानिकों ने भारोपीय भाषा परिवार की भारतीय उत्पत्ति के सिद्धान्त को साबित कर दिया है। लेकिन हम इतना ज़रूर विश्वासपूर्वक कह सकते हैं कि यूरोपीय उत्पत्ति और आर्यों के भारत पर आक्रमण के बहुउद्धृत भाषायी साक्ष्य पूरी तरह अपर्याप्त हैं। यूरोपीय उत्पत्ति के सिद्धान्त एक-एक करके उन विद्वानों द्वारा ग़लत साबित किये जा चुके हैं जिनका भारतीय उत्पत्ति सिद्धान्त और उससे सम्बन्धित ज्ञान से कुछ लेना-देना नहीं है।' (लिंग्विस्टिक एस्पेक्ट

ऑव द इण्डो-यूरोपियन अरहिमट क्वेश्चन, डॉ. कोएनराड एल्स्ट, द कोएनराड एल्स्ट साइट)

दो

शेल्डन पोलक के अनुसार यूरोप में 'ओरिजिन पैराडाइम' की शुरुआत आधुनिकता के आगमन से पहले ही हो चुकी थी। 'ओरिजिन पैराडाइम' का मतलब यह है कि उत्पत्ति, वंश की शुद्धता और मिश्रण के निषेध को लेकर पश्चिम में बड़े पैमाने पर चिन्तन किया जा रहा था। इसके साथ ही ऐतिहासिक आवश्यकता के रूप में राष्ट्र के महत्त्व का एहसास बढ़ रहा था और इतिहास के कर्त्ता के रूप में आम आदमी की भूमिका पर विचार हो रहा था। अठारहवीं सदी की 'राष्ट्र और भाषा परियोजना' इसी प्रक्रिया की तार्किक परिणति थी। इस परियोजना के बारे में ट्राटमान ने लिखा है कि 'राष्ट्र और भाषा परियोजना' का, जैसा कि हमने देखा, शुद्ध विज्ञान से सम्बन्ध नहीं था, भले ही ऐसा प्रायः कहा जाता रहा हो; लेकिन ये ऐसा शुद्ध विज्ञान नहीं, जिसने धर्म की जंजीरों से स्वयं को मुक्त कर लिया हो। इसके विपरीत इस परियोजना की गहरी जड़ें बाइबिल में हैं—उन राष्ट्रों की वंशावली में हैं जो नोह और उनके तीन पुत्रों से अवतरित हुए। (२००६ : २१३) ट्राटमान के इस खुलासे पर सेक्युलर और धार्मिक राष्ट्रवादियों को ज़रूर ग़ौर करना चाहिए। यही नहीं, अठारहवीं-उन्नीसवीं सदी में निर्मित भाषा परिवारों की परिकल्पना और तुलनात्मक भाषाशास्त्र पर अगाध श्रद्धा रखने वाले विद्वानों को ट्राटमान की इन बातों पर भी ग़ौर फरमाना चाहिए : 'अठारहवीं सदी में शुरू हुई भाषाओं की तुलना का एक वृहत्तर इथनोलाजिकल चरित्र था और इसका मकसद भाषाओं का वंशवृक्ष तैयार करना था। भाषाओं का वंशवृक्ष तैयार करना स्वयं में उद्देश्य नहीं, साधन था—राष्ट्रों के वंशवृक्ष तक पहुँचने का साधन। इसका उद्देश्य राष्ट्रों की पारस्परिक सम्बन्धों की विलुप्त हो चुकी स्मृतियों को दोबारा हासिल करना था। इस परियोजना और इसकी खोजों को भाषा-वैज्ञानिक फ्रेम में देखा जाना था। ऐसी भाषा-वैज्ञानिक समझ जो भाषा को एक आत्मपूर्ण इकाई मानती हो, समूची तस्वीर को भले ही न पकड़ती हो, लेकिन भारत में उसे प्रायः इसी रूप में लागू कर भाषा-परिवारों की परिकल्पना की गयी।' (२००६ : XIX, XX)

प्रश्न यह है कि क्या किसी भाषा की उत्पत्ति को किसी एक भाषा-परिवार के साथ जोड़ कर व्याख्यायित किया जा सकता है? उत्पत्ति का मिथ किसी भाषा के बनने की प्रक्रिया को किस सीमा तक व्याख्यायित कर सकता है? ये प्रश्न इसलिए महत्त्वपूर्ण है क्योंकि बाहरी प्रभावों को हटा कर भाषा के किसी मूलभूत अमिश्रित रूप की परिकल्पना का प्रभाव आधुनिक भाषाओं की स्वतन्त्र अस्मिता-निर्माण-प्रक्रिया पर भी पड़ा।

असल में औपनिवेशिक अध्येता जिस समय भारत के भाषायी मानचित्र का अध्ययन कर रहे थे, उस दौर में ज्ञान-विज्ञान के सभी अनुशासनों पर प्रत्यक्षवादी (Positilism) पद्धति का वर्चस्व था। प्रत्यक्षवादी पद्धति किसी परिघटना का अध्ययन करने के दौरान भिन्नता और समानता के आधार पर पहले उसका वर्गीकरण करती है, फिर तुलना करती है, और अन्ततः उसको एक नाम दे देती है। इस प्रक्रिया में किसी भी परिघटना के उन तत्त्वों का निषेध हो जाता है, जो इस पद्धति में फिट नहीं बैठते। नामकरण और वर्गीकरण की यह प्रक्रिया प्रायः विरोधी युग्मों के सहारे खड़ी की जाती है और इसमें स्व और अन्य के बीच एक स्पष्ट विभाजक रेखा खींचना आवश्यक होता है। सफ़ेद और स्याह अथवा स्व और अन्य की बुनियाद पर निर्मित इस ज्ञान-व्यवस्था में ऐसे तत्त्वों का प्रायः निषेध हो जाता है जो किसी एक कोटि में पूरी तरह फिट नहीं बैठते। इस तरह दरम्यानी रूपों और अन्तःसम्बन्धों के लिए कोई जगह नहीं छूटती। ऐसी परिघटना जिसका स्वरूप स्पेक्ट्रम या कंटिनम जैसा हो, उसका बोध तो इस पद्धति से हो ही नहीं सकता। कहने की ज़रूरत नहीं होनी चाहिए कि भारत में भाषाओं और बोलियों और भाषा-परिवारों के अध्ययन में इसी पद्धति का इस्तेमाल किया गया। विडम्बना यह है कि, जैसे दूसरे अनुशासनों में वैसे ही भारत की भाषाओं के अध्ययन के प्रसंग में भी, इस पद्धति से निर्मित ज्ञान को वैज्ञानिक ज्ञान की तरह निर्विवाद और अकाट्य सत्य मान लिया गया। यही नहीं, इस ज्ञान के आलोक में भारत के यथार्थ को समझने और परिवर्तित करने का प्रयास किया गया। यथार्थ के अनुरूप सैद्धान्तिकी विकसित करने के बजाय सैद्धान्तिकी के आधार पर यथार्थ को देखने और बदलने की इस उलटबाँसी की शुरुआत भले ही उन्नीसवीं सदी में हुई हो, लेकिन यह सिलसिला आज भी ख़त्म नहीं हुआ है। चाहे राष्ट्र की अस्मिता हो या विभिन्न भाषाओं की अस्मिता हो या धार्मिक-सामाजिक अस्मिताएँ

ही क्यों न हो, इन सभी का निर्माण इसी पद्धति के सहारे उन्नीसवीं सदी में हुआ। क्योंकि यह लेख मूलतः भाषायी अस्मिताओं के निर्माण प्रक्रिया पर केन्द्रित है, इसलिए अपनी बात को स्पष्ट करने के लिए हम विभिन्न भाषाओं की स्वतन्त्र अस्मिता निर्माण प्रक्रिया से जुड़े हुए फ़िलहाल यहाँ सिर्फ़ दो उदाहरण देना चाहेंगे।

उड़ीसा में जब उड़िया को बांग्ला से स्वतन्त्र भाषा बनाने का आन्दोलन चला तो फकीर मोहन सेनापति भी इससे जुड़ गये। लेकिन मुसीबत यह हुई कि उड़िया को बांग्ला से स्वतन्त्र भाषा मानने के बावजूद वे जो कुछ लिखते उसमें और बांग्ला में कोई ख़ास फ़र्क़ न दिखायी पड़ता। उल्लेखनीय है कि फकीर मोहन सेनापति के पथप्रदर्शक गुरु जॉन बीम्स नामक महानुभाव थे। जॉन बीम्स की वजह से ही उड़ीसा के स्कूलों में शिक्षा के माध्यम के रूप में उड़िया की शुरुआत हुई। जॉन बीम्स आम आदमी (अनपढ़) के द्वारा बोली जाने वाली भाषा को ही सच्ची भाषा मानते थे और तत्सम शब्दों के प्रयोग को उचित नहीं समझते थे। बीम्स के इस तरह के विचारों से फकीर मोहन सेनापति को ऐसी उड़िया भाषा खड़ी करने में मदद मिली जो बांग्ला से भिन्न दिखायी पड़े। गगनेन्द्रनाथ दास ने लिखा है कि सामान्यतः यह माना जाता है कि कोई उपन्यासकार पहले अपनी विषय-वस्तु का चुनाव करता है और फिर ऐसा प्लाट और चरित्र खड़ा करता है जो उसकी विषय-वस्तु को बेहतर ढंग से प्रस्तुत कर सके। अन्ततः विषय-वस्तु और चरित्र उपन्यास की भाषा और शैली को निर्धारित करते हैं। लेकिन ऊपर की चर्चा से ऐसा लगता है कि 'छः मन और आठ गुण्ठ' के प्रसंग में इसका उल्टा हुआ। क्योंकि विशेष ऐतिहासिक परिस्थिति में निम्नवर्गीय जनों के बीच बोली जाने वाली भाषा के आधार पर चरित्र और विषय-वस्तु का निर्धारण हुआ। (२००६)।

लम्बे समय तक पंजाब में ब्रजभाषा और हिन्दी-उर्दू का साहित्यिक और सांस्कृतिक भाषा के रूप में इस्तेमाल होता रहा था। विभाजन के पश्चात पंजाबी को पंजाब की भाषा बनाने की माँग की जाने लगी। भाषावार राज्य गठन की प्रक्रिया के अमल में आने के साथ पंजाब का एक और विभाजन हुआ। हिन्दी भाषी क्षेत्र को पंजाब से अलग कर हरियाणा राज्य बनाया गया। इस तरह पंजाब की भाषा पंजाबी बनी और हरियाणा की हिन्दी हुई। लेकिन पाकिस्तान के कब्जे वाले पश्चिमी पंजाब की सांस्कृतिक और

प्रशासनिक भाषा आज भी उर्दू है। इन उदाहरणों से यह बात स्पष्ट होती है कि स्थानीय बोली को एक स्वतन्त्र भाषा के रूप में स्थापित करने के पीछे 'भाषा' की बोधगम्यता से कहीं ज़्यादा सामाजिक–राजनीतिक कारणों की भूमिका होती है।

फकीर मोहन सेनापति के उदाहरण से यह बात स्पष्ट होती है कि क्षेत्रीय भाषाओं की स्वतन्त्र अस्मिता–निर्माण–प्रक्रिया एक सचेत राजनीतिक आन्दोलन का हिस्सा थी और इस प्रक्रिया में उस क्षेत्र के पढ़े–लिखे लोगों के साथ ही औपनिवेशिक अध्येताओं की नियामक भूमिका थी। वास्तव में यह प्रक्रिया इन दोनों के सचेत और साझा उद्यम का परिणाम थी। असल में भारत की ज़्यादातर भाषाओं के निर्माण की आधारभूत सैद्धान्तिकी औपनिवेशिक अध्येताओं ने तैयार की थी और इसे ही थोड़ा– बहुत परिवर्तित कर क्षेत्रीय बुद्धिजीवियों ने अंजाम तक पहुँचाया। सुसी थारू (१९९४) ने अपने एक लेख 'अरेंजमेंट ऑव एलायन्स' में इस प्रक्रिया पर विस्तार से प्रकाश डाला है। जिस क्षेत्र में स्थानीय भाषा/बोली को एक स्वतन्त्र भाषा के रूप में स्थापित करने का आन्दोलन नहीं खड़ा हो पाया वहाँ विभाजन के दूसरे तरीक़े निकाले गये। उल्लेखनीय है कि पश्चिमी भाषा वैज्ञानिकों के अनुसार हिन्दी क्षेत्र की सभी बोलियाँ स्वतन्त्र भाषाएँ हैं। इस मान्यता का किशोरीदास वाजपेयी जैसे विद्वान पर भी ऐसा प्रभाव पड़ा कि कालान्तर में वे भी हिन्दी क्षेत्र की इन बोलियों को स्वतन्त्र भाषाएँ मानने लगे। इसके बावजूद हिन्दी क्षेत्र में इन बोलियों को स्वतन्त्र भाषा में रूपान्तरित करने का कोई आन्दोलन नहीं खड़ा हो पाया। पहले ब्रजभाषा को और फिर खड़ी बोली पर आधारित हिन्दी–उर्दू को हिन्दी क्षेत्र के उन अंचलों के लोगों ने भी सहज स्वीकार कर लिया जहाँ यह 'बोली' बोली ही नहीं जाती थी। इसलिए हिन्दी क्षेत्र में हिन्दी और उर्दू का विवाद खड़ा किया गया। जैसाकि ऊपर उल्लेख हो चुका है, क्षेत्रीय बोलियों को स्वतन्त्र भाषा के रूप में स्थापित करने के मूल में भाषायी कारणों से ज़्यादा राजनीतिक कारणों की भूमिका रही। क्षेत्रीय बोलियों की अस्मिता को स्वतन्त्र भाषा में रूपान्तरित करने के दौरान सचेत रूप से ऐसे तत्त्वों का निषेध किया गया, जो दूसरी बोली या भाषा में भी मौजूद थे। ऐसे तत्त्वों को ऊपर लाने की कोशिश की गयी जिनसे उस बोली की स्वतन्त्र और आत्मपूर्ण पहचान कायम की जा सके। इस प्रक्रिया में क्रियाओं और

कारक चिह्नों को उनकी पहचान की बुनियाद के रूप में रखा गया। भाषा के क्षेत्रीय रूपों के अन्तःसम्बन्ध को समझने का एक वैकल्पिक आधार शब्द-सम्पदा की समानता भी हो सकता है। हिन्दी क्षेत्र में ब्रजभाषा या हिन्दी-उर्दू को दूसरे अंचलों में इसीलिए बिना किसी दबाव के स्वीकार कर लिया गया, क्योंकि इस क्षेत्र के स्थानीय भाषा रूपों में शब्द-सम्पदा की दृष्टि से समानता बहुत अधिक दिखायी पड़ती है।

भारत में भाषाओं/बोलियों का वर्गीकरण, नामकरण और उनकी स्पष्ट सीमाएँ निर्धारित करना कभी भी आसान नहीं था। लेकिन पश्चिम से आयी आधुनिकता की सैद्धान्तिकी में भाषाओं के पारस्परिक सम्बन्ध को समझने का इसके सिवा और कोई दूसरा तरीक़ा नहीं था। सच तो यह है कि 'स्पेक्ट्रम या कंटिनम' की तरह धीरे-धीरे बदलने वाले भारतीय भाषायी मानचित्र को इस सैद्धान्तिकी के जरिये समझ पाना ही मुश्किल था। आधुनिकता की सैद्धान्तिकी में किसी परिघटना को समझने से ज़्यादा मनोवांछित रूप में परिवर्तित कर देने पर जोर रहा है। कम से कम ग़ैर-पश्चिमी संस्कृति और सभ्यताओं के अध्ययन के सन्दर्भ में तो यह बात सोलहो आने सच लगती है। एडवर्ड सईद ने 'ओरियंटलिज्म' नामक अपने ग्रन्थ में इस समूची प्रक्रिया का विस्तार से विश्लेषण कर रखा है। इसलिए उस तफ्सील में जाने की ज़रूरत फ़िलहाल नहीं लगती। किन्तु यहाँ यह उल्लेख करना उचित होगा कि अंग्रेज़ अध्येताओं के लिए मानचित्र का निर्माण और भाषायी वर्गीकरण सुशासन के लिए निहायत ज़रूरी थे। इसकी पुष्टि १८८१ की जनगणना के दस्तावेज़ से भी होती है। ज्युडित्थ टी. इरविन ने अपने लेख 'लेंग्वेजफील्ड' में उस दौर के अध्येताओं में व्याप्त इस प्रवृत्ति का विश्लेषण करते हुए लिखा है कि इन अध्येताओं की दृष्टि में ऐसे मानचित्र से उस क्षेत्र में रहने वाले लोगों और उनकी भाषाओं का इस तरह प्रतिनिधित्व हो जाता है जैसे वास्तव में उनका कोई वजूद ही न हो। कम से कम उनको सीधे प्रस्तुत करने की ज़रूरत ख़त्म हो जाती है। क्योंकि नक़्शे में उनकी उपस्थिति पहले ही दर्ज की जा चुकी है। ज्युडित्थ टी. इरविन ने इस तरह का भाषायी मानचित्र तैयार करने के मार्ग में आने वाली दिक़्क़तों के बारे में १८५३ में लिखे गये सर इरिक्सन पेरी के एक लेख का ज़िक्र किया है। भारत में बिल्कुल सही भाषायी मानचित्र बना पाना क्यों मुश्किल है, इस बात का उल्लेख करते हुए पेरी ने लिखा

है : 'सर्वप्रथम समस्या तो यही है कि दो पड़ोसी भाषाओं की सीमाएँ प्रायः जंगल या ऐसे अनजान निर्जन इलाक़ों से हो कर गुजरती हैं कि उनकी स्पष्ट सीमा-रेखा खींच पाना मुश्किल हो जाता है।' जुडित्थ इरविन ने इस समझ पर व्यंग्य करते हुए लिखा है, 'यदि ये मान लिया जाय कि भाषा की सीमा-रेखाएँ निर्जन इलाक़ों से हो कर गुजरती हैं तो फिर यह भी मानना पड़ेगा कि भाषाओं के वजूद के लिए उन भाषाओं को बोलने वाले लोगों की भी ज़रूरत नहीं!' (२०११ : ४६)

इस ढब पर भारतीय भाषाओं का नामकरण/वर्गीकरण करने और उनकी स्पष्ट सीमा-रेखाएँ निर्धारित करने की चेष्टा करने वाले औपनिवेशिक दौर के पश्चिमी अध्येता ही नहीं, भारतीय अध्येता भी इस उलझन को सुलझा नहीं पाये। इस पद्धति पर किये गये अध्ययनों से उत्पन्न होने वाली समस्याओं का एहसास तो यत्र-तत्र दिखायी पड़ता है, किन्तु यह एहसास किसी वैकल्पिक सैद्धान्तिकी की ज़रूरत के एहसास में प्रायः रूपान्तरित नहीं होता।

तीन

''काल की ही तरह देश-भेद से भी भाषा बदलती है, बहुत धीरे-धीरे। आप प्रयाग से पश्चिम चलें, पैदल यात्रा करें, चार-पाँच मील नित्य आगे बढ़ें, तो चलते-चलते आप पेशावर या काबुल तक पहुँच जायेंगे; पर यह न समझ पायेंगे कि हिन्दी कहाँ किस गाँव में छूट गयी—पंजाबी कहाँ से प्रारम्भ हुई—पश्तो ने पंजाबी को कहाँ रोक दिया! ऐसा जान पड़ेगा कि प्रयाग से काबुल तक एक ही भाषा है। परन्तु यह यात्रा यदि वायुयान से करें और प्रयाग से उड़ कर पेशावर या काबुल उतरें, तो भाषा-भेद से आप चक्कर में पड़ जायेंगे। प्रयाग की भाषा कहाँ और काबुल की भाषा कहाँ! इसी तरह पूर्व की यात्रा पैदल करने पर आप हिन्दी की विभिन्न 'बोलियों' में तथा मैथिली-उड़िया-बँगला आदि में अन्तर वैसा न लख पायेंगे। यही क्यों, दक्षिण की ओर चलें, तो ठेठ मद्रास तक पहुँच जायेंगे, भाषा सम्बन्धी कोई भी अड़चन सामने न आयेगी। किन्तु वायुयान से उड़ कर मद्रास पहुँचिए, जान पड़ेगा भाषा में महान् अन्तर! आप कुछ समझ ही न सकेंगे।'' (१९९८ : ४ पूर्वपीठिका)

किशोरीदास वाजपेयी के ऊपर दिये गये उद्धरण से ये बात स्पष्ट हो जाती है कि हमारे यहाँ भाषाएँ इस तरह परस्पर जुड़ी हुई हैं कि उन्हें ज़बरदस्ती करके ही एक-दूसरे से अलगाया जा सकता है। भाषा के स्थानीय रूप में परिवर्तन इतना धीरे-धीरे और क्रमशः होता है कि पता ही नहीं चलता कि कब और कहाँ एक रूप समाप्त हुआ और दूसरे रूप की शुरुआत हो गयी। लेकिन किशोरीदास वाजपेयी जैसे प्रकांड विद्वान को भी जब पश्चिमी भाषा-विज्ञान का ज्ञान हो गया तो उनके विचार बदल गये और अगली पुस्तक 'भारतीय भाषा-विज्ञान' में अवधी आदि को वे हिन्दी की बोलियाँ नहीं, स्वतन्त्र भाषा मानने लगे। यही नहीं, हिन्दी शब्दानुशासन के परिवर्द्धित संस्करण के परिशिष्ट-१ में भी उन्होंने ये बातें जोड़ दीं। वे लिखते हैं : "अवधी आदि हिन्दी की 'बोलियाँ' नहीं, स्वतन्त्र भाषाएँ हैं हिन्दी-संघ की। 'हिन्दी की बोलियाँ' एक रूढ़ि है। यह सब भारतीय भाषा-विज्ञान में स्पष्ट है।" असल में भाषा और बोली के युग्म में विचार करने की ये तार्किक परिणति थी। जबकि भारत में देशी-भाषाओं का चरित्र और उनका पारस्परिक सम्बन्ध ऐसा है कि भाषा और बोली के युग्म में उसे समझा ही नहीं जा सकता। भाषा और बोली के युग्म में हमारे भाषायी मानचित्र को विभाजित करने के लिए बहुत कृत्रिम और हिंसक तरीक़े से उन्हें एक-दूसरे से अलगाना पड़ता है। इससे जितनी समस्याएँ हल होती हैं, उससे कहीं अधिक समस्याएँ पैदा हो जाती हैं। उल्लेखनीय है कि भाषा/बोली का एक स्थानीय रूप भी अपने समूचे क्षेत्र में एक जैसा नहीं दिखायी पड़ता। यह अकारण नहीं है कि राहुल सांकृत्यायन भोजपुरी को प्रयोग-भेद के आधार पर तीन-चार खण्डों में बाँटते हैं। भोजपुरी ही नहीं, दूसरी भाषाओं/बोलियों में भी ये समस्याएँ दिखायी पड़ती हैं। असल में ये बोलियाँ आधुनिक युग में तब स्वतन्त्र भाषाएँ बनती हैं जब इन्हें एक-दूसरे से काट कर, समानता का निषेध कर और वैशिष्ट्य-भिन्नता पर जोर देकर उनका मानकीकरण किया जाता है। ऐसा नहीं कि किशोरीदास वाजपेयी इस समस्या से परिचित नहीं थे। पश्चिमी भाषा-विज्ञान के प्रभाव में हिन्दी क्षेत्र की बोलियों को स्वतन्त्र भाषाएँ मान लेने के बावजूद पहले की 'अवैज्ञानिक सोच' के पुराने निशान इस पुस्तक में बचे रह गये हैं। कुछ नमूने देखिये जैसे : 'मानस' पश्चिमी अवधी और पूर्वी पांचाली के साझे की चीज़ है। पूर्वी पांचाली और अवधी में स्पष्ट सीमा-रेखा खींचना सरल काम नहीं है।' (१९९८ : ५८०)।...'पश्चिमी पांचाली

उधर ब्रज को प्रभावित करती है और स्वयं भी प्रभावित होती है। इधर पूर्वी पांचाली अवधी को प्रभावित करती है और स्वयं भी प्रभावित होती है। पांचाली, बैसवाड़ी तथा अवधी बोलियाँ तिङन्त-प्रधान हैं और इतनी मिलती-जुलती हैं कि इनके स्वरूप का स्पष्ट विवेचन-विभाजन बहुत सरल काम नहीं है।'(१९९८ : ५४०)...'वस्तुत: मैथिली भाषा हिन्दी तथा बांगला के बीच की कड़ी है।'

तुलसीदास के जन्मस्थान का भाषायी मानचित्र देखिये : 'सच तो यह है कि गोस्वामी जी ने अपनी बोली में मानस की रचना की है। बाँदा ज़िला पांचाली क्षेत्र में आता है।...' यहाँ की पांचाली बोली के पड़ोस में बुंदेलखंडी बोली है! परन्तु बुंदेलखंडी पर ब्रजभाषा या ग्वालियरी बोली का अधिक प्रभाव है, पांचाली का कम।' (१९९८ : ५८०)।

उपर्युक्त उद्धरणों से ये बात समझ में आ जाती है कि किशोरीदास वाजपेयी जैसे विद्वान के लिए भी 'रामचरितमानस' की भाषा का स्वरूप-निर्धारण करना सुगम नहीं था। पहले वे 'रामचरितमानस' की भाषा को अवधी और पांचाली का मिश्रण बताते हैं और फिर पांचाली। यदि 'रामचरितमानस' की भाषा पांचाली है तो फिर पांचाली और अवधी में अन्तर करना कितना मुश्किल है, इसका सहज ही अनुमान लगाया जा सकता है! यही नहीं, तुलसीदास के लिए अवधी छोड़ कर ब्रजभाषा में लिखना कितना आसान रहा होगा, इसका भी अन्दाजा लग जाता है। क्योंकि तुलसीदास के जन्मस्थल के एक ओर यदि अवधी है तो दूसरी ओर पांचाली और तीसरी ओर बुंदेलखंडी। और बुंदेलखंडी पर ब्रजभाषा का प्रभाव जगजाहिर है। वस्तुत: तुलसीदास के लिए ब्रजभाषा परायी भाषा नहीं है, जिसमें लिखने के लिए उसे सीखने की ज़रूरत पड़े। बहते हुए पानी की तरह भाखा के स्पेक्ट्रम का क्रमश: बदलता हुआ रूप है ब्रजभाषा। तुलसीदास के जन्मस्थान राजापुर की तरह हिन्दी क्षेत्र में अनेक ऐसे स्थलों को चिह्नित किया जा सकता है, जहाँ भाखा के कई स्थानीय रूप एक-दूसरे से परस्पर मिलते हुए और क्रमश: परिवर्तित होते हुए दिखायी पड़ेंगे।

इसी तरह बाबूराम सक्सेना ने अपनी पुस्तक 'अवधी के विकास' में 'बघेली' को अवधी की एक बोली मात्र माना है, अवधी के समकक्ष पूर्वी हिन्दी का एक और रूप नहीं। यही नहीं, अवधी की दक्षिणी सीमा में स्थित छत्तीसगढ़ी को वे पूर्वी हिन्दी का ही एक रूप मानते हैं। छत्तीसगढ़ी

कुछ बातों में अवधी से भिन्न लेकिन अन्य बातों में अवधी के अधिक समीप है। छत्तीसगढ़ी के सर्वनाम भोजपुरी से मिलते-जुलते हैं। यदि इस सिलसिले को आगे बढ़ायें तो छत्तीसगढ़ी का सम्बन्ध उड़िया से जुड़ता हुआ दिखायी पड़ेगा और फिर उड़िया का बांग्ला और तेलगू से। बोलियों की भिन्नता रेखांकित करने के बावजूद बाबूराम सक्सेना ने हिन्दी की बोलियों के अन्त:सम्बन्ध को बख़ूबी समझते हुए लिखा है कि 'यह बात ध्यान में रखनी चाहिए कि हिन्दी की विभिन्न बोलियाँ-पश्चिमी या पूर्वी, न केवल पड़ोस की बोलियों के वक्ताओं से अपितु अन्य बोलियों के वक्ताओं से भी परस्पर सम्बोध्य हैं। ब्रज का एक वक्ता अवध में अशिक्षित व्यक्तियों से भी अपनी ही बोली में अपना मन्तव्य समझा सकता है।'(१९७२ : ८) बाबूराम सक्सेना के इस तर्क की पुष्टि शान्तनु फूकन के एक लेख 'थ्रू थ्रोट्स व्हेअर मेनी रिवर्स मीट' से भी होती है। फूकन ने इस लेख में पछाह के रहने वाले फ़ारसी के लेखक आनन्दराम मुख्लिस का हवाला दिया है। अपने नौकर से मुल्ला दाऊद के 'चन्दायन' को सुन कर वह पूर्वी बोली की मिठास से बहुत प्रभावित होते हैं और उन्हें 'चन्दायन' की भाषा को समझने में कोई दिक़्क़त नहीं होती। इन उद्धरणों से हिन्दी की विभिन्न बोलियों और भाषाओं के आपसी सम्बन्ध और बोधगम्यता की पुष्टि होती है। इससे यह भी समझ में आता है कि किसी एक क्षेत्र का भाषायी रूप जब एक 'कॉस्मोपॉलिटन वर्नाक्युलर' (Cosmopolitan Vernacular) के रूप में फैलता है तो दूसरे क्षेत्र के लोग उसे बिना किसी विरोध के क्यों अपना लेते हैं। अपना ही नहीं लेते, बल्कि उसमें लिखने की दक्षता भी अर्जित कर लेते हैं।

भाषा का कोई स्थानीय रूप जैसे ही एक स्वतन्त्र भाषा के रूप में अपनी पहचान बनाने लगता है वैसे ही वह अपनी आन्तरिक भिन्नताओं का एक मानक भाषा के निकष पर निषेध भी करना शुरू कर देता है। इस तरह उस भाषा का अपने पड़ोस की भाषा से पहले से चला आ रहा सम्बन्ध तोड़ दिया जाता है और दूरस्थ केन्द्र की मानक भाषा के अनुरूप उसे अपनी भाषायी पहचान गढ़ने के लिए विवश किया जाता है। जैसे, आधुनिक राष्ट्र-राज्य निर्माण प्रक्रिया के पीछे प्राय: सर्वमान्य तार्किक आधार नहीं होता और उसकी सीमा-रेखाएँ राजनीतिक-आर्थिक हैसियत से निर्धारित होती हैं; वैसे ही, 'भाषायी स्पेक्ट्रम' में से स्वतन्त्र भाषाओं का निर्माण भी

राजनीतिक-आर्थिक कारणों से किया जाता है। टॉमस ट्रॉटमान ने इस प्रक्रिया को यूरोप के 'लेंग्वेज एण्ड नेशन प्रोजेक्ट' (Language and Nation Project) के रूप में व्याख्यायित किया है। इस प्रोजेक्ट की महत्ता पश्चिमी विद्वानों की दृष्टि में सार्वभौमिक थी। जहाँ-जहाँ वे गये और जहाँ उनका वर्चस्व कायम हुआ, उन्होंने इसी प्रोजेक्ट के तहत वहाँ की भाषाओं का अध्ययन किया, अठारहवीं सदी से इस तरह मिसालें मिलने लगती हैं।

'भाखा' के स्थानीय रूपों के नामकरण और उनकी सीमाएँ चिह्नित करने का काम भारत में उन्नीसवीं सदी में शुरू हुआ। भाखा के किसी स्थानीय रूप में भी, जैसा कि पहले कहा गया, पर्याप्त विविधता है। असल में भाषा के मानकीकरण के दौरान उसके किसी एक रूप को मानकीकृत कर दिया जाता है और बाक़ी रूपों को अमान्य घोषित कर दिया जाता है। इस प्रक्रिया में भाषा के व्याकरण का निर्माण होता है और फिर लोगों से उसी के अनुरूप भाषा के प्रयोग की अपेक्षा की जाने लगती है। भाषा के इस मान्य और व्याकरण-सम्मत स्वरूप को स्वीकार कर लेने के बाद भाषा का एक स्थिर रूप बन जाता है। भाषा के मानक रूप के स्थिर होने के बाद परस्पर जोड़ने वाला सतत् परिवर्तनशील रूप नष्ट होने लगता है। और फिर उनकी स्वतन्त्र अस्मिताओं का निर्माण होता है। आज हम प्राय: भाषा के मानकीकृत रूप के आधार पर ही उनके सम्बन्धों को देखने के आदी हो गये हैं, जबकि आरम्भिक आधुनिक भारत में भाषाओं का अन्त:सम्बन्ध परस्पर सम्बद्धता का रहा है। इसीलिए हमारे यहाँ लम्बे समय तक, यहाँ तक कि उन्नीसवीं-बीसवीं सदी में भी, हिन्दी क्षेत्र के सभी स्थानीय रूपों को भाखा कहा जाता रहा। उन्नीसवीं सदी में शिवसिंह सेंगर ने अपनी पुस्तक 'शिवसिंह-सरोज' में लिखा है कि 'इस ग्रन्थ में एक हज़ार भाषा कवि लोगों के नाम और जीवन-चरित्र सन्-संवत् कविता समेत लिखे गये हैं।' (१९७० : मुखपृष्ठ)

चार

धीरेन्द्र वर्मा ने लिखा है कि 'प्रथम आवश्यकता अपने देश अथवा वर्तमान संयुक्त प्रान्त को उचित नाम देने की है। भारतवर्ष में केवल यह एक हिन्दी भाषा-भाषी जन-समुदाय ही ऐसा अभागा है कि न तो जिसके देश का ही

कोई नाम है और न जहाँ के देशवासियों को ही किसी एक नाम से पुकारा जा सकता है।' (१९३० : ७६) कई नामों पर विचार करने के बाद धीरेन्द्र वर्मा ने इसे हिन्दी राष्ट्र या सूबा हिन्दुस्तान के नाम से पुकारे जाने की सिफ़ारिश की। किन्तु असल सवाल ये है कि बंगाल, पंजाब की तरह हिन्दी क्षेत्र का कोई नाम क्यों नहीं बन पाया। जब तक इस सवाल का जवाब हम नहीं खोज लेते, तब तक हिन्दी क्षेत्र के भाषायी स्वरूप को भी भलीभाँति नहीं समझ पायेंगे। एक भाषा के आधार पर बने पश्चिमी राष्ट्रों के मॉडल को हिन्दी क्षेत्र और अन्ततः समूचे भारत पर लागू करने से हिन्दी क्षेत्र के भाषायी वैशिष्ट्य और प्रकारान्तर से समूचे भारत के भाषायी वैशिष्ट्य का सम्यक् बोध नहीं हो सकता। विडम्बना ये रही है कि ज़्यादातर भाषावैज्ञानिकों, साहित्य और समाज के अध्येताओं ने भारत के भाषायी वैशिष्ट्य को एक भाषा पर आधारित पश्चिम ढंग के राष्ट्र के मॉडल पर समझने की कोशिश की है। लेकिन उन्नीसवीं शताब्दी से पहले के भारत का भाषायी मानचित्र इस मॉडल पर फिट नहीं बैठता, उसे काट-छाँट कर जबरन इस मॉडल में फिट करने की कोशिश की जाती है। भारत और विशेष रूप से भाखा क्षेत्र (जिसे सामान्य रूप से हिन्दी-क्षेत्र कहते हैं) के भाषायी स्वरूप को भाषा और बोली के द्विआधारी विरुद्धों के जरिये नहीं व्याख्यायित किया जा सकता। सम्प्रति इस लेख में हम 'भाखा क्षेत्र' के भाषायी स्वरूप को समझने का प्रयास करेंगे। यद्यपि हमारा विश्वास है कि इसके निहितार्थ समूचे भारतीय भाषायी मानचित्र को समझने की दृष्टि से भी, थोड़े-बहुत बदलाव के साथ, उपयोगी हैं।

'भाखा क्षेत्र' में स्थानीय मुहावरों/बोलियों की आत्मपूर्ण और निरपेक्ष कोटियाँ नहीं बनीं। क्योंकि भाखाक्षेत्र के ये क्षेत्रीय रूप शब्द-सम्पदा और व्याकरण की दृष्टि से बहुत कुछ एक जैसे हैं। जो अन्तर है वह क्रियाओं और उच्चारण में है। इसलिए भाखाक्षेत्र के ज़्यादातर कवि एक से अधिक भाषायी मुहावरे/बोली/भाषा में लिखते हैं। ऐसा करना उनके लिए मुश्किल भी नहीं है, क्योंकि ये भाषायी मुहावरे मूलतः 'भाखा' के ही स्थानीय विशेषीकृत रूप हैं। भाखा के इन विविध स्थानीय रूपों के बनने के दौरान भी इनके बीच भाषायी, साहित्यिक और वैचारिक स्तर पर संवाद चलता रहता है। भाखा और भाखा के विविध स्थानीय रूप संस्कृत और फ़ारसी जैसी शास्त्रीय भाषाओं से बहुत कुछ आत्मसात् कर अपना 'विकास'

करते हैं। इसलिए यह भी विचार का विषय है कि भाखा के ये विविध रूप संस्कृत और फ़ारसी से किस प्रकार का सम्बन्ध बनाते हैं। यही नहीं, इसके निहितार्थों को विभिन्न क्षेत्रों, धर्मों, सम्प्रदायों और जातियों की संरचना और उनके अन्तर्सम्बन्ध को समझने के लिए इस्तेमाल किया जा सकता है। असल में, भारतीय समाज की आन्तरिक गतिकी (Internal D4namics) को समझने की कुंजी हिन्दी क्षेत्र के भाषायी अन्त:सम्बन्ध में छिपी है और यदि हम इस अन्त:सम्बन्ध को समझने में सफल हो जायें तो भारतीय समाज के उस 'डायनेमिक' को डिकोड कर सकते हैं, जिसे अभी तक प्राय: आधुनिकता द्वारा प्रदत्त कोटियों में ढाल कर समझने की कोशिश की जाती रही है। असल में, अभी तक हमने क्षेत्रों, भाषाओं/बोलियों, धर्मों, सम्प्रदायों, जातियों की अस्मिताओं को जिस तरह समझने की कोशिश की है, वह वस्तुत: उन्नीसवीं सदी का औपनिवेशिक आविष्कार है और उसका उपनिवेशवाद से पहले के भारतीय समाज की नैसर्गिक गतिकी से ठीक-ठीक सम्बन्ध नहीं बनता।

धीरेन्द्र वर्मा के उद्धरण के हवाले से ये बात आयी कि हिन्दी क्षेत्र का कोई नाम ही नहीं। जब हमने इस मुद्दे पर विचार करना शुरू किया तो इस ओर ध्यान गया कि हिन्दी क्षेत्र की भाषा का लम्बे समय तक कोई नाम नहीं था। और फिर मन में ये बात कौंधी कि हिन्दी क्षेत्र का अपना नाम न होने के पीछे कहीं ये कारण तो नहीं कि इस क्षेत्र की भाषा का भी काफ़ी समय तक कोई नाम नहीं था। चौदहवीं-पन्द्रहवीं शती में उत्तर भारत में भक्ति-आन्दोलन के प्रवर्तक कबीर की बहुचर्चित पंक्ति हैं—

> संस्कीरत है कूप जल, भाखा बहता नीर

कबीर के इस कथन पर विचार करने पर समझ में आता है कि जो संस्कृत नहीं है, वह भाखा (भाषा) है। और भाखा बहते नीर की तरह है। भाखा को बहता नीर कहने का अभिप्राय यह है कि उसका कोई बँधा-बँधाया, सुपरिभाषित और एक्सक्लूसिव रूप नहीं है। इसका स्वरूप लगातार बहते पानी की तरह बहता-बदलता रहता है। एक ही समय में, अलग-अलग क्षेत्रों में इस भाखा के स्वरूप में कुछ न कुछ फ़र्क़ दिखायी पड़ता है, क्योंकि इसका अभी कोई मानकीकृत, परिनिष्ठित रूप निर्धारित नहीं किया गया है। इसीलिए इस भाषा का अभी कोई व्यक्तिवाचक नाम नहीं है।

कबीर की इन पंक्तियों को तो हम लम्बे समय से पढ़ते–सुनते आये थे, लेकिन इसका मर्म उद्‌घाटित हुआ तब, जब उसे धीरेन्द्र वर्मा द्वारा उठायी गयी बात के प्रसंग में समझा गया। कबीर ने ये भी लिखा है कि 'बोली हमरी पूरबी'। इस प्रसंग में ध्यातव्य है कि 'पूर्वी बोली' और 'भाखा में' कोई द्वन्द्व या टकराव नहीं है। इसलिए इस सम्बन्ध को भाषा बनाम बोली के द्विआधारी विलोम में समझने की ग़लती नहीं करनी चाहिए। ऐसी ग़लती विभिन्न विद्वानों ने अभी तक दोहरायी है। कबीर की कविताओं की उपलब्ध भाषा में पंजाबी, राजस्थानी और खड़ी बोली के नमूने तो मिलते ही हैं; भोजपुरी और अवधी से प्रभावित पंक्तियाँ भी दिखायी पड़ती हैं। (१९५८ :१३१) कहा जाता है कि कबीर की रचनाएँ लगभग डेढ़ सौ सालों तक वाचिक परम्परा में चलती रहीं, फिर उन्हें लिपिबद्ध किया गया। इसलिए कबीर की उपलब्ध रचनाओं पर उस क्षेत्र–विशेष की भाखा की छाप दिखायी पड़ती है, जिस क्षेत्र–विशेष में उसे लिपिबद्ध किया गया। इसलिए ये दावे के साथ नहीं कहा जा सकता कि कबीर ने भाखा के विभिन्न क्षेत्रीय मुहावरों में अपनी बानियाँ गायीं। लेकिन महत्त्वपूर्ण बात ये है और इस पर ध्यान दिया जाना चाहिए कि इन अलग–अलग क्षेत्रीय मुहावरों में उपलब्ध रचनाएँ समूचे हिन्दी क्षेत्र में गायी, पढ़ी, सुनी और समझी जाती रही हैं। क्षेत्रविशेष के मुहावरे या भाषा के कारण उसकी व्याप्ति या सम्प्रेषणीयता बाधित नहीं होती, क्योंकि क्षेत्रीय भाषायी वैभिन्न्य के बावजूद ये भाखा में लिखी गयी रचनाएँ हैं, इसीलिए समूचे भाखाक्षेत्र में ये समझी जाती हैं।

कबीर से भी पहले गोरखनाथ की रचनाओं को देखा जा सकता है। गोरखनाथ की उपलब्ध रचनाओं का समय, शिवप्रसाद सिंह के शब्दों में, '१३वीं शताब्दी से पहले नहीं माना जा सकता, क्योंकि ये भाषा की दृष्टि से उतनी पुरानी नहीं मालूम होतीं।' (१९५८ : १३५) शिवप्रसाद जी ने गोरखनाथ की काव्यभाषा में 'भाखाक्षेत्र' के चार रूपों के प्रयोग का उल्लेख किया है, जो इस प्रकार हैं : पूर्वी, राजस्थानी, खड़ी बोली और ब्रजभाषा। (१९५८ : १३५–१३८)। कबीर की तरह ही गोरखनाथ की उपलब्ध कविताओं के चार या उससे भी अधिक रूप समूचे हिन्दी क्षेत्र में समझे जाते हैं।

सुदीप्तो कविराज ने अपने एक लेख में लिखा है कि भारत में भाषाओं की

चौहद्दियाँ बहुत धुँधली हैं। एक भाषा कहाँ ख़त्म होती है और दूसरी भाषा कहाँ शुरू होती है, ये तय कर पाना प्राय: आसान नहीं। इसका कारण यह है कि एक भाषा कहीं ख़त्म नहीं होती, वह दूसरी भाषा में क्रमश: रूपान्तरित होने लगती है। एक भाषा के दूसरे भाषा में संक्रमण और रूपान्तरण का क्षेत्र कई बार काफ़ी बड़ा दिखायी पड़ता है और इस क्षेत्र की भाषा को किसी भी भाषायी चौखटे में फिट कर पाना लगभग असम्भव हो जाता है। इस परिप्रेक्ष्य में यदि भाखाक्षेत्र के विभिन्न स्थानीय भाषा रूपों को समझने का प्रयास करें तो यह स्पष्ट होता है कि इन स्थानीय रूपों को स्वतन्त्र भाषा के रूप में अलगाना ही असम्भव है। क्योंकि कबीर के शब्दों में भाखा बहता नीर है और समतल मैदान पर बहने वाले भाखा के नीर में ऐसी ऊँचाई या गहराई नहीं दिखायी पड़ती जिसके आधार पर इसे स्वतन्त्र भाषाओं में बाँटा जा सके। वैसे तो कहावत है कि चार कोस पर भाषा बदल जाती है, लेकिन इस तरह के बदलाव की बुनियाद पर स्वतन्त्र भाषाओं की कल्पना नहीं की जा सकती। क्योंकि अन्तत: ये भाखा के ही क्रमश: परिवर्तित हो रहे रूप हैं। इनमें पारस्परिक साम्य इतना अधिक और परिवर्तन इतना क्रमिक है कि सुदीप्तो कविराज का दो भाषाओं के बीच धुँधली सीमा-रेखा का मॉडल यहाँ लागू नहीं होता। सम्भवत: इसीलिए भाखा के रचनाकार कई स्थानीय रूपों का एक साथ और कई बार उन्हें मिला कर प्रयोग करते हैं। ऐसा करने में न तो उन्हें कोई मुश्किल होती है और न ही पाठक/श्रोता को समझने में कोई दिक़्क़त आती है। सम्भवत: इसीलिए भाखाक्षेत्र के स्थानीय भाषायी रूपों को फ़ारसी/संस्कृत या अपभ्रंश से मिला कर रेख्ता और सधुक्कड़ी के रूप में मिलीजुली भाषाएँ विकसित करने और उनमें साहित्य लिखने का चलन दिखायी पड़ता है। स्थानीय रूपों को मिला कर एक मिलीजुली भाषा गढ़ लेने का ऐसा प्रयास इसीलिए स्वीकार्य और लोकप्रिय हुआ, क्योंकि इन स्थानीय रूपों में स्वतन्त्र भाषा का स्वरूप ग्रहण करने लायक भिन्नता न थी। यह अकारण नहीं कि इस तरह की मिलीजुली भाषा का चलन भाखाक्षेत्र के अलावा भारत के किसी और क्षेत्र में नहीं दिखायी पड़ता। रामविलास शर्मा की जाति-महाजाति की थीसिस से इस प्रक्रिया की समुचित व्याख्या नहीं होती। यही नहीं, ये थीसिस भाखाक्षेत्र के बाहर किसी दूसरे क्षेत्र पर लागू भी नहीं की जा सकती।

कबीर सहित ज़्यादातर सन्तों की बानियों की भाषा को हिन्दी में सधुक्कड़ी भाषा कहने का चलन रहा है। सधुक्कड़ी कहने का मतलब ही है कि उन्होंने किसी क्षेत्र विशेष की भाषा का प्रयोग नहीं, बल्कि विभिन्न क्षेत्रों की भाषाओं के मिलेजुले रूप का प्रयोग किया है। विद्वानों ने सधुक्कड़ी भाषा की बुनियाद खड़ी बोली से निर्मित मानी है और इस ओर ध्यान आकृष्ट किया है कि खड़ी बोली को मुसलमान शासकों द्वारा धार्मिक और राजनीतिक कारणों से प्रोत्साहन मिला। शिवप्रसाद सिंह के शब्दों में, '१४वीं-१५वीं शताब्दी का सन्त-आन्दोलन भारतीय वैधी भक्ति परम्परा का विरोधी था, उस काल के सन्तों ने इस नयी भाषा को स्वीकार किया, कुछ तो अपने उपदेशों के प्रचार के लिए, लेकिन ज़्यादा इसलिए कि वे शिष्ट वर्ग की साहित्यिक भाषा से वाकिफ़ नहीं थे।' (१९५८ : १३८) शिवप्रसाद जी ने आगे ये भी लिखा है कि 'सन्तों की वाणियों की भाषा का अध्ययन करने पर मालूम होता है कि ये कवि क्रान्तिकारी ओजस्वी उपदेशों, रूढ़ि-खण्डन, पाखण्ड-विरोधी या उसी प्रकार के परम्पराप्रथित विचारों का विच्छेदन करने के लिए जिस भाषा का प्रयोग करते थे, वह नवोदित खड़ी बोली थी, किन्तु अपने साधना के सहज विचारों, रागात्मक उपदेशों, निजी अनुभूति की बात ब्रजभाषा में करते थे। रेख्ता या खड़ी बोली शैली में बाद में कुछ पद भी लिखे गये, किन्तु पदों की मूल भाषा ब्रज ही रही।' (१९५८ : १३८) खड़ी बोली/रेख्ता और सन्त कवियों की क्रान्तिकारी और रूढ़ि-भंजक सधुक्कड़ी भाषा असल में मिलीजुली भाषाएँ हैं, जिनमें भाखाक्षेत्र के विभिन्न रूपों का प्रयोग किया गया है। इमरे बंघा रेख्ता की कविता को मिलीजुली भाषा में लिखी गयी कविता कहते हैं। उन्होंने स्पष्ट किया है कि दक्खिन से वली के उत्तर उत्तर आने (१७०० ई.) के बाद उत्तर भारत में मिलीजुली भाषा अर्थात् रेख्ता में कविता लिखने का सिलसिला कमज़ोर पड़ गया, क्योंकि उसी के बाद रेख्ता के फ़ारसीकरण की शुरुआत हुई (२०१०)।

खड़ी बोली में साहित्य-लेखन का उल्लेख चौदहवीं सदी से मिलता है, लेकिन सोलहवीं सदी से पहले खड़ी बोली में लिखे गये साहित्य का कोई साक्ष्य नहीं मिलता। खड़ी बोली का साहित्य कई लिपियों में लिखा गया; जैसे फ़ारसी, अरबी, देवनागरी, गुरुमुखी, कैथी इत्यादि। इससे ये बात भी स्पष्ट होती है कि भाषा और लिपि का कोई सीधा सम्बन्ध यहाँ नहीं

दिखायी पड़ता, क्योंकि भाषा कई लिपियों में लिखी जा सकती है और लिखी गयी। इसीलिए रेख़्ता सिर्फ़ फ़ारसी लिपि में नहीं लिखी गयी, नागरी लिपि में भी लिखी गयी। यही नहीं, रेख़्ता में सिर्फ़ मुसलमानों और सूफ़ियों ने साहित्य नहीं लिखा, बल्कि निर्गुण सन्तों और कृष्णभक्त कवियों ने भी लिखा। मुग़लों और दूसरे मुसलमान शासकों के दरबारों में ही नहीं, सत्रहवीं सदी के राजस्थान के हिन्दू रजवाड़ों के दरबारों में भी रेख़्ता लिखी गयी। अलग-अलग समय व क्षेत्र में फ़ारसी के अतिरिक्त अवधी, ब्रजभाषा, खड़ी बोली, पंजाबी और अपभ्रंश की मिलावट करके रेख़्ता बनायी गयी।

यह सही है कि शुरुआती रेख़्ता मुसलमानों के बीच विकसित हुई और इसे खड़ी बोली के बजाय ब्रजभाषा का आधार बना कर लिखा गया। खड़ी बोली का मुसलमानों से सम्बन्ध बाद में स्थापित हुआ। सोलहवीं सदी तक आते-आते नागरी लिपि और भारतीय छन्दों में खड़ी बोली को आधार बना कर और फ़ारसी का मिश्रण कर रेख़्ता में कविताएँ लिखने का चलन काफ़ी बढ़ गया। इस तरह की मिलीजुली भाषा में कविता लिखने का सबसे प्रमुख साक्ष्य दादू दयाल की रचनाओं में दिखायी पड़ता है। दादू की रचनाओं में आठ भाषाओं/बोलियों के नमूने आसानी से पहचाने जा सकते हैं। किन्तु सत्रहवीं सदी के ज़्यादातर सन्त कवियों ने रेख़्ता में कविताएँ नहीं लिखीं। यहाँ तक कि दादू दयाल के शिष्यों में भी रेख़्ता में कविताएँ लिखने का चलन नहीं दिखायी पड़ता है। इसका कारण ये है कि सत्रहवीं सदी के निर्गुन सन्त कवियों ने अपनी एक मिलीजुली भाषा विकसित कर ली, जिसे हिन्दी के विद्वानों ने सधुक्कड़ी या पंचमेल खिचड़ी कहा है।

अठारहवीं सदी में रेख़्ता उर्दू में तब्दील हो गयी। ये भी दिलचस्प तथ्य है कि अठारहवीं सदी में, शेल्डन पोलक के शब्दों में कहें तो, ब्रजभाषा का कॉस्मोपोलिटन वर्नाक्युलर के रूप में वर्चस्व स्थापित होता है। निष्कर्ष ये कि अठारहवीं सदी से पहले तक सधुक्कड़ी और रेख़्ता में व्यापक स्तर पर साहित्य रचा गया। यहाँ तक कि उन पदों पर, जिनकी मूलभाषा शिवप्रसाद जी ने ब्रज बतायी है, रेख़्ता की छाप दिखायी पड़ती है। इसे ही इमरे बंघा (२०१०) ने हिन्दी रेख़्ता कहा है।

भाखाक्षेत्र और भाखाक्षेत्र के विभिन्न स्थानीय रूपों के अन्तर्सम्बन्ध और

फिर उनके बीच से दो कॉस्मोपोलिटन वर्नाक्युलर–ब्रजभाषा और हिन्दी/उर्दू के विकास के इतिहास को समझने के लिए ये जानना ज़रूरी है कि रेख़्ता और सधुक्कड़ी से क्या आशय है। इमरे बंघा (२०१०) ने लिखा है कि 'मैं उस किसी भी कविता को रेख़्ता कहूँगा, जो 'वृहद्' फ़ारसी, गुरुमुखी, कैथी लिपि में लिखी गयी हो और जो वर्नाक्युलर हिन्दवी (जिसमें ब्रजभाषा शामिल है) तथा कॉस्मोपोलिटन फ़ारसी का सचेत रूप से मिश्रण करती हो। ये रेख़्ता सधुक्कड़ी से भिन्न है। सधुक्कड़ी सन्तों द्वारा प्रयुक्त स्वत:स्फूर्त ढंग से मिश्रित साहित्यिक भाषा है। इसमें उत्तर भारतीय बोलियों और भाषाओं की मिलावट है। यद्यपि सधुक्कड़ी में संस्कृत, अरबी और फ़ारसी के शब्द भी आ जाते हैं, फिर भी ये विभिन्न वर्नाक्युलर्स के स्वत:स्फूर्त मेल से बनी भाषा है।' बंघा (२०१०) के अनुसार एक साहित्यिक भाषा के रूप में रेख़्ता का निर्माण सोलहवीं या पन्द्रहवीं सदी में सूफ़ियों द्वारा किया गया। इसे मुग़ल दरबार से प्रोत्साहन मिला। इसका प्रयोग निर्गुण कवियों, जनमसाखी सिक्खों, कृष्ण भक्तों, राजस्थान के सत्रहवीं–अठारहवीं सदी के दरबारी कवियों और मिली-जुली संस्कृति के पुरस्कर्त्ता अन्य रचनाकारों द्वारा किया गया। यहाँ ये बात ध्यान में रखने की ज़रूरत है कि सूफ़ी सन्तों ने उत्तर भारत में जिस प्रकार की हिन्दवी की हिमायत की वह कई बार खड़ी बोली या रेख़्ता के बजाय ब्रजभाषा के ज़्यादा नज़दीक है। इमरे बंघा ने इसी लेख में विभिन्न विद्वानों द्वारा बताये गये भाषायी संकरता के कारणों का उल्लेख किया है। लेकिन हमारे इस लेख के प्रसंग में भाखाक्षेत्र में घटित होने वाली भाषायी संकरण की प्रक्रिया की तुलना किसी और क्षेत्र में घटित भाषायी संकरण की प्रक्रिया से नहीं की जा सकती। क्योंकि भाखाक्षेत्र के स्थानीय रूपों के बीच क्रियारूपों और उच्चारण के ढंग के अतिरिक्त साम्य इतना अधिक रहा है कि एक स्थानीय रूप को दूसरे क्षेत्रों में समझने में कोई ख़ास दिक़्क़त नहीं होती थी। इसीलिए इस क्षेत्र के ज़्यादातर कवि एक से अधिक स्थानीय भाषायी रूपों में कविताएँ रचते थे। यही नहीं, सधुक्कड़ी या रेख़्ता के रूप में विभिन्न स्थानीय भाषायी रूपों को मिला कर साहित्य लिखने का भी यहाँ ख़ूब चलन रहा है। इसका निहितार्थ ये है कि भाषा के किसी स्थानीय रूप में साहित्य लिखने के साथ-साथ भाषा-क्षेत्र के विभिन्न स्थानीय रूपों को मिला कर साहित्य लिखने की प्रवृत्ति यहाँ भक्ति-आन्दोलन के प्रारम्भ से ही अर्थात् लोकभाषाओं में साहित्य लिखने

की प्रक्रिया की शुरुआत के साथ ही दिखायी पड़ती है। इसी वजह से भाखाक्षेत्र के स्थानीय रूपों की स्वतन्त्र भाषा के रूप में पहचान बनाने की कोई सचेत कोशिश यहाँ कभी नहीं की गयी। सधुक्कड़ी के रूप में विभिन्न भाषायी रूपों को मिलाने की परिणति अन्ततः ब्रजभाषा के विकास के रूप में दिखायी पड़ती है। अठारहवीं सदी के ज़्यादातर निर्गुण कवियों ने ब्रजभाषा का ही इस्तेमाल किया। स्थानीय भाषा में सचेत रूप से फ़ारसी मिला कर लिखी जाने वाली रेख़्ता की परिणति अन्ततः उर्दू के रूप में हुई। भाखाक्षेत्र में इन दो कॉस्मोपोलिटन वर्नाक्युलर के अभ्युदय और काफ़ी कुछ उनकी सहज स्वीकृति के कारण इस क्षेत्र के स्थानीय भाषायी रूपों को अलग भाषा के रूप में खड़ा करने का कोई सचेत प्रयास नहीं हुआ। सम्भवतः इसीलिए राष्ट्रीय आन्दोलन के दौरान राष्ट्र के लिए एक भाषा चुनने का प्रश्न आया तो इस क्षेत्र के लोगों ने बिना किसी विरोध के हिन्दी/उर्दू/हिन्दुस्तानी को राष्ट्र की भाषा के रूप में स्वीकार कर लिया और अपने क्षेत्रीय भाषायी रूपों को स्वतन्त्र भाषा के रूप में मान्यता दिलाने के लिए कोई उल्लेखनीय प्रयास नहीं किया। इस प्रक्रिया की व्याख्या राष्ट्रभाषा के लिए अपनी क्षेत्रीय बोली को कुर्बान कर देने की भावना के रूप में करना पूरी तरह सही नहीं है। क्योंकि यहाँ अपनी क्षेत्रीय बोली के साथ एक मिले-जुले रूप को अपनाने की प्रवृत्ति पहले से रही है।

यह सही है कि इस दौर में क्षेत्रीय भाषायी अस्मिताओं के उभार दिखायी पड़ते हैं। लेकिन ये उभार दूसरी भाषायी अस्मिता के साथ उसके पारस्परिक सम्बन्ध का निषेध नहीं करते। अपनी एक्सक्लूसिव निरपेक्ष पहचान बनाने का प्रयास शायद ही कहीं दिखायी पड़ता हो। इसका एक कारण यह है कि जिसे हम क्षेत्रीय भाषायी अस्मिता के रूप में पहचानते हैं, उसके अपने क्षेत्र में ही क्रमशः परिवर्तित होने वाले कई रूप दिखायी पड़ते हैं। उसका कोई मानक रूप नहीं है जिसका उस क्षेत्र में प्रयोग होता हो। इसीलिए भोजपुरी और अवधी के तीन-चार उपरूपों की कल्पना करनी पड़ी। विडम्बना यह है कि ये विभाजन भी किसी ठोस भाषिक व्यवहार पर आधारित नहीं है। इन कल्पित उपरूपों को भी कई टुकड़ों में बाँटा जा सकता है। गाँव की बात तो छोड़िए ही, एक ही शहर के अलग-अलग मुहल्लों में एक ही बोली बोलने के रंग-ढंग में फ़र्क़ दिखायी पड़ता है। इस तरह के सारे विभाजन और उपविभाजन अन्ततः संदिग्ध हो जाते हैं

और उनका कोई ठोस तार्किक आधार नहीं बन पाता। सच तो ये है कि ख़ास तरह की ज्ञान–मीमांसात्मक हिंसा को अंजाम दिये बिना क्षेत्रीय एक्सक्लूसिव अस्मिताओं का निर्माण ही नहीं हो सकता था। कहने की ज़रूरत नहीं होनी चाहिए कि आधुनिक राष्ट्र–राज्य का निर्माण इसी प्रक्रिया के तहत हुआ, और शायद ही ऐसा कोई राष्ट्र बना हो जिसकी निर्माण–प्रक्रिया पूरी तरह शान्तिपूर्वक सम्पन्न हुई हो।

ये सही है कि १४वीं–१५वीं शती में रेख्ता और सधुक्कड़ी के अतिरिक्त भाषा–क्षेत्र के कुछ स्थानीय रूपों का भी साहित्य–लेखन के लिए स्वतन्त्र रूप से इस्तेमाल किया गया, जैसे अवधी, मैथिली और फिर ब्रजभाषा। लेकिन अभी भी 'भाषा–क्षेत्र' के इन स्थानीय रूपों को सिर्फ़ भाखा या भाषा कहा गया। जैसे सोलहवीं सदी के अवधी के कवि तुलसीदास, अवधी में लिखने के बावजूद, अपनी भाषा को भाखा कहते हैं। सत्रहवीं सदी तक भाखा क्षेत्र की भाखा के सभी स्थानीय रूपों को भाखा ही कहा जाता था। १६७६ में मिर्जा खाँ ने 'तुहफतुलहिन्द' में संस्कृत और प्राकृत के अतिरिक्त भाषा–क्षेत्र के सभी स्थानीय रूपों को भाखा कहा है। यद्यपि 'ज़बाने अहले ब्रज' का ज़िक्र भी उनके यहाँ आता है। फकीरुल्लाह मिर्जा खाँ के समकालीन थे और उन्होंने ब्रज मण्डल की भाषा को 'सुदेश' की भाषा कहा है। गोपाल नामक कवि ने अवश्य 'रसविलास' नामक ग्रन्थ में ब्रजभाषा शब्द का प्रयोग इससे पहले किया है। माना जाता है कि ज्ञात और उपलब्ध स्रोतों में यह 'ब्रजभाषा' शब्द का सबसे पुराना प्रयोग है। लेकिन ब्रजभाषा शब्द का बड़े पैमाने पर चलन अठारहवीं सदी में ही दिखायी पड़ता है। क्योंकि सत्रहवीं सदी के ही प्रसिद्ध कवि केशवदास ने कविताएँ तो ब्रजभाषा में लिखीं, लेकिन उसे ब्रजभाषा नहीं, सिर्फ़ भाषा कहा। इससे ये सिद्ध होता है कि गोपाल कवि के द्वारा ब्रजभाषा शब्द का प्रयोग करने के बावजूद १७वीं सदी में भी भाषा या भाखा का ही प्रयोग ब्रजभाषा के लिए किया जाता था। केशवदास ने लिखा है :

> भाषा बोलि न जानहि जिनके कुल के दारा
> भाषा में कविता करी, जड़मति केशवदास॥

केशवदास लिखते हैं ब्रजभाषा में, लेकिन उसे कहते हैं भाषा। केशवदास की तरह तुलसीदास ने रामचरितमानस लिखा अवधी में, लेकिन कहा कि ये भाषा में लिखा गया है। तुलसीदास की पंक्तियाँ देखिये :

(I) "भाखाबद्ध करौं मैं सोई, मोरे मन प्रबोध जो होई॥
(II) स्वान्तःसुखाय तुलसी रघुनाथ गाथा
भाषा निबद्ध मति मंजुलमातिनोति॥"

बनारसीदास जैन ने अपनी आत्मकथा 'अर्द्धकथानक' (१६४१) में ब्रजभाषा को 'मध्यदेश की बोली' कहा है। केशवदास की तरह ही चिन्तामणि त्रिपाठी ने १६७५ में लिखित 'कविकल्पतरु' (१८७५) में सुर वाणी की कविता के बजाय भाषा कवित्त की बात की है। भाषा के आगे ब्रज का इस्तेमाल उन्होंने भी नहीं किया है। हरिहर निवास द्विवेदी (१९५५) ने लिखा है कि बंगाली वैष्णव भक्तों के प्रभाव से ब्रजभाषा शब्द का चलन १७वीं सदी में बढ़ा। इनके अनुसार मध्यदेश की बोली के साथ-साथ 'मध्यदेशिया भाषा' का भी ब्रजभाषा के लिए प्रयोग होता था। किशोरी लाल (१९७१) ने दिखाया है कि फ़ारसी विद्वानों के बीच ब्रजभाषा के लिए 'ज़बाने ग्वालियर' पद का चलन था।

रामचन्द्र शुक्ल के अनुसार : "मुसलमान लोग भाषा शब्द का व्यवहार साहित्यिक हिन्दी भाषा के लिए करते थे जिसमें आवश्यकतानुसार संस्कृत के शब्द आते थे—चाहे वह ब्रजभाषा हो, चाहे खड़ी बोली। तात्पर्य यह कि संस्कृतमिश्रित हिन्दी को ही उर्दू फ़ारसीवाले 'भाषा' कहा करते थे। 'भाखा' से ख़ास ब्रजभाषा का अभिप्राय उनका नहीं होता था, जैसा कुछ लोग भ्रमवश समझते हैं। जिस प्रकार वे अपनी अरबी फ़ारसी मिली हिन्दी को 'उर्दू' कहते थे उसी प्रकार संस्कृत मिली हिन्दी को 'भाखा'। भाषा का शास्त्रीय दृष्टि से विचार न करनेवाले या उर्दू की ही तालीम ख़ास तौर पर पाने वाले कई नये-पुराने हिन्दी लेखक इस 'भाखा' शब्द के चक्कर में पड़ कर ब्रजभाषा को हिन्दी कहने में संकोच करते हैं। 'खड़ीबोली पद्य' का झण्डा लेकर घूमनेवाले स्वर्गीय बाबू अयोध्याप्रसाद खत्री चारों ओर घूम-घूम कर कहा करते थे कि अभी हिन्दी में कविता हुई कहाँ, सूर, तुलसी, बिहारी आदि ने जिसमें कविता की है वह तो 'भाखा' है, 'हिन्दी' नहीं। सम्भव है इस सड़े-गले ख़याल को लिए अब भी कुछ लोग पड़े हों।" (१९८८ : २८५)

शुक्ल जी के ऊपर दिये गये उद्धरण से यह भ्रम फैलने की गुंजाइश लगती है कि भाषा शब्द का प्रयोग मुसलमान साहित्यिक हिन्दी भाषा के लिए करते थे और अरबी-फ़ारसी मिली हिन्दी को उर्दू कहते थे। १९वीं-२०वीं

सदी के लिए यह बात सही हो तो हो, लेकिन इससे पहले भाषा/भाखा का प्रयोग हिन्दी क्षेत्र के रचनाकारों ने इस क्षेत्र के विभिन्न भाषायी रूपों के लिए किया है। संस्कृत–फ़ारसी से इतर हिन्दी क्षेत्र के स्थानीय भाषायी रूपों के लिए १७वीं सदी तक भाषा/भाखा शब्द का प्रयोग किया जाता रहा। १७वीं सदी के उत्तरार्द्ध में ब्रजभाषा शब्द का चलन हुआ, इससे पहले ब्रजभाषा को भी सिर्फ़ भाखा कहा जाता था। असल में, हिन्दी क्षेत्र के रचनाकार जिसे भाखा कहते थे, उसे ही फ़ारसी ग्रन्थों में 'हिन्दवी', 'हिन्दुई' या 'हिन्दी' कहा जाता था। १९वीं सदी आते–आते यह ज़रूर हुआ कि हिन्दी का अर्थ हिन्दी या उर्दू रह गया और हिन्दी क्षेत्र के बाक़ी भाषायी रूपों को ही भाखा कहा जाने लगा। दिलचस्प है कि ब्रजभाषा पद चलन में आ जाने के बाद भी हिन्दी प्रदेश के रचनाकारों की भाषा को भाखा ही कहा जाता था। यहाँ तक कि शिवसिंह सेंगर ने १८८७ में प्रकाशित 'शिवसिंह सरोज' में हिन्दी क्षेत्र के कवियों को भाखा का कवि ही कहा है। (१९७० : भूमिका)

हिन्दीतर क्षेत्र में भी हिन्दी क्षेत्र की भाषा को भाखा/भाषा कहने के साक्ष्य मिलते हैं। 'राधामाधवविलासचम्पू' (शक् सम्वत् १५७५ से १५८० के बीच, १६५४ ई.) एक ऐसी रचना है जो शाहजी भोंसले के दरबार में जयरामपिंड्ये द्वारा बंगलौर में लिखी गयी। इसमें बारह भाषाओं में कविताएँ लिखी गयी हैं। इस ग्रन्थ में भी उत्तर भारतीय भाषा के विविध रूपों में लिखी गयी कविताओं को सिर्फ़ भाखा कहा गया है। मराठा और रेख्ता शब्द का प्रयोग तो मिलता है, लेकिन हिन्दी क्षेत्र के विभिन्न स्थानीय भाषा–रूपों का नामोल्लेख कहीं नहीं है, उन्हें सिर्फ़ भाखा कहा गया है। इस दौर के रचनाकार दूर–दूर तक भ्रमण करते थे और स्थानीय भाषा के विविध रूपों में या उन्हें मिला कर रचनाएँ करते थे। काशी के कवीन्द्राचार्य सरस्वती के अभिनन्दन में विभिन्न कवियों द्वारा लिखे गये ग्रन्थ 'कवीन्द्रचंद्रिका' का उल्लेख आवश्यक है, जिसमें कुछ नाम ऐसे भी हैं, जो 'राधामाधवविलासचम्पू' में भी मिलते हैं। जयरामपिंड्ये का नाम भी 'कवीन्द्रचंद्रिका' में है। लेकिन राजमल बोरा के शब्दों में 'यह निश्चित नहीं है कि ये चम्पू के रचयिता हैं।' (१९६८ : २१९) राजमल बोरा ने इन दोनों ग्रन्थों के आधार पर जो निष्कर्ष निकाला है, वो ज़्यादा महत्त्वपूर्ण है। उनके अनुसार 'कवि लोग शाहजहाँ के काल में वाराणसी से बंगलौर

तक आया-जाया करते थे और वे जहाँ-जहाँ जाते वहाँ के कवियों से सम्पर्क स्थापित करते और इनमें विचारों तथा भावों का आदान-प्रदान होता।' (१९६८ : २२०)

अन्तत: अठारहवीं सदी में न केवल ब्रजभाषा शब्द का प्रयोग बड़े पैमाने पर होने लगता है, बल्कि ये समझाने का भी प्रयास किया जाता है कि ब्रजभाषा का विकास कैसे हुआ। अठारहवीं सदी के अवध क्षेत्र के रहने वाले और काव्यशास्त्र के आचार्य भिखारीदास ने ब्रजभाषा के विकास में छः भाषाओं के योगदान की चर्चा की है :

ब्रजभाषा भाषा रुचिर, कहैं सुमति सब कोई।
मिल संस्कृत पारस्यौ, पै अति प्रगट जु होई॥
ब्रज मागधी मिलै अमर, नाग यवन भाखानि।
सहज पारसी हूँ मिलै, षट विधि कहत बखानि॥

(१९५७)

ब्रजभाषा के विकास में भिखारीदास ने संस्कृत, फ़ारसी, मागधी, नाग और यवन भाषाओं का उल्लेख किया है। मिर्जा खाँ के ब्रजभाषा व्याकरण से पता चलता है कि प्राकृत को पातालबानी और नागबानी भी कहा जाता था। इसलिए नाग भाषा से आशय प्राकृत भाषा है। शुक्ल जी के अनुसार मागधी का आशय अवधी समेत पूर्वी हिन्दी की सभी बोलियों से है। इससे पहले भाखा शब्द का प्रयोग भाखाक्षेत्र के किसी भी स्थानीय रूप के लिए किया जा सकता था और किया जाता था। भाखा का मतलब होता था—भाखाक्षेत्र में बोली जाने वाली भाखा। कबीर ने इसी अर्थ में भाखा को बहता नीर कहा था। भाखा शब्द कबीर के यहाँ भाषा-क्षेत्र के किसी विशिष्ट स्थानीय रूप का सूचक नहीं। भाखा एक भाववाचक संज्ञा है। मिर्जा खाँ के १६७६ में लिखित ब्रजभाषा व्याकरण से ये समझ में आता है कि सत्रहवीं सदी के उत्तरार्ध तक आते-आते भाषा शब्द का प्रयोग ब्रजभाषा और भाखा क्षेत्र के सभी स्थानीय रूपों के लिए किया जाने लगा। मिर्जा खाँ ने अपने व्याकरण में संस्कृत, प्राकृत के बाद भाखा का उल्लेख किया है। भाखा के बारे में उन्होंने लिखा है कि 'इसमें प्रेमी-प्रेमिका को लेकर अलंकृत कविता लिखी जाती है। ये उस दुनिया की भाषा है, जिसमें हम रहते हैं। इसका प्रयोग संस्कृत और प्राकृत को छोड़ कर बाक़ी सभी भाषाओं के लिए किया जाता है।' (पृ. ३४ और ७)

मिर्जा खाँ के इस विवरण से स्पष्ट होता है, जैसा कि पहले कहा गया, भाखा शब्द का प्रयोग अलंकृत या शृंगार रस प्रधान ब्रजभाषा में लिखी गयी कविताओं के लिए किया जाने लगा और इसमें संस्कृत और प्राकृत के अतिरिक्त सभी 'भाषाओं' को अन्तर्भुक्त मान लिया गया। इसका निहितार्थ ये है कि सत्रहवीं सदी के उत्तरार्ध तक भाखा शब्द का प्रयोग दोनों अर्थों में होता था; एक, भाखाक्षेत्र के सभी स्थानीय रूपों के लिए और दो, ब्रजभाषा के लिए। जैसे तुलसीदास ने सोलहवीं सदी में भाखा शब्द का प्रयोग भाखाक्षेत्र के स्थानीय रूप अवधी के लिए किया था, वैसे ही सत्रहवीं सदी में केशव ने भाखा शब्द का प्रयोग भाखाक्षेत्र के स्थानीय रूप ब्रजभाषा के लिए किया। लेकिन अठारहवीं सदी में ब्रजभाषा में लिखी गयी कविताओं को भाषा में लिखी गयी कविता कहने के बजाय ब्रजभाषा में लिखी गयी कविता कहा जाने लगा। यही नहीं, जैसा कि पहले कहा गया, भाखा क्षेत्र के अन्य स्थानीय रूपों को ब्रजभाषा में अन्तर्भुक्त मान लिया गया। शेल्डन पोलक के शब्दों में, भाखा क्षेत्र में ब्रजभाषा की स्थिति कॉस्मोपोलिटन वर्नाक्युलर जैसी बन गयी। (१९९८ : ६-३७)इसके बावजूद इस दौर के कुछ ऐसे कवि जो सिर्फ़ ब्रजभाषा में नहीं लिखते हैं, वे अपनी भाषा को नाम देने से हिचकते हैं। जैसे गिरधर कविराय ने उस दौर की भाषा को नर-भाषा कहा है। क्योंकि संस्कृत देवभाषा है, इसलिए मनुष्यों द्वारा व्यवहार में लायी जाने वाली भाषा नर भाषा हुई। इसलिए नर-भाषा को भाषा/भाखा के पर्याय के रूप में ही लेना चाहिए।

पाँच

> 'पंजाब का विभाजन करने वाली रेखा कहाँ होनी चाहिए, इस विषय पर दोनों में बहुत चर्चा होती, परन्तु उनमें भी कोई समझौता सम्भव न होता, मिर्जा पाकिस्तान की सीमा में अम्बाला और फ़ीरोज़पुर तक सम्मिलित करने के पक्ष में था। उसका तर्क था; पंजाब एक है; उसके टुकड़े नहीं होने चाहिए।
>
> महेन्द्र आपत्ति करता—''लायलपुर, मिंटगुमरी, सरगोधा और शेखूपुरा की नहरी आबादियों में सत्तर-अस्सी प्रतिशत भूमि और आबादी सिक्खों और हिन्दुओं की है। वे पाकिस्तान में क्यों रहें। क्या वे लोग

> अपनी भूमि उठा कर हिन्दुस्तान ले जायें ? हिन्दुस्तान की सीमा वहाँ ही क्यों न हो!''
>
> ''उन्हें पाकिस्तान में रहने से कौन मना करता है!''
>
> ''तो मुस्लिम प्रधान पंजाब को ही हिन्दुस्तान का अंग बना रहने में क्या आपत्ति है ?'' प्रकट में झगड़ा न होने पर भी दोनों की बातचीत कम होती जा रही थी।'' यशपाल, (२०१० : २३२-२३३)

भारत में पश्चिम के 'लैंग्वेज नेशन प्रोजेक्ट' के तहत उन्नीसवीं सदी में भाषा के क्षेत्रीय रूपों की एक्सक्लूसिव पहचान बनाने का प्रयास पश्चिम और भारत के विद्वानों ने किया। लेकिन सदियों से चली आ रही पारस्परिक सम्बद्धता की वजह से भाषायी क्षेत्रीय पहचान ने स्वतन्त्र राष्ट्र-निर्माण की माँग का रूप नहीं लिया। पश्चिम की वजन पर देखें तो भारत में उतने राष्ट्र बनेंगे जितनी क्षेत्रीय भाषाएँ स्वीकार्य होंगी। क्षेत्रीय भाषायी अस्मिताओं का चाहे जितना विस्तार हुआ हो लेकिन इस प्रक्रिया का कभी भी स्वतन्त्र राष्ट्रीय पहचान में रूपान्तरण नहीं हुआ। स्वतन्त्र राष्ट्र-निर्माण का आधार भाषा नहीं बन पायी, इसलिए धार्मिक भिन्नता के आधार पर स्वतन्त्र राष्ट्र बनाने का प्रयास किया गया और उसमें सफलता भी हासिल हुई। जैसाकि अमर्त्य सेन (२००७) ने अपनी पुस्तक 'अइडेंटिटी एण्ड वायलेन्स' में दिखाया है कि पहचान के कई आयाम होते हैं। सिर्फ़ धार्मिक आधार पर गढ़ी गयी पहचान प्राय: एकायामी और हिंसक होती है। सिर्फ़ धार्मिक भिन्नता के आधार पर बने राष्ट्रों की विडम्बना यह है कि अपना स्वतन्त्र वजूद कायम रखने के लिए उन्हें किसी न किसी रूप में, चाहे-अनचाहे, धार्मिक भिन्नता की भावना को हवा देनी पड़ती है। प्रसेनजित दुआरा (२०१२) ने अपने एक लेख में दिखाया है कि आरम्भिक आधुनिक दौर में विभिन्न सभ्यताओं के बीच पारस्परिक आदान-प्रदान का सिलसिला बहुत तेजी से आगे बढ़ता है। यही कारण है कि उस दौर के इतिहास को भिन्नता नहीं, बल्कि सम्बद्धता के सहारे ज़्यादा बेहतर ढंग से व्याख्यायित किया जा सकता है। लेकिन राष्ट्रवाद के अभ्युदय के साथ सम्बद्धता के सूत्रों के निषेध का सिलसिला शुरू हो जाता है और एक्सक्लूसिव भिन्नताओं पर जोर दिया जाने लगता है।

अठारहवीं सदी के दौरान भाखाक्षेत्र में दो भाषायी रूपों, जिन्हें आज ब्रज

और हिन्दी–उर्दू के रूप में जाना जाता है, का वर्चस्व स्थापित हो गया। हिन्दी–उर्दू की कहानी से तो हम वाकिफ़ हैं, लेकिन ब्रजभाषा के विस्तार के क़िस्से को हम भूल चुके हैं। विद्वानों ने इस ओर संकेत किया है कि खड़ी बोली के समानान्तर दक्खिनी और गुर्जरी का विकास सोलहवीं सदी में दिखायी पड़ता है। लेकिन उल्लेखनीय तथ्य ये भी है कि गुजरात समेत भारत के कई क्षेत्रों में अठारहवीं सदी तक ब्रजभाषा का बड़े पैमाने पर विस्तार हो चुका था। इन क्षेत्रों में ब्रजभाषा में कविता लिखने और ब्रजभाषा सिखाने की परम्परा सुदृढ़ हो गयी थी। महाराष्ट्र के कवियों ने भी भाखाक्षेत्र की बानियों में भक्ति की कविताएँ लिखी थीं। इसलिए भाखाक्षेत्र के अतिरिक्त वृहत्तर भाखाक्षेत्र भौगोलिक दृष्टि से भाखाक्षेत्र से अलग पड़ने के बावजूद भाखाक्षेत्र की बोली/बानियों से प्रभावित होता रहा है और उन्हें प्रभावित भी करता रहा है। कुछ प्रसंगों में तो उसकी भूमिका भाषा–क्षेत्र में घटित होने वाले भाषायी परिवर्तन में निर्णायक रही है।

ये कहना पूरी तरह सही नहीं है कि राष्ट्रवादी आग्रह के कारण समूचे भाखाक्षेत्र में इस क्षेत्र के स्थानीय रूपों को दरकिनार कर हिन्दी का आरोप कर दिया गया। असल में १९वीं सदी तक आते–आते भाखाक्षेत्र में इस क्षेत्र के दो कॉस्मोपॉलिटन भाषा–रूपों का विकास और वर्चस्व हो चुका था, जिन्हें ब्रजभाषा और हिन्दी/उर्दू के रूप में जाना जाता है।

ये सच है कि १८वीं सदी में ब्रजभाषा का वर्चस्व भाखाक्षेत्र और वृहत्तर भाखाक्षेत्र में कायम हो चुका था। लेकिन शासन–प्रशासन से जुड़ी हुई भाषा होने के कारण उर्दू का प्रयोग ब्रजभाषा की तरह सिर्फ़ साहित्य–लेखन के लिए नहीं, बल्कि शहरों में वैचारिक आदान–प्रदान तथा प्रशासनिक कार्यों के लिए भी किया जाने लगा था। इसलिए भाखाक्षेत्र की एक भाषा के रूप में उर्दू/हिन्दी का दावा ब्रज के मुक़ाबले ज़्यादा मजबूत साबित हुआ। ये ज़रूर है कि खड़ी बोली पर आधारित फ़ारसीकृत उर्दू को हिन्दी बनाने की प्रक्रिया में उस समूचे ऐतिहासिक विकासक्रम को लगभग उलट दिया गया, जिसके परिणामस्वरूप पहले रेख्ता और फिर १७०० के आसपास फ़ारसी–बहुल उर्दू का विकास हुआ था। उन्नीसवीं–बीसवीं सदी में भाखाक्षेत्र के विभिन्न स्थानीय रूपों और फ़ारसी के प्रचलित शब्दों को हटा कर एक तत्सम–प्रधान संस्कृत–बहुल हिन्दी गढ़ने की कोशिश की गयी। इस प्रक्रिया में रेख्ता एवं सधुक्कड़ी की साझी और मिलीजुली विरासत को दरकिनार

कर दिया गया।

उन्नीसवीं सदी में भारतेन्दु के द्वारा कविता की भाषा के रूप में ब्रजभाषा को न छोड़ पाने के पीछे ब्रजभाषा की सुदीर्घ साहित्यिक-सांस्कृतिक परम्परा की भी भूमिका थी। उल्लेखनीय है कि ब्रजभाषा और उर्दू का अन्तर सिर्फ़ लिपि और शब्द चयन के कारण नहीं है, सांस्कृतिक विरासत के भिन्न स्रोतों से अपना सम्बन्ध जोड़ने के कारण भी है।

आधुनिक युग की ज़रूरतों और व्यावहारिक तकाजों की दृष्टि से हिन्दी का एक मानक रूप तय करने के दौरान भाखा के विभिन्न स्थानीय रूपों को पूरी तरह दरकिनार कर हम हिन्दी-क्षेत्र के सांस्कृतिक वैविध्य और उसकी पूर्व परम्परा के साथ न्याय नहीं कर पाये। एक शुद्ध हिन्दी गढ़ने के पीछे औपनिवेशिक प्रभुओं के भाषा-परिवार विषयक चिन्तन की भी छाप सहज ही पहचानी जा सकती है। यह सही है कि समय-समय पर नाना कारणों से इस क्षेत्र में अनेक ऐसे केन्द्र बने, जिनकी पहचान भाखा के स्थानीय रूपों के आधार पर की जा सकती है। किन्तु समस्या यह भी है कि कई क्षेत्रों में भाषा के स्थानीय रूपों का साहित्य-संस्कृति की भाषा के रूप में उन्नयन ही नहीं हुआ। ऐसा क्यों हुआ? सम्भवतः हिन्दवी/ब्रजभाषा के कॉस्मोपॉलिटन रूप ने इस सम्भावना का निषेध कर दिया।

छह

भाखा के इन विविध रूपों में जो साहित्य लिखा गया उसका गहरा सम्बन्ध संगीत और अन्य कला रूपों से रहा है। यह साहित्य एक से अधिक लिपि में लिखा गया है फिर भी अपने प्रदर्शनकारी/वाचिक (Performati1e/recitati1e) चरित्र के कारण इसकी पहुँच उन लोगों तक भी होती रही है जो उस लिपि को नहीं जानते, जिसमें इसे लिखा गया। यही नहीं, यह साहित्य अपने प्रदर्शनकारी (Performati1e character) चरित्र के कारण उन लोगों तक भी पहुँचता है जो आज के मुहावरे में निरक्षर हैं। इसलिए भाषा के लिखित रूप और वाचिकता के बीच गहरे सम्बन्ध पर भी गम्भीरतापूर्वक विचार करने की ज़रूरत है।

भाखा के इन विभिन्न रूपों ने अपने विकास के दौरान शास्त्रीय भाषाओं के साहित्य से ही नहीं, लोकसाहित्य से भी बहुत कुछ ग्रहण किया है। यही

नहीं, लोकसाहित्य का चरित्र तो प्रदर्शनकारी (Performati1e) है ही, लिखित साहित्य का चरित्र भी प्रदर्शनकारी/वाचिक (Performati1e/recitati1e) है। यह वो बिन्दु है जहाँ लोकसाहित्य और लिखित साहित्य पुनः एक-दूसरे के सम्पर्क में आ जाते हैं।

विभिन्न प्रकार के सांस्कृतिक-धार्मिक प्रभावों के परिणामस्वरूप निर्मित अनेक केन्द्र तो हिन्दी-क्षेत्र में दिखायी पड़ते हैं, किन्तु भाखा की ही तरह इन केन्द्रों को पूर्णतः आत्मपूर्ण और दूसरे केन्द्रों से निरपेक्ष कोटियों के रूप में व्याख्यायित नहीं किया जा सकता। जैसे अवध के केन्द्र में कृष्ण काव्य की परम्परा दिखायी पड़ती है और ब्रज-क्षेत्र में रामकाव्य परम्परा का अभाव नहीं है। एक भाषायी केन्द्र में ही विभिन्न परम्पराओं के बीच संवाद और सह-अस्तित्व दिखायी पड़ता है। ये भी सोचने की ज़रूरत है कि कोई सांस्कृतिक-धार्मिक परम्परा पूरी तरह नये सिरे से किसी केन्द्र का निर्माण नहीं करती, बल्कि पहले से चली आ रही परम्पराओं से वाद-विवाद-संवाद करते हुए, उस केन्द्र पर एक नयी परत चढ़ाती है। इसलिए किसी केन्द्र का अध्ययन क्षैतिज और लम्बवत दोनों दृष्टियों से किया जाना चाहिए। इसका निहितार्थ यह है कि चली आ रही परम्पराएँ नयी परम्परा को यथावत् स्वीकार नहीं करतीं, बल्कि उसे अपने ढंग से ढालती और बदलती हैं। इसका मतलब यह भी है कि शास्त्रीय परम्पराओं का इन केन्द्रों के इर्द-गिर्द जितना गहरा प्रभाव होगा, उतना गहरा प्रभाव केन्द्र से दूर जाने पर नहीं दिखायी पड़ेगा। इसलिए हिन्दी-क्षेत्र की सांस्कृतिक बनावट को सिर्फ़ शास्त्रीय परम्परा के केन्द्रों के आधार पर ठीक से व्याख्यायित नहीं किया जा सकता। लोकजीवन के दैनन्दिन व्यवहार के गम्भीर अध्ययन के बिना हिन्दी-क्षेत्र की सांस्कृतिक बनावट की समग्रता को नहीं समझा जा सकता।

स्पष्ट है कि पश्चिमी अध्येताओं ने भारत के भाषायी मानचित्र का अध्ययन, जैसा कि ऊपर कहा जा चुका है, भाषा और राष्ट्र की परियोजना के तहत किया। यह स्वाभाविक था कि वे भारतीय भाषाओं की पारस्परिक सम्बद्धता के बजाय भिन्नता पर जोर देते। मैं पूरी विनम्रता के साथ यह प्रस्ताव करना चाहता हूँ कि भारतीय भाषाओं के चरित्र को भिन्नता के बजाय पारस्परिक सम्बद्धता के पैराडाइम में देखने की ज़रूरत है। पारस्परिक सम्बद्धता के पैराडाइम में देखने पर भारतीय भाषायी मानचित्र की तस्वीर बहुत कुछ

बदल जाती है। और फिर मनमाने ढंग से निर्मित की गयी भिन्नता में एकता देखने की कोशिश का खोखलापन भी उजागर हो जाता है। भाषाएँ ही नहीं भारत की क्षेत्रीय संस्कृतियों के सम्बन्ध भी पारस्परिक सम्बद्धता के पैराडाइम में ज़्यादा बेहतर ढंग से समझे जा सकते हैं। वह एक स्वतन्त्र अध्ययन का विषय है और उसे अंजाम देने के लिए एक नहीं, अनेक लोगों को मिल कर काम करना होगा। लेकिन यह काम अवश्य ही किया जाना चाहिए। क्योंकि इस तरह के काम से ही वास्तविक भारत और उसकी नैसर्गिक गति का बोध सम्भव होगा और औपनिवेशिक आधुनिकता द्वारा निर्मित की गयी भारत की छवि की सीमाओं और विडम्बनाओं का एहसास होगा। और तभी सही मायने में भारत के उत्तर-औपनिवेशिक सांस्कृतिक पुनर्पाठ की शुरुआत होगी।

परिशिष्ट

भाषायी स्पेक्ट्रम/बहता नीर

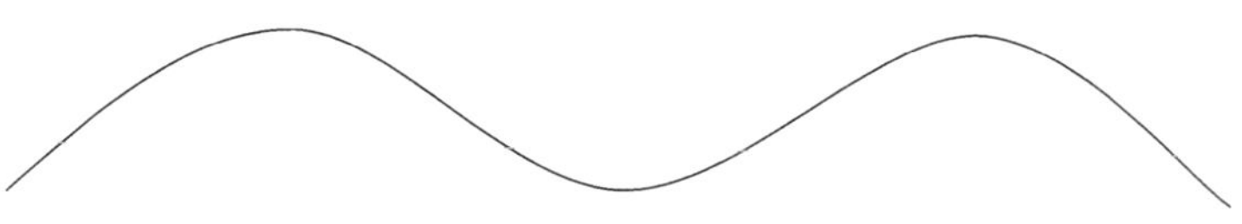

चित्र-१

अपवर्जक (E3clusi1e) भाषायी अस्मिता की निर्माण प्रक्रिया

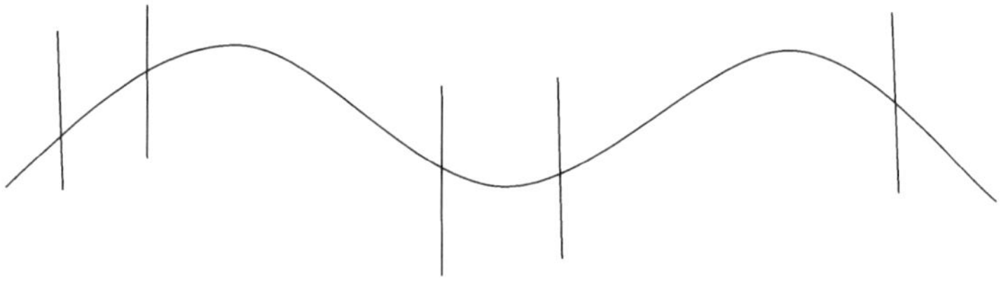

अपवर्जक (E3clusi1e) भाषायी अस्मिताओं का निर्माण

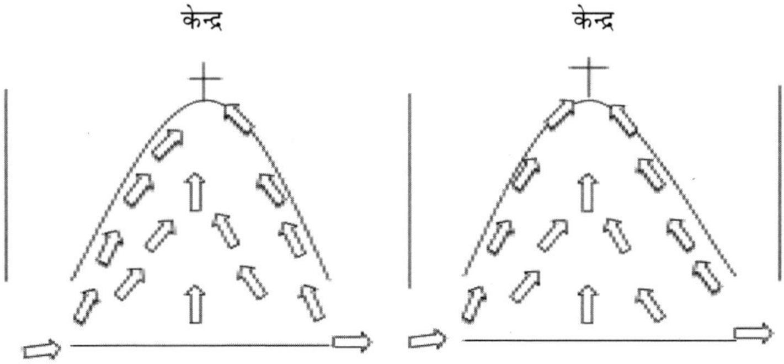

अ चित्र : ३ ब

सन्दर्भ

१. ऑर्सिनी, फ्रेंचेस्का, २०१४, 'आफ्टर तैमूर लेफ्ट', आक्सफोर्ड यूनिवर्सिटी प्रेस, नयी दिल्ली

२. कविराज, सुदीप्तो, २०१२, 'द इमेजिनरी इंस्टीट्युशन आव इण्डिया', परमानेंट ब्लेक, रानीखेत

३. खाँ, मिर्जा, (अदिनांकित), 'ए ग्रामर आव ब्रजभाषा' (१६७६ ई.), विश्व भारती बुक शॉप, कलकत्ता

४. गुप्त, किशोरीलाल (सम्पादक), १९७०, 'शिवसिंह सरोज'(१८८७), हिन्दी साहित्य सम्मेलन, प्रयाग

५. जैन, बनारसीदास, १९४३, अर्द्धकथा सं. माता प्रसाद गुप्त, प्रयाग : प्रयाग विश्वविद्यालय, हिन्दी परिषद,

६. टी. विजयेन्द्र, २०११, 'संस्कृत एण्ड द इंडियन लैंग्वेज फेमिलिस', फ्रण्टेयर

७. टॉलबॉट, सिन्थिया, २०११, 'नोइंग इण्डिया', योदा प्रेस, नयी दिल्ली

८. टॉमस आर. ट्राटमान, २००६, 'लैंग्वेज एण्ड नेशन : द द्राविडियन प्रूफ्स आव कॉलोनियल मद्रास', योदा प्रेस, नयी दिल्ली

९. ...., २००८, 'आर्यन एण्ड ब्रिटिश इण्डिया', योदा प्रेस, नयी दिल्ली

१०. डालमिया, वसुधा, २०१४, 'रिलिजियस इंटरेक्शन इन मुग़ल इण्डिया', आक्सफोर्ड यूनिवर्सिटी प्रेस, नयी दिल्ली

११. त्रिपाठी, चिन्तामणि, १८७५, कविकल्पतरु (१६७०), नवलकिशोर प्रेस, लखनऊ

१२. थापर, रोमिला, २०१४, 'द पास्ट बिफोर अस, हिस्टोरिकल ट्रेडिशन आफ अर्ली नार्थ इण्डिया', परमानेंट ब्लेक, नयी दिल्ली

१३. थारू, सुसी, १९९४, 'अरेंजमेंट आव एन एलायन्स इंग्लिश एण्ड द मेकिंग आव इंडियन लिटरेचर', रीथिंकिंग इंग्लिश एस्से इन लिटरेचर, लैंग्वेज हिस्ट्री, सम्पा. स्वाति जोशी, ओ.यू.पी., दिल्ली

१४. दयाकृष्ण, २०१२, 'सिविलाइजेशन्स', इंडियन इंस्टिट्युट आव एडवांस स्टडी एण्ड सेज पब्लिकेशन, नयी दिल्ली

१५. दास, गगनेन्द्र नाथ, २००६, फकीर मोहन सेनापतिज डिस्कवरी फ्रम विलो : डिकॉलोनाइजेशन एण्ड सर्च फॉर लिंग्विस्टिक अथेंटिसिटी, इकनॉमिक एण्ड पॉलिटिकल वीकली, नवम्बर, १८, २००६

१६. दुआरा, प्रसेनजित, २०१२, हिस्टोरिकल टेम्पॅरलटीज एण्ड कम्पिटीटिव सोसाइटीज : द प्लेस आव द अर्ली माडर्न, अप्रकाशित

१७. द्विवेदी, हरिहर निवास, १९५५, मध्यदेशीय भाषा, ग्वालियर विद्यामन्दिर प्रकाशन

१८. पोलक, शेल्डन, १९९८, 'द कॉस्मोपॉलिटेंट वर्नाक्यूलर', द जर्नल आव एशियन स्टडीज, वाल्यूम-५७, नं. १ (फरवरी, १९९८) पृष्ठ ६-३७

१९. ......, २०११, 'फॉर्म्स आफ नॉलेज इन अर्ली माडर्न इण्डिया', मनोहर पब्लिकेशन, नयी दिल्ली

२०. फूकन, शान्तनु, २००१, 'थ्रू थ्रोट्स व्हेअर मेनी रीवर्स मीट : द इकोलॉजी आव हिन्दी इन पर्सियन वर्ल्ड', इंडियन इकॉनामि एण्ड सोशल हिस्ट्र रिव्यू, ३८ : ३३

२१. बंघा, इमरे, २०१०, 'रेख्ता : पोएट्री इन मिक्स्ड लैंग्वेज इन 'बिफोर द डिवाइड', सम्पा. फ्रेंचेस्का आर्सिनी, ऑरिएंट एण्ड ब्लेक स्वान, हैदराबाद

२२. बाजपेयी, किशोरीदास, १९९८, 'हिन्दी शब्दानुशासन', नागरी प्रचारिणी सभा, वाराणसी

२३. बुश, एलिसन, २०१२, 'पोएट्री आव किंग्स : द क्लासिकल हिन्दी लिटरेचर आव मुग़ल इण्डिया', आक्सफोर्ड यूनिवर्सिटी प्रेस

२४. बोरा, राजमल, 'राधामाधवविलासचम्पू : एक बहुभाषी रचना', नागरी प्रचारिणी पत्रिका, अंक : १-४, वर्ष : ७६, १९६८ पृ. सं. २१२-२२०,

२५. भिखारीदास, १९५७, भिखारीदास, द्वितीय खण्ड (काव्य निर्णय), नागरी प्रचारिणी सभा, वाराणसी।

२६. यशपाल, २०१०, 'झूठा सच', लोकभारती (पैपरबैक्स) पब्लिकेशन, नयी दिल्ली

२७. लाल, किशोरी, १९७१, रीतिकवियों की मौलिक देन, साहित्य भवन, इलाहाबाद

२८. लिंग्विस्टिक एस्पेक्ट ऑव द इण्डो-यूरोपियन अरहिमट क्वेश्चन, डॉ. कोएनराड एल्स्ट, द कोएनराड एल्स्ट साइट

२९. वर्मा, धीरेन्द्र, १९३०, 'हिन्दी राष्ट्र या सूबा हिन्दुस्तान', लीडर प्रेस, प्रयाग।

३०. शर्मा, डॉ. रामविलास,१९७९, 'आर्य और द्रविड़ भाषा-परिवारों का सम्बन्ध', हिन्दुस्तानी एकेडमी, इलाहाबाद

३१. शापिरो, एम. सी., १९८१, 'लैंग्वेज एण्ड सोसायटी इन साउथ एशिया', मोतीलाल बनारसीदास, नयी दिल्ली

३२. शिवप्रसाद सिंह, १९५८, 'सूर-पूर्व ब्रजभाषा और उसका साहित्य', हिन्दी प्रचार पुस्तकालय, वाराणसी।

३३. शुक्ल, आचार्य रामचन्द्र, १९८८, 'हिन्दी साहित्य का इतिहास', नागरी प्रचारिणी सभा, वाराणसी

३४. सक्सेना, बाबूराम, १९७२, 'अवधी का विकास', हिन्दुस्तानी एकेडेमी, इलाहाबाद

३५. सेन, अमर्त्य, २००७, 'आइडेंटिटी एण्ड वायलेन्स', पेंगुइन, नयी दिल्ली

३६. हेनलोन, ओ रोजालिंड, २०११, 'रिलिजियस कल्चर्स इन अर्ली माडर्न इण्डिया', रुटलेज, नयी दिल्ली

लोकसाहित्य और लोक-कलाएँ
संरक्षण एवं अध्ययन की समस्याएँ

लोक-साहित्य और लोक-कलाओं के कई रूप ऐसे हैं जिनका जन्म भारत के किसी समुदाय विशेष के बीच हुआ था। किन्तु देश-काल भेद से इनके स्वरूप और भूमिका में बदलाव दिखायी पड़ता है। कई बार तो यह बदलाव इतना व्यापक होता है उसे एक स्वतन्त्र लोक-कला-रूप मान लेने का मन करता है। इनके नाम भी अलग-अलग मिलते हैं।

इन लोक-साहित्य-कलारूपों की निपट स्थानीय सामुदायिकता के कारण ही दर्शक और कलाकार, रचनाकार और पाठक का वैसा द्वैत यहाँ नहीं होता जैसा शिष्ट साहित्य और कलाओं में दिखायी पड़ता है। यहाँ उल्लास और गाम्भीर्य, राग और विराग, ऐन्द्रिक सुख और परमानन्द का भी वैसा द्वैत नहीं जैसा शास्त्रीय और विशेष रूप से आधुनिकता के साथ उपजने वाले साहित्यिक और कलारूपों में है। सम्भवतः इसीलिए इन रूपों का जैसा गहरा तादात्म्य उस समुदाय के लोगों से होता है, जिनके बीच इनका जन्म हुआ था, वैसा तादात्म्य उन लोगों के साथ नहीं हो पाता जो इस समुदाय से नहीं आते।

किन्तु यह मान लेना ये रूप किसी समुदाय विशेष से ही पूर्णतया और सर्वदा सम्बद्ध रहते हैं, ग़लत होगा। इन लोकरूपों के इतिहास और विकासक्रम पर ध्यान दें तो यह स्पष्ट हो जाता है कि इनका जन्म भले ही किसी समुदाय विशेष में हुआ हो, किन्तु अपनी कलात्मक और वैचारिक सामर्थ्य के कारण समाज के दूसरे समुदायों और क्षेत्रों में इनका विस्तार हो जाता है। यह ज़रूर है कि इस विस्तार के दौरान देश-काल भेद से

इनके निपट स्थानीय रूप में विविधता आ जाती है। असल में यह मान लेना कि लोक साहित्य और कलाओं का चरित्र पूर्णत: स्थानीय होता है, एक मिथ ही है जिसे सम्भवत: औपनिवेशिक ज्ञान मीमांसा के सार्वभौमिकता के दावे का पथ प्रशस्त करने के लिए गढ़ा गया होगा। इधर जो शोध हुए हैं उनसे इन रूपों की निपट स्थानीय सीमाबद्धता की अवधारणा का खण्डन होता है। भारत के विभिन्न क्षेत्रों में इनके संचरण और परस्पर आदान-प्रदान के पर्याप्त साक्ष्य उपलब्ध हैं। अत: इन लोकसाहित्य/कलारूपों की उत्पत्ति की व्याख्या तो सामुदायिकता और स्थानीयता के आधार पर की जा सकती है, किन्तु इनके विकास-क्रम को इसके सहारे नहीं समझाया जा सकता है।

यह बात भी पूरी तरह सही नहीं है कि लोक-रूपों में श्रोता/दर्शक और कलाकार/रचनाकार का कोई विभाजन होता ही नहीं। सच तो यह है कि ऐसे कई लोक-रूप हैं जिनके लोक-कलाकार होते हैं। जैसे बिरहा, आल्हा, पण्डवानी, ढोलामारू दूहा आदि। यह कहना भी ठीक नहीं होगा कि सभी लोक-कलाओं का जन्म किसी समुदाय विशेष के बीच ही हुआ। होरी, चैती, कजरी स्त्रियों के गीत, लोककथाएँ आदि कई ऐसे रूप हैं जिनका सम्बन्ध किसी समुदाय से नहीं, बल्कि त्योहारों, परम्पराओं और ऋतुओं से है।

मुश्किल, कठोर और अभावों से घिरे जीवन में रस का संचार करने वाली ये कलाएँ प्राय: अनुकरणगूलक नहीं हैं। अनुकरणमूलक यथार्थवाद की वजन पर इनके महत्त्व और भूमिका को समझने की ग़लती नहीं करनी चाहिए। लोक-साहित्य और लोक-कलाएँ ही नहीं, उपनिवेशवाद से पहले के समूचे साहित्य का यथार्थवाद के निकष पर मूल्यांकन करने से उसका मर्म उद्घाटित नहीं होगा और वह व्यर्थ प्रतीत होगा। औपनिवेशिक दौर में यथार्थवाद की ज्ञान-मीमांसा और रूप-विधान को पूर्णत: स्वीकार कर लेने के कारण पहले से चले आ रहे लोक और जातीय कलारूपों को त्याज्य मान लिया गया और इस प्रकार अपने अतीत और अतीत की साहित्यिक-सांस्कृतिक उपलब्धियों का निषेध कर दिया गया। प्रगतिवाद-विरोधियों की तो बात ही क्या, स्वयं प्रगतिवादियों के यहाँ अपनी जातीय और लोक-परम्परा के प्रति इस प्रकार का उपेक्षा भाव दिखायी पड़ता है। स्वयं प्रेमचन्द के १९३६ में प्रगतिशील लेखक संघ के अधिवेशन में

अध्यक्ष के रूप में दिये गये भाषण, जो बाद में 'साहित्य का उद्देश्य' नाम से प्रकाशित हुआ, में भी इस प्रकार का पूर्वाग्रह मौजूद हैं। सच तो यह है कि इस प्रकार के पूर्वाग्रह समूचे आधुनिक साहित्य, साहित्यिक इतिहास-लेखन और आलोचना में भी, कुछ एक अपवादों को छोड़, मौजूद है।

राष्ट्र की भाषा खड़ी करने के लिए हिन्दी की 'बोलियों' को दरकिनार कर देने और साहित्य के आदर्श मॉडल के रूप में पश्चिमी साहित्य और साहित्य-रूपों को स्वीकार कर लेने के कारण भी जातीय और लोक-कलारूपों को त्याज्य मान लिया गया। इन लोकभाषाओं की बोलियों के रूपों में अवनति के साथ इनमें साहित्यिक लेखन धीरे-धीरे बन्द हो गया। इन 'बोलियों' के पुराने साहित्य को तो हिन्दी साहित्य के इतिहास में जगह मिल गयी लेकिन लोक-साहित्य, नागरी प्रचारिणी सभा द्वारा प्रकाशित 'वृहद् इतिहास' को यदि छोड़ दें तो, हिन्दी साहित्य के इतिहास से बाहर हो गया।

लोक-साहित्य और लोक-कलाओं के अध्ययन की कोई ठीक-ठाक परिपाटी ही हमारे यहाँ विकसित नहीं हुई। ज़्यादातर काम लोक-गीतों के संकलन का हुआ। लोक-कथाओं का संकलन भी किया गया, लेकिन लोक-गीतों के तुलना में ये काम बहुत ही अपर्याप्त और सीमित है। लोक-कलाओं के अध्ययन की दिशा में तो कोई काम हुआ ही नहीं। लोक-ज्ञान को अज्ञान मान लिया गया, इसलिए उस पर गम्भीरतापूर्वक विचार करने की ज़रूरत ही महसूस नहीं की गयी। लोक-गीतों का अध्ययन भी प्रायः कविता की तरह उसके लिखित रूप के आधार पर किया गया। निष्कर्ष यह है कि लोकशास्त्र या लोक-विद्या के अध्ययन का कोई सम्यक् विकास भारतीय विश्वविद्यालयों में नहीं हुआ। कहीं नृतत्व-विज्ञान के साथ, कहीं साहित्य के साथ लोक-विद्या का अध्ययन किया गया। लेकिन लोक-विद्या का स्वतन्त्र विभाग भारत के कुछ ही विश्वविद्यालयों में स्थापित हुआ। लोक-विद्या के स्वतन्त्र विभाग न होने के कारण लोक-विद्या में भली-भाँति प्रशिक्षित विद्वानों और विद्यार्थियों की भी कमी दिखायी पड़ती है। पहली ज़रूरत तो यह है कि भारत, विशेष रूप से उत्तर भारत, के विश्वविद्यालयों में लोक-विद्या के स्वतन्त्र विभाग स्थापित किये जायें। इसके बिना लोक-विद्या के विद्वानों और कार्यकर्त्ताओं की कमी बनी रहेगी।

दो

भारत में लोक और शास्त्र परस्पर अन्तर्क्रिया करते रहे हैं। लोक और शास्त्र का सम्बन्ध हमेशा मैत्रीपूर्ण रहा हो, ये भी नहीं है; लेकिन ये दोनों एक-दूसरे के प्रति पूर्णतः निरपेक्ष भी कभी नहीं रहे हैं। जैसे लोक-रूपों का शास्त्रीय कलाओं के स्तर पर उन्नयन होता रहा है। यह प्रक्रिया २०वीं शताब्दी के आरम्भिक दशकों तक चलती रही। होरी, चौता, चैती, कजरी जैसे अनेक लोक-कला-रूप हैं, जिनकी प्रतिष्ठा आज उप-शास्त्रीय गायन में भी देखी जा सकती है। बाँसुरी, शहनाई जैसे वाद्ययन्त्रों को शास्त्रीय वाद्ययन्त्र के रूप में प्रतिष्ठा २०वीं शताब्दी की शुरुआत के आस-पास मिली।

लोकविद्या के क्षेत्र में अत्यन्त महत्त्वपूर्ण कार्य करने वाले विद्वान हेतुकर झा का तो यह भी मानना है कि भक्ति आन्दोलन के दौरान प्रेम की पाँचवें पुरुषार्थ के रूप में प्रतिष्ठा के पीछे वह लोक-परम्परा है जिसमें प्रेम का भाव सबसे महत्त्वपूर्ण है। भक्ति आन्दोलन के दौरान अस्तित्व में आये साहित्य का एक महत्त्वपूर्ण हिस्सा ऐसा है जिसे लोक और शास्त्र के खाँचे में बाँट पाना आसान नहीं। लोक भाषाओं में लिखे गये साहित्य की लोकप्रियता का सम्भवतः एक बड़ा कारण यह है कि इस दौर की रचनाओं ने लोक-साहित्य से बहुत कुछ आत्मसात् किया।

यदि लोक ने शास्त्र की उँगली पकड़ी तो शास्त्र को भी लोक के सामने झुकना पड़ा। लोक और शास्त्र दोनों ने एक-दूसरे को ऊर्जस्वित किया। यह इसलिए सम्भव हुआ क्योंकि भारतीय सांस्कृतिक परम्परा ने कभी भी पूर्णसमरूपीकरण पर जोर नहीं दिया। स्थानीय परम्पराएँ, रीतिरिवाज़, तीजत्योहार, खान-पान, लोक-विद्या के विभिन्न रूपों और लोक-कलाओं और साहित्य का जैसा भरा-पूरा वैविध्य भारत में दिखायी पड़ता है, वैसा वैविध्य शायद ही दुनिया के किसी और देश में दिखायी पड़े। इसीलिए यहाँ शास्त्र और लोक में ऐसी मुठभेड़ भी नहीं हुई जहाँ शास्त्र लोक को या लोक शास्त्र को मटियामेट करने पर आमादा दिखे।

पूर्णसमरूपीकरण जातिव्यवस्था को मिटाये बिना सम्भव ही नहीं। जबकि भारतीय सामाजिक संरचना जाति की बुनियाद पर गठित थी जहाँ स्तरीकरण के बावजूद प्रत्येक जाति कुछ मामलों में स्वायत्त थी। इसे ही राजनीतिशास्त्री

सुदीप्तो कविराज ने 'घेरे के भीतर घेरे' की संरचना के रूप में व्याख्यायित किया है। इस संरचना में अन्तिम रूप से नृपति सर्वोच्च था किन्तु नृपति से नीचे के सभी घेरों की एक सीमित स्वायत्तता थी। घेरों की यह शृंखला नृपति से लेकर गृहपति तक चली आती थी। ब्रिटिश इतिहासकार बर्टन स्टीन ने इसीलिए भारतीय राज्य को 'सेग्मेन्ट्री स्टेट' कहा था क्योंकि यह राज्य इन घेरों के कुल योग का सर्वोच्च शिखर था। उसका काम इन घेरों की शृंखला को बनाये रखना था। यह अकारण नहीं है कि लोक-कला के अनेक रूपों का सम्बन्ध किसी न किसी जाति से है। यह उनकी सीमित रचायत्तता का प्रमाण है। उन्होंने अपने-अपने लोक-कलारूप विकसित कर लिए थे।

शास्त्र और लोक के मध्य लचीले और आदान-प्रदानपरक सम्बन्ध के बावजूद यह रेखांकित करना आवश्यक है कि लोकविद्या की अपनी एक स्वायत्त दुनिया है, और उसके नियम-कायदे शास्त्रीय अनुशासनों के मोहताज नहीं हैं। लोक ज्ञान/साहित्य/कला को शास्त्र के निकष पर समझ पाना असम्भव है, क्योंकि लोक विद्या के निर्माण की प्रक्रिया शास्त्रीय ज्ञान से बहुत अलग है।

लोक-साहित्य और लोक-कलाओं का आधुनिकीकरण के साथ तेजी से क्षरण हो रहा है। इन्हें संरक्षित करने के लिए इनका दस्तावेज़ीकरण ज़रूरी है। आगे आने वाले अध्येताओं के लिए इस प्रकार के दस्तावेज़ ही वे साक्ष्य होंगे जिनके आधार पर वे लोक-कलारूपों का अध्ययन कर सकेंगे। यह सही है कि लोक-कलाएँ और लोक-साहित्य समय के साथ अपना रूप बदल लेते हैं और उनका अस्तित्व बचा रहता है। लेकिन यह भी सच है कि कई लोक-कलारूप इस परिवर्तन की आँधी में ख़त्म होते जा रहे हैं। कुछ लोगों को ऐसा लगता है कि ज़िन्दगी के उन तौर-तरीक़ों, जिनके बीच इनका जन्म हुआ था, को बनाये रखे बिना इन्हें बचा पाना असम्भव है। इस तरह का तर्क रखने वाले लोग अपने नेक इरादों के बावजूद उस पुरानी सामाजिक व्यवस्था का समर्थन करने लगते हैं जिसमें ये कलाएँ पैदा हुई थीं। किन्तु विचित्र विडम्बना है कि शास्त्रीय कलाओं को बचाये रखने के लिए उस पुरानी व्यवस्था को बनाये रखने की वकालत नहीं की जाती जिसके बीच ये कलाएँ अस्तित्व में आयी थीं। शास्त्रीय संगीत और शास्त्रीय नृत्य यदि आज भी प्रतिष्ठित हैं तो इसका कारण यह नहीं है कि

वह व्यवस्था बची हुई है जो इन्हें पहले संरक्षण देती थी। अपनी भिन्न जीवन-दृष्टि और कलात्मक सामर्थ्य के कारण इन शास्त्रीय कलाओं को सराहने और पसन्द करने वाले आज भी मौजूद हैं। राज्य और सहृदय श्रोता समुदाय के सहयोग और समर्थन से ही ये शास्त्रीय कलाएँ आज के बाज़ार-प्रधान समय में बची हुई हैं। भले ही इनको लोकप्रिय बाज़ारू कलाओं जैसी केन्द्रीयता हासिल न हो, लेकिन इनके अस्तित्व और महत्त्व से इनकार नहीं किया जा सकता है। अपने उत्पत्ति के सामाजिक सन्दर्भ से विच्छिन्न हो जाने के बावजूद बदलते समय के अनुसार अपने स्वरूप में कुछ परिवर्तन कर लेने के कारण ये कलाएँ आज भी मौजूद हैं। उल्लेखनीय है कि इन शास्त्रीय कलाओं का सम्बन्ध प्रायः राजदरबारों और मन्दिरों से रहा है, वहीं उनके रसिक श्रोता और दर्शक होते थे। कुछ शास्त्रीय नृत्य-रूपों का सम्बन्ध तो देव-दासी परम्परा से जुड़ा हुआ था। इसी प्रकार, लोक-कलारूपों के मूल स्वरूप को यथासम्भव बनाये रखते हुए उन्हें प्रदर्शनकारी कलाओं की तरह विकसित करने की ज़रूरत है। इसके लिए उस पुराने सामाजिक जीवन को बचाने की नहीं बल्कि इन कला और साहित्य रूपों को बचाने और संवर्द्धित करने की आवश्कता है। जिन लोक-रूपों में ऐसी कलात्मक सामर्थ्य और वैकल्पिक जीवन दृष्टि होगी, वे इस प्रकार के परिवर्तन और संरक्षण के सहारे आगे भी बची रहेंगी। यह सही है कि इन लोक-कलारूपों का बहुत तेजी से बाज़ारीकरण हो रहा है और शायद आगे भी होता रहेगा, लेकिन इसके पुराने रूप को यथासम्भव बनाये रखते हुए संरक्षित करने की ज़िम्मेदारी आधुनिक राज्य और सहृदय समाज की है। स्थानीय और पारम्परिक समुदाय से अलग हो कर और अपने स्वरूप को किंचित् समुन्नत कर ये लोक-कलाएँ अपना एक नये ढंग का पाठक-श्रोता समुदाय बना सकती हैं। स्थानीय सामुदायिकता से अलग होने पर इनके प्रभाव की गहनता तो कुछ कम हो जायेगी, लेकिन व्यापकता बढ़ जायेगी।

शास्त्रीय कलाओं की तरह लोक-कलाओं का प्रदर्शनकारी कलाओं के रूप में नया अवतार ही उन्हें नष्ट होने से बचा सकता है। यह सही है कि इस प्रक्रिया में उनके स्वरूप में भी कुछ बदलाव आयेगा। इनके कलाकार सिर्फ़ इन्हीं पारम्परिक समुदायों के नहीं होंगे, जिनके बीच उनका अभ्युदय हुआ था। श्रोता-दर्शक भी किसी स्थानीय समुदाय विशेष के बजाय

व्यापक नागरिक समुदाय के होंगे।

फ़िलहाल लोक–साहित्य और लोक–कलाओं के संरक्षण और संवर्धन के लिए ज़रूरी है कि—(१) इनका बड़े पैमाने पर दस्तावेज़ीकरण किया जाय। (२) विश्व–विद्यालयों में लोक–शास्त्र का स्वतन्त्र विभाग खोला जाय ताकि प्रशिक्षित लोक–शास्त्रियों की कमी दूर हो सके। (३) लोक–साहित्य और लोक–कला के महत्त्व और कलात्मक सामर्थ्य के बारे में प्रचलित दृष्टिकोण में बदलाव लाया जाय। दृष्टिकोण बदलने पर ही नये ढंग के कलाकार/श्रोता/दर्शक बनेंगे। (४) प्रदर्शनकारी कला के रूप में विकसित करने के लिए इनके मूल रूप को यथासम्भव बनाये रखते हुए, इनमें ज़रूरी परिवर्तन किये जायें। (५) ये समझा जाय कि लोक–जीवन का सच्चा अभिलेखागार लोक–साहित्य है। केवल शासकीय अभिलेखों और शास्त्रीय साहित्य के आधार पर लोक–जीवन को नहीं समझा जा सकता।

क्या अनुवाद की भारतीय पद्धति भी थी

भारत में अनुवाद का इतिहास लिखने वाले और अनुवाद प्रक्रिया का सिद्धान्त निरूपण करने वाले यह मान कर चलते हैं कि लोकभाषीकरण (Vernacularigation) की प्रक्रिया बड़े पैमाने पर अनुवाद का सहारा लिए बिना सम्पन्न नहीं हो सकती थी। शेल्डन पोलॅक ने अपने लेख 'इण्डिया इन वर्नाक्युलर मिलेनियम' (India in Vernacular Millannium) में लिखा है कि यूरोप की तरह भारत में भी दूसरी सहस्राब्दी लोकभाषीकरण की सहस्राब्दी थी। उन्होंने यह स्वीकार किया है कि भारत में लोकभाषीकरण की प्रक्रिया को जन्म देने वाले कारणों को ठीक-ठीक चिह्नित कर पाना सम्भव नहीं है। सामान्यरूप से आधुनिक भारतीय भाषाओं के अभ्युदय अर्थात् लोकभाषीकरण को भक्ति-आन्दोलन के साथ जोड़ कर देखने की प्रवृत्ति रही है। सुदीप्तो कविराज ने अपने लेख Imaginar4 Institutions of India में यही सिद्ध करने की कोशिश की है, 'ऐसा प्रतीत होता है लोकभाषाओं के अभ्युदय का शास्त्रीय ब्रह्मणिक हिन्दू-परम्परा के विरुद्ध आन्तरिक अवधारणात्मक विद्रोह से गहरा सम्बन्ध है।' लेकिन पोलॅक ने दिखाया है कि आधुनिक भारतीय लोकभाषाओं का उदय भक्तिकाल से पहले ही हो चुका था। यही नहीं, इन भाषाओं में साहित्य भी लिखा जाने लगा था। भक्ति-आन्दोलन के साथ यह प्रक्रिया और भी मजबूत हुई, लेकिन लोकभाषाओं के अभ्युदय के कारण के रूप में 'भक्ति-आन्दोलन' का उल्लेख बहुत सटीक नहीं लगता। जो भी हो, इतना तो तय है कि हिन्दी-प्रदेश की भाषाओं/बोलियों के साहित्य को जैसी प्रतिष्ठा भक्ति-आन्दोलन के दौरान मिली, वैसी प्रतिष्ठा उसे पहले नहीं प्राप्त थी। अब सवाल यह उठता है कि भक्ति आन्दोलन, जिसे

हिन्दी के प्रसिद्ध आलोचक रामविलास शर्मा ने 'लोक जागरण' कहा था, के दौरान क्या प्राचीन कृतियों का संस्कृत, प्राकृत, पालि से इन लोकभाषाओं में अनुवाद किया गया।

विद्वानों ने दिखाया है कि यूरोप में आधुनिक यूरोपीय भाषाओं के विकास में अनुवाद की महत्त्वपूर्ण भूमिका रही है। यह कैसे हो सकता है कि आधुनिक भारतीय भाषाओं का विकास अनुवाद का सहारा लिए बिना हो गया हो। फिर क्या था, यूरोप में जो कुछ हुआ, उसे भारत में यथावत् लागू करते हुए विद्वानों ने अपनी-अपनी भाषा में संस्कृत से अनूदित ग्रन्थों की लम्बी-चौड़ी सूची तैयार कर डाली। उन्होंने यह समझने की जहमत नहीं उठायी कि जिन ग्रन्थों को ये विद्वान अनुवाद बता रहे थे, वे वास्तव में अनुवाद थे ही नहीं, वे एक नयी रचना थे। भारत में पुरानी कृतियों से प्रेरणा लेकर नयी कृतियाँ रचने की लम्बी परम्परा रही है। पुरानी कृति को उपजीव्य काव्य कहा जाता था। रामायण और महाभारत बुनियादी उपजीव्य काव्य माने गये हैं। लोकभाषीकरण के दौरान भी पुराने ग्रन्थों से प्रेरणा लेते हुए आधुनिक भारतीय भाषाओं में नये ग्रन्थ लिखे गये। कहने का आशय यह है कि भाषा बदल जाने पर भी उपजीव्य ग्रन्थों के आधार पर नये ग्रन्थ बनाने का सिलसिला चलता रहा। इसीलिए भारत में एक नहीं, अनेक रामायण हैं, एक नहीं अनेक महाभारत हैं और ये रामायण और महाभारत सिर्फ़ लिखित परम्परा में नहीं हैं, लोकपरम्परा में भी हैं। किन्तु पश्चिमी परम्परा में अनेक इलियड-ओडिसी नहीं हैं। इसलिए तुलसीदास के रामचरितमानस को वाल्मीकि के रामायण का अनुवाद सिद्ध करना हास्यास्पद ही नहीं, बचकाना भी है।

दीपेश चक्रवर्ती ने यूरोप के इतिहास के वजन पर समूची दुनिया के इतिहास का अध्ययन करने की प्रवृत्ति के बारे में टिप्पणी करते हुए लिखा है, ''यूरोप भारतीय, चीनी, कीनियाई इत्यादि सभी इतिहासों का सम्प्रभु और सैद्धान्तिक कर्त्ता बना हुआ है। एक अजीब तरीक़े से दुनिया के दूसरे देशों का इतिहास यूरोपीय इतिहास के मास्टर नैरेटिव का परिवर्द्धित रूप बन जाता है।''

जो बातें दीपेश चक्रवर्ती ने इतिहास को लेकर कही हैं, वे बातें भारत में अनुवाद सिद्धान्त और व्यवहार के बारे में किये गये चिन्तन पर भी सटीक बैठती हैं। यूरोपीय अवधारणाओं को भारत में यथावत् लागू करने की

हास्यास्पद कोशिश का परिणाम यह हुआ है कि आरम्भिक आधुनिक दौर में लोकभाषाओं में बनाये गये अनेक ग्रन्थों को संस्कृत-पालि के ग्रन्थों का अनुवाद बताया जा रहा है।

शेल्डन पोलॅक ने सही लिखा है कि लोकभाषीकरण के दौरान अलग-अलग क्षेत्रों में ऐसे ग्रन्थ बनाये गये, जिन्होंने अपने-अपने क्षेत्रों में मानक ग्रन्थ जैसा महत्त्व अर्जित कर लिया। ये ग्रन्थ किसी पुराने ग्रन्थ का अनुवाद नहीं थे। इन ग्रन्थों के साथ नये तीर्थस्थल भी बने। यही नहीं, कुछ पुराने देवताओं का मान घटा, तो कुछ का बढ़ गया और कुछ नये साधु-सन्त-फकीरों ने देवत्व अर्जित कर लिया। कहने की आवश्यकता नहीं कि नयी कृतियों की इस सांस्कृतिक-धार्मिक रूपान्तरण में महत्त्वपूर्ण भूमिका थी। इस समूची प्रक्रिया की व्याख्या अनुवाद की अवधारणा के आधार पर सम्भव ही नहीं। अनुवाद के बजाय Assimilation या Interte3tualit4 की अवधारणा ज़रूर इस प्रक्रिया को समझने में सहायक सिद्ध हो सकती है।

भारत में ग्रन्थ की अवधारणा पश्चिम से भिन्न रही है। पश्चिम में मूलग्रन्थ (Ur-Te3t) की मान्यता के कारण अनुवाद की अवधारणा का विकास हुआ। दार्शनिक और धार्मिक ग्रन्थों को छोड़ दें तो भारत में मूलग्रन्थ की अवधारणा का अस्तित्व ही नहीं था, इसलिए ग्रन्थ की अवधारणा और अनुवाद की परिकल्पना भी भारत में पश्चिम से भिन्न रही है। जैसा कि ए.के. रामानुजन ने लिखा है, (भारत में) 'कोई भी रचना मौलिक नहीं होती। कोई भी कहानी पहले कही गयी कहानी का सिर्फ़ पुनर्कथन नहीं। कोई भी कहानी स्वयं में पूर्ण नहीं, भले ही वह किसी ग्रन्थ में पूर्ण प्रतीत होती हो' रामानुजन के अनुसार, 'परवर्ती ग्रन्थ किसी मूलग्रन्थ का अनुवाद नहीं, बल्कि ये ग्रन्थ एक विशिष्ट रचना हैं। वे एक नये ग्रन्थ हैं, जिनका रूप ही विशिष्ट नहीं है, बल्कि उनकी अन्तर्वस्तु भी ताज़ी है।' परवर्ती रचनाओं की अवस्थिति के बारे में विचार करते हुए, रामानुजन ने आगे स्पष्ट किया है कि 'हम कंबन रामायण को कंबन रामायण के रूप में पढ़ते हैं, उसी आधार पर उसका मूल्यांकन करते हैं। इस आधार पर नहीं कि वाल्मीकि रामायण से वह कितनी मिलती-जुलती है। इसके बावजूद यदि हमारा ध्यान किसी बात पर जाता है तो ये कि वह वाल्मीकि रामायण से कितनी भिन्न है।'

वस्ततुः भारतीय परम्परा में इन रचनाओं के बीच का अन्तःसम्बन्ध बरगद

के पेड़ के तने और शाखों की तरह है। उल्लेखनीय है कि बरगद के पेड़ की शाखें कालान्तर में तने में तब्दील हो जाती हैं। और फिर यह तय कर पाना मुश्किल होता है कि उनमें से कौन मूल तना है। सम्भवतः इसीलिए बर्नाड कोह्न ने 'बरगद के पेड़ से लटकने वाले बरोह (Shoot) और जड़ों की नियन्त्रित अराजकता को भारतीय रचना-परम्परा के सादृश्य के रूपक के रूप में उद्धृत किया है। यदि ये बातें ठीक हैं तो फिर भारतीय सन्दर्भ में हमें रचना-परम्परा में रचना की विशिष्ट अवधारणा पर जोर देना पड़ेगा, क्योंकि यहाँ रचनाएँ केन्द्र से परिधि की ओर और परिधि से केन्द्र की ओर निरन्तर संक्रमण करती रहती हैं। इसलिए यूरोपीय अनुवाद सैद्धान्तिकी और व्यवहार के सार्वभौमिक महत्त्व पर भी सवाल खड़े करने पड़ेंगे। वास्तव में, भारत की सांस्कृतिक प्रक्रिया ऐसे विशिष्ट आयामों को उद्घाटित करती है, जिसे पश्चिमी सैद्धान्तिकी में अन्तर्भूत नहीं किया जा सकता। बिल्कुल वैसे ही, जैसे भारत के सामाजिक और राजनीतिक विकास-प्रक्रिया को एक सीमा के बाद पश्चिमी सैद्धान्तिकी से व्याख्यायित नहीं किया जा सकता। शेल्डन पोलॅक ने भारतीय रचना-प्रक्रिया के वैशिष्ट्य के एक अन्य उल्लेखनीय आयाम पर टिप्पणी करते हुए लिखा है कि 'लेखन परम्परा के विकास से बहुत कुछ अप्रभावित रहते हुए भी वाचिक परम्परा यहाँ फलती-फूलती रहती है। यही कारण है कि कई शताब्दियों के दौरान महाभारत जैसी कृति से अनेक प्रकार के प्रदर्शनकारी रूप अस्तित्व में आ जाते हैं। ...अलग-अलग क्षेत्र महाभारत के अपने अलग रूप निर्मित करते हैं, जिनमें उनके क्षेत्र के इतिहास का प्रभाव दिखायी पड़ता है, और यहाँ कोई एक रूप अपनी केन्द्रीयता पर जोर नहीं देता। यहाँ विधाओं का स्वरूप आसानी से बदला जा सकता था और उन्हें विस्तार दिया जा सकता था।' इससे यह बात समझ में आती है कि भारतीय परम्परा में रचनाएँ सिर्फ़ पढ़े जाने के लिए नहीं थीं, उनका पारायण और प्रदर्शन भी होता था। उसे नाना रूपों में परिवर्तित और रूपान्तरित किया जा सकता था। रचना का पारायण या प्रदर्शन करने वाला व्यक्ति अपनी विधागत ज़रूरतों और प्रदर्शन-स्थल की अपेक्षाओं के अनुसार उसे बदल सकता था। वह किसी प्रसंग को छोड़ सकता था तो किसी प्रसंग को विस्तार दे सकता था। सूत्र रूप में कहें तो रचना की तरल, गतिशील, परिवर्तनशील और लचीली अवधारणा के कारण प्राक्-औपनिवेशिक भारत में पश्चिमी ढंग के अनुवाद की सार्थकता ही संदिग्ध

हो जाती है। अवतार की अवधारणा की तरह ही एक रचना के यहाँ नाना अवतार हैं। ये सभी अवतार एक जैसे नहीं हैं। रचना का नया अवतार (नया रूप) पुराने अवतार की पुनर्प्रस्तुति मात्र नहीं है। उसकी कुछ अपनी विशेषताएँ हैं; और ये विशेषताएँ इस बात पर निर्भर करती हैं कि उसका जन्म किस युग में हुआ है। भारतीय विद्वानों ने शायद ही कभी पश्चिमी अर्थों में अनुवाद का सहारा लिया हो। इसके बजाय उन्होंने अपने युग की ज़रूरतों और चुनौतियों को ध्यान में रखते हुए गुणात्मक रूप से भिन्न और नयी रचना तैयार की। यह सही है कि वे रचना की पूर्व परम्परा से परिचित थे। यहाँ तक कि ईसा की दूसरी सहस्राब्दी के दौरान भी ये परिचय बरकरार रहा। भारत में ईसा की दूसरी सहस्राब्दी, जिसे लोकभाषाओं के अभ्युदय और विकास की सहस्राब्दी कहा जाता है, के दौरान भी संस्कृत जैसी क्लासिकल भाषाओं से परिचय और उससे सीखने की प्रक्रिया पूरी तरह टूटी नहीं। निचली जाति से आने वाले निर्गुण परम्परा के कवियों को आधुनिक अर्थों में भले ही शिक्षित न कहा जाय, लेकिन जीवन्त वाचिक परम्परा का हिस्सा होने के कारण, कथित रूप से अनपढ़ होने के बावजूद, वे ज्ञानी कहलाते थे। अनेक सगुण और रीतिकालीन कवि तो संस्कृत जानते थे और कुछ कवियों को फ़ारसी का भी ठीक-ठाक ज्ञान था। इस तथ्य को साबित करने के लिए पर्याप्त साक्ष्य उपलब्ध हैं। फ़ारसी के राजभाषा बन जाने के बावजूद संस्कृत सीखने का आकर्षण कायम रहा और उस दौर के ज़्यादातर कवि-विद्वान संस्कृत की रचनाओं को मूल में पढ़ सकते थे। इसलिए संस्कृत की इन रचनाओं को लोकभाषाओं में यथावत् अनूदित करने की कोई सार्थकता उन्हें समझ में नहीं आती थी। संस्कृत सीखने की प्रक्रिया को सबसे बड़ा धक्का लोकभाषीकरण के दौरान नहीं, बल्कि औपनिवेशिक दौर में अंग्रेज़ीकरण के कारण लगा। इसलिए इस बात पर कोई आश्चर्य नहीं होना चाहिए कि संस्कृत ग्रन्थों का बड़े पैमाने पर अनुवाद लोकभाषा के अभ्युदय के दौरान नहीं, बल्कि उपनिवेशवाद के दौरान किया गया।

सुदीप्तो कविराज ने अपने लेख में इस बात पर जोर दिया है कि पूर्व औपनिवेशिक भारतीय समाज बहुभाषी समाज था और यहाँ भाषाओं की साफ़-साफ़ सीमा-रेखाएँ नहीं खींची गयी थीं। सच्चाई यह है कि यहाँ भाषाएँ परस्पर सम्बद्ध थीं। उनका सम्बन्ध एक्सपेक्ट्रम की तरह था। यहाँ

एक 'भाषा' कहीं ख़त्म नहीं होती थी, बल्कि धीरे-धीरे वह दूसरी भाषा में रूपान्तरित हो जाती थी। कबीर के शब्दों में कहें तो भाषा का स्वरूप बहते नीर की तरह था। यहाँ भाषा को अस्मिता के बुनियादी निर्धारक तत्त्व के रूप में उस तरह से रेखांकित नहीं किया गया, जैसे पश्चिम में, जहाँ कालान्तर में भाषा के आधार पर ही राष्ट्रीय अस्मिता का निर्धारण हुआ। इस समूचे विचार-विमर्श में ध्यान देने योग्य तथ्य यह है कि लोकभाषीकरण के दौर में भी भारतीय विद्वानों की बहुभाषिक क्षमताएँ बरकरार रहीं। उन्होंने सचेत रूप से और स्वेच्छा से यह तय किया कि उन्हें किस लोकभाषा/लोकभाषाओं में लिखना है। किसी एक लोकभाषा में लिखने की मजबूरी या दबाव उनके सामने नहीं था। उन्होंने स्वेच्छा से चुना कि उन्हें किस भाषा में लिखना है। कई विद्वानों/कवियों ने इसीलिए एक से अधिक 'भाषाओं' में लिखा। उपनिवेशवाद से पहले आधुनिक भारतीय भाषाएँ परस्पर इस तरह जुड़ी हुई थीं कि आधुनिक अर्थों में उन्हें स्वतन्त्र और निरपेक्ष भाषाएँ कहना मुश्किल है। उन्हें सीखना-समझना और उनमें रचना करने की सामर्थ्य अर्जित कर लेना किसी भारतीय विद्वान या कवि के लिए मुश्किल नहीं था। कथित रूप से किसी अन्य भारतीय भाषा की रचना को वे मूल में सुन-समझ सकते थे। उसे समझने के लिए उन्हें उसका अनुवाद पढ़ने की मजबूरी नहीं थी। इसके विपरीत पश्चिम में इस दौरान आधुनिक पश्चिमी भाषाओं और उनके आधार पर निर्मित राष्ट्रों की सीमाएँ पक्की हो चली थीं। दूसरे भाषा की रचनाओं को अनुवाद का सहारा लिए बिना समझ पाना मुश्किल था। इसका मतलब यह है कि आधुनिक अर्थों में अनुवाद का चलन भक्तिकाल और रीतिकाल के दौरान भी नहीं दिखायी पड़ता। निर्गुण कवियों ने तो आख्यानपरक प्रबन्धकाव्य लिखे नहीं, सूफी कवियों ने ज़रूर आख्यानपरक प्रबन्धकाव्य लिखे। लेकिन इन प्रबन्धकाव्यों को लोककथाओं या पहले से उपलब्ध किसी रचना के अनुवाद के रूप में नहीं देखा जा सकता। तुलसीदास ने 'रामचरितमानस' और उनसे पहले विष्णुदास ने १५वीं शताब्दी के मध्य में 'पाण्डवचरित' और 'रामायण-कथा' तथा केशवदास ने 'रामचन्द्रिका' ज़रूर लिखी। इनमें पहले से चले आ रहे आख्यान का इस्तेमाल किया गया है। लेकिन इनमें से किसी को भी अनुवाद कहना ठीक नहीं होगा। पहले से उपलब्ध आख्यान-परम्परा का इस्तेमाल करने के बावजूद ये स्वतन्त्र रचनाएँ हैं। इन रचनाओं की इण्टर-टेक्सच्युएलिटी (Inter-

Te3tualit4) की चर्चा तो की जानी चाहिए, लेकिन उन्हें अनुवाद कहना उचित नहीं होगा। तुलसीदास ने 'रामचतिरमानस' में लिखा है कि उनकी कथा 'नाना पुराण निगमागम सम्मत' है। 'रामचरितमानस' पर काम करने वाले विद्वानों ने लक्ष्य किया है कि इस काव्य की अनेक पंक्तियाँ पुरानी कृतियों की पंक्तियों का अनुवाद है। तुलसीदास पुराने ग्रन्थों और साहित्यिक कृतियों से कुछ पंक्तियों को चुन कर अनुवाद करते हैं और फिर उन्हें इस तरह जोड़ देते हैं कि एक नयी रचना अस्तित्व में आ जाती है। यह किसी पूर्ववर्ती कृति का शाब्दिक अनुवाद नहीं है। यदि किसी को अनुवाद शब्द के प्रयोग का ज़्यादा ही शौक़ हो तो वह इन्हें पैराडिग्मेटिक (Paradigmatic) अनुवाद कह सकता है। लेकिन सच्चाई यह है आधुनिक अर्थों में अनुवाद की शुरुआत भारत में उपनिवेशवाद के बाद होती है। प्रसिद्ध कवि एवं विचारक के. सच्चिदानन्दन ने 'द हिन्दू' में प्रकाशित एक लेख में लिखा है कि भारतीय भाषाओं में ट्रांसलेशन के वजन पर गढ़े गये शब्द जैसे अनुवाद, भाषान्तर, रूपान्तर, तर्जुमा इत्यादि का अस्तित्व १९वीं शताब्दी से पहले नहीं दिखायी पड़ता। १९वीं सदी से पहले ट्रांसलेशन के अर्थ में इस शब्द के प्रयोग का कोई इतिहास नहीं मिलता; अनुवाद के बजाय संस्कृत काव्यशास्त्र की परम्परा में वार्तिक, भाष्य, वृत्ति, व्याख्या टीका का उल्लेख मिलता है। लेकिन इनमें से किसी को भी अनुवाद के समतुल्य नहीं माना जा सकता।

यह सही है कि सोलहवीं-सत्रहवीं और अट्ठारहवीं शताब्दी में अनेक ऐसे ग्रन्थ लिखे गये, जो किसी एक पूर्ववर्ती ग्रन्थ पर आधारित हैं, लेकिन इसके बावजूद ये किसी पूर्ववर्ती ग्रन्थ का शाब्दिक अनुवाद नहीं हैं। इसके बजाय संस्कृत काव्यशास्त्र और उससे जुड़े हुए अन्य आनुषंगिक विषयों से सम्बन्धित ग्रन्थों की बुनियाद पर ये देशभाषा ग्रन्थ रचे गये।

यूरोप के पुनर्जागरण का सम्बन्ध आधुनिक यूरोपीय भाषा के अभ्युदय से है। इन भाषाओं का अस्तित्व ही लैटिन, ग्रीक और अरबी भाषा के ग्रन्थों के बड़े पैमाने पर अनुवाद से सम्भव हुआ। भारत में संस्कृत ग्रन्थों की अन्तर्वस्तु को क्षेत्रीय भाषा में लाने का प्रयास तो किया गया, लेकिन किसी ग़ैर भारतीय भाषा के ग्रन्थ को किसी भारतीय भाषा में लाने का यत्न किया हो, ऐसे प्रमाण प्रायः नहीं मिलते। यह कहना मुश्किल है कि ग़ैर-भारतीय भाषाओं से उनका परिचय कितना था। लेकिन सत्रहवीं सदी

तक विद्वानों की एक ऐसी जमात तैयार हो गयी थी, जो फ़ारसी से भली-भाँति परिचित थी और इसी के साथ एक ऐसी परम्परा का विकास होता है जिसे इण्डो-पर्सियन (Indo-Persian) परम्परा कहा जाता है।

उल्लेखनीय है कि फ़ारसी-अरबी में अनुवाद का चलन पहले से मौजूद था। भारत में इण्डो पर्सियन संस्कृति के अस्तित्व में आने के कारण ही सम्भवतः सत्रहवीं शताब्दी से बहुत ढीले-ढाले अर्थों में 'अनुवाद' की शुरुआत दिखायी पड़ने लगती है। इस दौरान इण्डो-पर्सियन विद्वानों के साथ-साथ विद्वानों का एक ऐसा समूह भी अस्तिव में आ गया, जिन्हें इन भाषाओं के अतिरिक्त यूरोप की भाषाओं का भी ज्ञान था। ध्यातव्य है कि सत्रहवीं और अट्ठारहवीं शताब्दी में ईस्ट इण्डिया कम्पनी की व्यापारिक गतिविधियाँ इस प्रकार के बहुभाषी व्यक्तियों के बिना सम्भव न थी। बर्नार्ड कोह्न के अनुसार ऐसे लोगों को अलग-अलग क्षेत्रों में अलग-अलग नाम से जाना जाता था, लेकिन इनका लोकप्रिय नाम दुभाषिये था। इन दुभाषियों को विदेशी भाषाओं का बहुत अच्छा ज्ञान था। इनकी ज़रूरत विदेशियों को भारतीयों के साथ विभिन्न प्रकार के संवाद के लिए पड़ती थी। दक्षिण भारत में ऐसे ही एक समूह का उदय हुआ, जिसे वी. नारायण राव, डेविड शुलमन और संजय सुब्रह्मण्यम ने 'कर्णम' कहा है। कर्णम को कई भाषाओं का ज्ञान था। ये कई लिपियाँ पढ़ सकते थे और ये संस्कृत और पर्सियन जैसी ट्रांसरीजनल (Transergional) भाषाएँ भी अच्छी तरह जानते थे। (T.T.20) ज़्यादातर दुभाषिये ग़ैर-ब्राह्मण जातियों से आते थे और उनके अभ्युदय के पीछे जाति विरोधी 'भक्ति आन्दोलन' और मुग़ल प्रशासन की भूमिका रही होगी। इन दुभाषिये विद्वानों का दृष्टिकोण सम्भवतः पहले के ब्राह्मणबहुल विद्वानों की तुलना में काफ़ी भिन्न रहा होगा।

वी. नारायण राव, डेविड शुलमन और संजय सुब्रह्मण्यम के अनुसार इनके साथ ही एक ख़ास तरह की आधुनिकता का आगमन भी होता है। इस आधुनिकता में वैयक्तिकता का गहराबोध, मानव शरीर एवं उसकी सम्भावनाओं के प्रति एक नयी दृष्टि शामिल थी। इस नये प्रकार की आधुनिकता में धार्मिक एवं सामूहिक अस्मिताओं को तोड़ने वाली और राजनय का एक नया सौन्दर्य-बोध रचने वाली समान (Common) राजनीतिक संस्कृति का बोध भी शामिल था। इसलिए ये सिर्फ़ संयोग

नहीं है कि इसी दौर में उस प्रवृत्ति का अभ्युदय होता है, जिसे अनुवाद नहीं तो ट्रांसक्रिएशन (Transcreation) अवश्य कहा जा सकता है। किन्तु इस दौर में भी विदेशी भाषाओं के ग्रन्थों को भारतीय भाषाओं में लाने का कोई व्यवस्थित उद्यम नहीं दिखायी पड़ता। यहाँ यह बात तत्काल जोड़नी ज़रूरी है कि भारत में विदेशी ग्रन्थों के अनुवाद की अनुपस्थिति का यह अर्थ नहीं लगाया जाना चाहिए कि भारतीय विद्वान भारत के बाहर की गतिविधियों से पूरी तरह अपरिचित थे। यद्यपि इस विषय में कोई महत्त्वपूर्ण उल्लेखनीय शोध मेरी जानकारी में नहीं है, फिर भी प्रसन्नन पार्थसारथी (P. Parth Sarthi) की पुस्तक 'वाय यूरोप ग्रिव रिच एण्ड एशियन डिड नाट' (Wh4 Europe Gre2 Rich and Asian Did Not) से यह पता चलता है कि आरम्भिक आधुनिक दौर में भारतीय विद्वान और शासक शेष विश्व की वैचारिक-वैज्ञानिक उपलब्धियों को जानने और उसे अपने यहाँ लाने के प्रति तत्पर थे। सत्रहवीं शताब्दी के उत्तरार्द्ध से उत्तर-दक्षिण भारत की साहित्यिक और वैचारिक संस्कृति में ऐसे ग्रन्थों का लेखन शुरू हो जाता है, जिन्हें किसी कृति का भावानुवाद, छायानुवाद या व्याख्यानुवाद कहा जा सकता है। इस दौरान सिर्फ़ धार्मिक और साहित्यिक कृतियों का ही नहीं, बल्कि गणित, आयुर्वेद आदि के ग्रन्थों का भी अनुवाद किया गया। इसके बावजूद यह कहना सम्भवत: अनुचित नहीं होगा कि पश्चिमी ज्ञान-विज्ञान को भारतीय भाषा में लाने की तत्परता और ज़रूरत बहुत व्यापक स्तर पर दिखायी नहीं पड़ती। सम्भवत: इसके पीछे भारतीय संस्कृति और राजनीतिक तन्त्र की भूमिका रही होगी। उल्लेखनीय है कि चीन में बौद्ध धर्म का विस्तार अनुवाद के जरिये हुआ था। इसलिए चीनी सभ्यता के विकास में अनुवाद की भूमिका बहुत पहले ही बन गयी थी। सोलहवीं सदी में बड़े पैमाने पर ईसाई मिशनरियों के चीन पहुँचने के बाद १६३३ में शंघाई में एक अनुवाद परियोजना को अंजाम दिया गया, जिसके अन्तर्गत तीन सौ (३००) यूरोपीय पुस्तकों का अनुवाद हुआ, जिनमें से एक-तिहाई अनूदित पुस्तकें विज्ञान से सम्बन्धित थीं। 'अफीम' युद्ध के बाद चीन को ये समझ में आया कि यदि पश्चिमी ज्ञान-विज्ञान का अनुवाद न किया गया तो वे पश्चिमी शक्ति का मुक़ाबला नहीं कर पायेंगे। १८६२ में बीजिंग में कॉलेज ऑफ़ लैंग्वेज की स्थापना हुई और १८६५ में शंघाई में ट्रांसलेटिंग ब्यूरो की। ज्ञान-विज्ञान की पुस्तकों के अनुवादों के परिणामस्वरूप १९११ में अन्तिम सामन्ती राजवंश के विरुद्ध क्रान्ति

हुई, जिसमें चीन के अन्तिम रावजंश को उखाड़ फेंका गया।

भारत में अनुवाद के इतिहास को भारतीय सभ्यता की गत्यात्मकता को समझने के लिए रूपक के रूप में देखा जाना चाहिए। अरब, यूरोप और चीन के विपरीत प्राचीन भारत में आधुनिक अर्थों में, जैसा कि पहले भी कहा जा चुका है; अनुवाद के कोई साक्ष्य उपलब्ध नहीं हैं। अधिक से अधिक इस प्रकार के प्रयासों को पुनर्रचना की संज्ञा दी जा सकती है। नयी परिस्थितियों के अनुरूप रचनाकार यहाँ पूर्व ग्रन्थ की कथा को परिवर्तित कर देता था। एक प्रकार से पूर्व ग्रन्थ, के. सच्चिदानन्दन के शब्दों में, उसके लिए 'टेक ऑफ़' या 'लॉन्चिंग पैड' का काम करता था और उसे अनुवादक नहीं, स्वतन्त्र रचनाकार माना जाता था। प्राचीन भारत में जातक कथाओं और गुणाढ्य के वृहद्कथामंजरी के अतिरिक्त अनुवाद के कोई अन्य साक्ष्य फ़िलहाल नहीं मिलते। आरम्भिक आधुनिक काल में अकबर के शासन के दौरान ज़रूर अनुवाद के लिए एक स्वतन्त्र विभाग बनाया गया। और संस्कृत और अरबी के अनेक ग्रन्थों का फ़ारसी में अनुवाद किया गया मुग़ल काल के दौरान रामायण, महाभारत, राजतरंगिणी, लीलावती और उपनिषदों के अनुवाद फ़ारसी में किये गये। किन्तु इस दौरान भी एक भारतीय भाषा से दूसरी भारतीय भाषाओं में अनुवाद के साक्ष्य नहीं मिलते। १५वीं सदी के बाद ज़रूर अनुवाद की परम्परा चल पड़ती है, लेकिन उसे भी शाब्दिक अनुवाद नहीं कहा जा सकता, क्योंकि इस दौरान किये जाने वाले अनुवादों में भी मूल कृति को संशोधित और परिवर्तित करने का सिलसिला पूरी तौर से समाप्त नहीं होता। यद्यपि पूर्ववर्ती कथित अनुवादों की तुलना में ये अनुवाद मूल कृति के काफ़ी समीप लगते हैं। सोमनाथकृत गीता के अनुवाद रासपंचाध्यायी, प्रबोधचन्द्रोदय का अनुवाद प्रबोधचन्द्रोदय नाटक और अभिज्ञान-शाकुन्तलम् के अनुवादों के तुलनात्मक अध्ययन से ऊपर कही गयी बात की पुष्टि होती है।

स्टुअर्ट ब्लैकबर्न ने लिखा है कि भारतीय विद्वान, लेखक, रचनाकार हमेशा से बहुभाषाभाषी रहे हैं। लेकिन १८वीं सदी से पहले तक दूसरी भाषा में लिखे गये ग्रन्थों का वे अनुवाद नहीं करते, बल्कि उसकी मूल संवेदना को अपनी भाषा में आत्मसात्' (Assimilate) कर लेते हैं। ब्लैकबर्न ने यह बात दक्षिण भारत के सन्दर्भ में लिखी है, लेकिन बात उत्तर भारत के सन्दर्भ में भी थोड़े बहुत बदलाव के साथ लागू की जा सकती है।

ब्लैकबर्न ने लिखा है कि पूर्व औपनिवेशिक दौर में तमिल और अन्य भारतीय भाषाओं के बीच शाब्दिक अर्थों में अनुवाद नहीं हुए। इसके बजाय तमिल और संस्कृत के बीच आदान-प्रदान की प्रक्रिया को 'आत्मसातीकरण' के जरिये समझा जा सकता है। प्रारम्भ में केवल उन्हीं संस्कृत शब्दों को तमिल में लिया गया, जिनका उच्चारण तमिल में आसानी से हो सकता था और जिन्हें तमिल लिपि में लिखना मुश्किल नहीं था। लेकिन १५वीं सदी के बाद तमिल में संस्कृत शब्दों की खपत, विशेष कर वैष्णव पन्थियों के बीच, बढ़ने लगी और संस्कृत शब्दों को लिखने के लिए संकर लिपि का भी विकास किया गया। सूत्र रूप में उपनिवेशवाद से पहले के दौर में भारतीय भाषाओं के बीच अनुवाद का सहारा लिए बिना बड़े पैमाने पर आदान-प्रदान हुआ। लेकिन उपनिवेशवादी दौर में भाषायी अस्मिता की चेतना प्रबल होने के साथ यह सिलसिला उल्टी दिशा में मुड़ गया।

भारत में अनुवाद प्रक्रिया के वैशिष्ट्य और पश्चिम से इसकी भिन्नता पर विचार करते हुए जी. एन. देवी ने लिखा है कि अनुवाद की आधिभौतिक अवस्थिति यह तय करती है कि किसी भी संस्कृति में अनुवाद को किस रूप में लिया जाय। उन्होंने यह भी लिखा है कि पश्चिमी आधिभौतिकी में अनुवाद एक निर्वासन है और निर्वासन एक आधिभौतिक अनुवाद-एक उत्तर बेबेल (Babel) संकट। बहुभाषिक, बहुवचनात्मक हिन्दू चेतना, जो आत्मा के एक रूप से दूसरे रूप में निरन्तर संक्रमण में विश्वास करती है, के लिए अनुवाद की पश्चिमी आधिभौतिकी में विश्वास करना बहुत मुश्किल था। उनके अनुसार भारतीय संस्कृति में कायान्तरण एक बुनियादी सिद्धान्त है और इसकी आधिभौतिकी निर्वासन के भय से अभिशप्त नहीं है। उन्होंने आगे लिखा है कि पश्चिमी भाषा-विज्ञान तात्विक रूप से एक भाषा पर केन्द्रित विज्ञान है, और यह अन्तरभाषी पर्याय की सम्भावना का निषेध करता है। यही नहीं, पश्चिमी भाषाविज्ञान इस बात की भी उपेक्षा करता है कि भाषाएँ सामाजिक और ऐतिहासिक अर्थों में एक-दूसरे से प्रभावित होती हैं। लेकिन फिर वे आगे यह जोड़ते हैं कि भारतीय चेतना वास्तव में अनुवादपरक चेतना है, जो भाषा प्रणाली के सम्भावित खुलेपन का इस्तेमाल करती है। उनका निष्कर्ष है कि समूचे भक्ति-अन्दोलन की कविता में अध्यात्म की भाषा को संस्कृत से लोकभाषा में अनूदित करने

की चेतना व्याप्त थी। इसके बावजूद यह कहना सम्भवतः उचित होगा कि जी.एन. देवी भारतीय सभ्यता में अनुवाद के वैशिष्ट्य की बहुत सन्तोषजनक व्याख्या नहीं करते। अयप्पा पणिक्कर ने इसी दिशा में कुछ महत्त्वपूर्ण चिन्तन किया है। उन्होंने अपने लेखों 'एंग्जाइजिटी ऑव एथेंटिसिटी', 'रेफ्लेक्शन ऑव लिटरेरी ट्रान्सलेशन' (१९९६) और 'टुवर्ड्स एण्ड इंडियन थियरी ऑव ट्रान्सलेशन; (१९९८) में उन्होंने लिखा है कि मध्यकालीन भारतीय अनुवादक मूल रचना के सच को शब्दशः प्रस्तुत करने की चिन्ता से ग्रस्त नहीं थे। पूरे मध्यकाल के दौरान समूचे भारतवर्ष में संस्कृत की कालजयी कृतियों, जैसे महाभारत और पुराणों को नये ढंग से कहने, ढालने और विखण्डित करने का सिलसिला जस का तस हूबहू समानार्थक शब्दों द्वारा अनुवाद करने की चिन्ता किये बिना चलता रहा। जैसा कि पहले उल्लेख हो चुका है इस प्रक्रिया को ब्लैकर्न के शब्दों में 'आत्मसातीकरण' (Assimilation) कहना ज़्यादा सही होगा। दूसरी भाषा की रचनाओं के आत्मसातीकरण की प्रक्रिया की संगति भारतीय समाज-व्यवस्था और उसके सांस्कृतिक मूल्यों से ठीक बैठती है। यहाँ 'अन्य' की सामाजिक अस्मिता को पूरी तरह रूपान्तरित किये बग़ैर उसे मुख्यधारा में एक नयी जाति के रूप में आत्मसात् कर लिया जाता था। वैसे ही एक भाषा की रचना को अनुवाद के जरिये दूसरी भाषा में रूपान्तरित करने के बजाय ज़रूरत के अनुसार उसे बदल लिया जाता था। वस्तुतः अनुवाद की परम्परा का विकास उन सभ्यताओं में हुआ जहाँ ऐसे धर्मों का अस्तित्व था, जो धर्मांतरण में विश्वास करते थे।

एक भाषा से दूसरी भाषा में अनुवाद के लिए शब्दकोश और व्याकरण ग्रन्थों की रचना ज़रूरी है। लेकिन भारत में आधुनिक भारतीय भाषाओं के शब्दकोश और व्याकरण ग्रन्थों की रचना पश्चिमी विद्वानों, ईसाई मिशनरियों और अरबी-फ़ारसी के विद्वानों ने की है। भारतीय विद्वानों ने आधुनिक भाषाओं के शब्दकोश और व्याकरण ग्रन्थ बनाने की ज़रूरत इसलिए नहीं महसूस की, क्योंकि भारतीय भाषाएँ परस्पर इस कदर सम्बद्ध थीं कि उन्हें स्वतन्त्र और स्वयंसम्पूर्ण (E3clusi1e) भाषा के रूप में देखा ही नहीं जाता था। इसलिए यहाँ आधुनिक अर्थों में अनुवाद की सार्थकता भी संदिग्ध हो जाती थी। सम्भवतः यही कारण है कि ग़ैर-भारतीय भाषाओं के ग्रन्थों को किसी भारतीय भाषा में लाने का कोई

गम्भीर और व्यापक अभियान चलाए जाने के प्रमाण नहीं मिलते।

उपनिवेशवाद पूर्व भारतीय भाषाओं में होने वाले आदान-प्रदान को खींच-खाँच कर अनुवाद सिद्ध करने की यूरोकेन्द्रित मानसिकता से बाहर निकल कर ही भारत में विभिन्न भाषाओं के बीच होने वाले वैचारिक आदान-प्रदान की विशिष्ट प्रक्रिया को समझा जा सकता है। अनुवाद की यूरोपीय अवधारणा को भारत पर लागू करने के बजाय इस तर्क पर विचार करना चाहिए कि प्रख्यात जर्मन चिन्तक वाल्टर बेन्यामिन जस का तस हूबहू अनुवाद की अवधारणा को सही क्यों नहीं मानते थे। उनके अनुसार अनुवाद अन्ततः मूल ग्रन्थ का पुनर्लेखन या उत्तरजीवन है। अर्थात् हूबहू जस का तस अनुवाद सम्भव ही नहीं। यदि ये बात ठीक है तो फिर भारतीय परम्परा में अपनायी जाने वाली आत्मसातीकरण की प्रक्रिया को बेन्यामिन द्वारा सुझाई गयी अनुवाद की अवधारणा से ज़्यादा भिन्न नहीं कहा जा सकता। लेकिन अन्त में, इस बात पर विचार ज़रूर किया जाना चाहिए कि भारत में भारतीय उपमहाद्वीप की बाहर की भाषाओं के ग्रन्थों और उनके विचारों को अपनी मुख्यधारा में आत्मसात् करने के इतने कम साक्ष्य क्यों मिलते हैं।

सन्दर्भ

Blackburn, Stuart (2003), *Print, Folklore and Nationalism in Colonial India,* Permanent Black, Ne2 Delhi.

Chakrabort4, Dipesh (2007), *Pro1incialising Europe,* Princeton Uni1ersit4 Press.

Cohn, Bernard (1985), " Command of Language and Language of Command", in Ranjit Guha (ed.) *Subaltern Studies IV,* O3ford Uni1ersit4 Press, Ne2 Delhi.

Cronin, Michael (2006), *Translation and Identit4,* Routledge, London.

De14, G.N. (1993), *In Another Tongue,* Macmillan, Madras.

Ka1iraj, Sudipta (2010), *Imaginar4 Institution of India,* Permament Black, Ne2 Delhi.

Paniker, A44apa (1996), " The An3iet4 of Authenticit4: Reflection on Literar4 Translation" in A.K. Singh (ed.) *Translation: Its Theor4 and Practice,* Creati1e Books, Ne2 Delhi.

— (1998), " To2ards an Indian Theor4 of Indian Translation", in Tutun Mukherjee (ed.) *Translation: From Peripher4 to Centre Stage,* Prestige, Ne2 Delhi.

Pollock, Sheldon (1998), " India in Vernacular Millennium", *Daedulus* 127.3, Special Issue on Earl4 Modernities.

— (92001), " Ne2 intellectual in se1enteenth-centur4 India." *The Indian Economic and Social Histor4,* 38.1.

— (2008) " To2ards a political philolog4: D.D. Kosambi and Sanskrit, *Economic and Political Weekl4,* Jul4 26.

Ramanujan, A.K. (2004), *The Collected Essa4s of A.K. Ramanujan,* Edited b4 Vina4 Dhar2adker, O3ford Uni1ersit4 Press, Ne2 Delhi.

Sachidanandan, K , (2014), " Do You Understand——", *The Hindu,* 2 March.

Sharma, Sandh4a (2011), *Literature, Culture and Histor4 in Mughal North India,* Primus Books, Ne2 Delhi.

Shulman, Da1id, et. al. (2001), *Te3ture of Time,* Permanent Black, Ne2 Delhi.

हिन्दी नवजागरण की परिकल्पना
पुनर्विचार की ज़रूरत

हिन्दी नवजागरण की अवधारणा ज्ञान के विशेष पैराडाइम के अन्तर्गत, जिसे सुविधा के लिए औपनिवेशिक आधुनिकता का पैराडाइम कह सकते हैं, गढ़ी गयी थी। आधुनिकता की ज्ञानमीमांसा के निकष पर ही समस्याएँ चिह्नित की गयीं और उसी के अनुरूप समाधान सुझाये गये। इक्कीसवीं सदी तक आते-आते ज्ञान का यह पैराडाइम बदल गया। पैराडाइम बदलते ही समस्याओं की पहचान और उनके समाधान के स्वरूप में भी बदलाव आ गया। उन्नीसवीं सदी में जन्मी विचारधाराओं को यथावत दुहरा कर न तो आज की समस्याओं की सम्यक् पहचान सम्भव है और न ही उनका समाधान। इसलिए हिन्दी नवजागरण की परिकल्पना और उसके द्वारा सुझाये गये विकल्पों पर नये सिरे से विचार करने की ज़रूरत है। क्योंकि पुराने पैराडाइम के तहत दिये गये जो उत्तर पहले सही लगते थे, वे अब कारगर नहीं लगते। इसी परिप्रेक्ष्य में हिन्दी नवजागरण की अवधारणा और उससे जुड़ी समस्याओं को नये सिरे से समझने की शुरुआती कोशिश इस लेख में की गयी है।

१८५७ के विद्रोह में मध्यवर्ग और व्यवसायियों/उद्यमियों की भूमिका प्रायः नगण्य रही है। किन्तु विद्रोह के बाद घटित होने वाले नवजागरण और राष्ट्रीय आन्दोलन में इन्हीं दो वर्गों की केन्द्रीय भूमिका रही। नवजागरण और राष्ट्रीय आन्दोलन में नेतृत्व इन्हीं दो वर्गों के हाथ में रहा। १८५७ के विद्रोह और परवर्ती नवजागरण के चरित्र में जो अन्तर दिखायी पड़ता है,

उसकी व्याख्या इनके वर्ग–चरित्र में आये बदलाव के सहारे की जा सकती है। इसी कारण नवजागरणकालीन चिन्तकों के दृष्टिकोण में अंग्रेज़ी राज के प्रति एक ख़ास तरह की दुविधा दिखायी पड़ती है। वे अंग्रेज़ी राज की तारीफ़ करते हैं किन्तु साथ ही कुछ मुद्दों पर उसकी आलोचना भी करते हैं। इस दुविधा को इतिहासकार सुधीर चन्द्र ने अपनी पुस्तक आप्रेसिव प्रेजेण्ट में 'एम्बीवैलेन्स' का नाम दिया है। 'एम्बीवैलेन्स' का हिन्दी में 'आविकर्षण' के रूप में अनुवाद किया गया है। नवजागरणकालीन चिन्तकों में राष्ट्रभक्ति–राजभक्ति, स्त्रियों की स्वाधीनता और मुसलमानों को लेकर दुविधा दिखायी पड़ती है। ऐसा आविकर्षण केवल हिन्दी नवजागरण तक सीमित नही है, दूसरी भाषाओं के नवजागरण में भी इन मुद्दों को लेकर ऐसा ही आविकर्षण मौजूद है।

इतिहासकार रंजीत गुहा ने अपनी पुस्तक 'सम एलीमेंट्री ऐस्पेक्ट्स ऑफ़ पीजेंट इनसर्जेन्सी इन कॉलोनियल इंडिया' में लिखा है कि १८५७ के विद्रोहियों के दृष्टिकोण में अंग्रेज़ी राज के प्रति एक सचेत शत्रुता का भाव था। वे अंग्रेज़ी राज को उखाड़ कर अपना शासन कायम करना चाहते थे और अंग्रेज़ी राज की किसी भी सकारात्मक भूमिका को स्वीकार नहीं करते थे। पुरुषोत्तम अग्रवाल ने अपने एक निबन्ध '१८५७ और हिन्दी नवजागरण' में भारतेन्दु युगीन हिन्दी नवजागरण के चिन्तकों के दृष्टिकोण और १८५७ के विद्रोहियों के दृष्टिकोण में दिखायी देने वाले अन्तर की विस्तार से चर्चा की है। वे रामविलास शर्मा के इस तर्क से सहमत नहीं हो पाते कि भारतेन्दु युग हिन्दी नवजागरण का दूसरा चरण है। उल्लेखनीय है कि रामविलास शर्मा १८५७ के विद्रोह को हिन्दी नवजागरण का प्रथम चरण मानते हैं और भारतेन्दु युग को उसकी निरन्तरता में दूसरा चरण। लेकिन जैसाकि ऊपर कहा गया, हिन्दी नवजागरण को १८५७ के विद्रोह की निरन्तरता में देखना सही नहीं है। १८५७ के विद्रोह और हिन्दी नवजागरण के बीच अंग्रेज़ी शासन के प्रति दृष्टिकोण में आये अन्तर के साक्ष्य पर ५७ और भारतेन्दु युग के बीच निरन्तरता से ज़्यादा विच्छिन्नता के तत्त्व परिलक्षित होते हैं।

भारतेन्दु युगीन हिन्दी नवजागरण की एक बड़ी समस्या यह है कि इसमें कथित उर्दू परम्परा में लिखे गये साहित्य की चर्चा ही सिरे से ग़ायब है। हिन्दी नवजागरण की शुरुआत ही भारतेन्दु के इस कथन से मानी गयी है

कि १८७३ में हिन्दी नये चाल में ढली। उर्दू को आप हिन्दी की शैली मानें या उसकी परिकल्पना को ही अस्वीकार करें, लेकिन सच्चाई है कि हिन्दी के नये चाल में ढलने से पहले उर्दू में साहित्य लिखने का सिलसिला शुरू हो चुका था। इसलिए फ़ारसी लिपि या उर्दू में फ़ारसी–अरबी के शब्दों को ज़बर्दस्ती ठूँसने की आलोचना करने के बावजूद हिन्दी जाति के नवजागरण की चर्चा से उर्दू में लिखे गये साहित्य को आप बाहर नहीं कर सकते। ऐसा करने से उसकी साम्प्रदायिक परिणति की सम्भावनाएँ बढ़ जाती हैं और अन्ततः वही हुआ भी। मुख्य बात यह है हिन्दी क्षेत्र की व्यापकता और भाषायी जटिलता के कारण यहाँ ऐसी स्थितियाँ उत्पन्न हुईं कि तेलगू, बांग्ला या मराठी की तरह हिन्दी का कोई एक रूप सुनिश्चित करना और बाक़ी रूपों को बाहर कर देना सभी को स्वीकार्य निर्णय नहीं बन पाया। फ़ारसी और फिर उर्दू की परम्परा के विकास के कारण हिन्दी के ही कई रजिस्टर बन गये। कई बार तो एक ही समय में अलग–अलग परम्परा से जुड़े लोग इन रजिस्टरों का अलग–अलग ढंग से उपयोग करते दिखायी पड़ते हैं। समस्या तब उत्पन्न होती है जब हम इनमें से किसी एक रूप के आधार पर हिन्दी का स्वरूप स्थिर करने की कोशिश करते हैं। हिन्दी, हिन्दुस्तानी और उर्दू के बीच खींचतान के समूचे इतिहास को इसी परिप्रेक्ष्य में समझना चाहिए। भारतेन्दु युगीन हिन्दी नवजागरण की समस्या यह है कि उसने हिन्दी का एक सही रूप तय कर बाक़ी रूपों को प्रकारान्तर से अवैध घोषित कर दिया और उनके बारे में किसी भी प्रकार के चिन्तन–अध्ययन का ही निषेध कर दिया। उर्दू परम्परा में लिखे गये साहित्य को हिन्दी नवजागरण के दायरे से बाहर कर देने के बावजूद भारतेन्दु को इस बात का एहसास था कि उर्दू शायरी की परम्परा से भिन्न खड़ी बोली हिन्दी में कविता लिख पाना आसान नहीं होगा। विद्वानों को इस बात पर विचार करना चाहिए कि हिन्दी को उर्दू से अलगाने के बावजूद स्वयं भारतेन्दु उर्दू में रसा नाम से कविता क्यों लिखते थे। यही नहीं, इस बात पर भी नये सिरे से विचार किया जाना चाहिए कि नयी चाल की हिन्दी के समर्थक भारतेन्दु अपनी ज़्यादातर कविताएँ ब्रजभाषा में क्यों लिखते हैं। खड़ी बोली में तो उन्होंने अमीर खुसरो के वजन पर सिर्फ़ मुकरियाँ ही लिखीं। एक ख़ास तरह की हिन्दी की वकालत करने के बावजूद भारतेन्दु के लेखन में उर्दू और ब्रजभाषा की उपस्थिति बहुत ही महत्त्वपूर्ण है। यदि गम्भीरता से विचार किया जाय तो इससे हिन्दी क्षेत्र के भाषायी मानचित्र

की जटिलता को समझने में मदद मिल सकती है।

असल में भारतेन्दु संक्रमणकालीन दौर के रचनाकार-चिन्तक हैं, जहाँ कई तरह के विचार और प्रभाव तो सक्रिय है लेकिन इनमें से किसी को निर्णायक बढ़त हासिल नहीं हुई है। भारतेन्दु के रचनात्मक व्यक्तित्व में कई धाराएँ-उपधाराएँ सक्रिय दिखायी पड़ती हैं। इसीलिए उर्दू और ब्रजभाषा की साहित्यिक परम्परा के प्रति कम से कम रचनात्मक स्तर पर उनके यहाँ कुछ गुंजाइश बची हुई है।

किन्तु द्विवेदी युग तक आते-आते अंग्रेज़ी शिक्षा के प्रचार-प्रसार के परिणामस्वरूप भारत के तत्कालीन चिन्तक इस नतीजे पर पहुँचे कि भारत की पराधीनता का मुख्य कारण ये है कि यहाँ पश्चिमी ढंग के राष्ट्रवाद का विकास नहीं हो पाया। भारत की मुक्ति और एक स्वाधीन राष्ट्र के रूप में उसके विकास के लिए उसे पश्चिमी राष्ट्रों के वजन पर पुनर्गठित करना होगा। अब इस बात का कोई विशेष महत्त्व नहीं रह गया कि भारतीय सभ्यता में स्वाभाविक रूप से विकसित होने वाली प्रवृत्तियों को केन्द्र में रख कर 'आधुनिक' भारत की परिकल्पना की जाय। इसके बजाय सारा जोर इस ओर चला गया कि भारतीय सभ्यता की उन विशेषताओं को चिह्नित किया जाय, जिन्हें खींच-खाँच कर पश्चिमी राष्ट्रवाद के साँचे में फिट किया जा सके।

द्विवेदी जी समेत उस समय के बुद्धिजीवियों को ये बात सालने लगी कि राष्ट्रभाषा के बिना राष्ट्रवाद की परिकल्पना कैसे सम्भव होगी। भारत पश्चिमी राष्ट्रों से इस मायने में भिन्न था कि यहाँ कई भाषाएँ बोली जाती थीं। किन्तु सबसे ज़्यादा लोगों द्वारा बोली जाने वाली भाषा के रूप में हिन्दी को खड़ा कर राष्ट्रभाषा बनने के उसके दावे को मजबूत करने के लिए ऐसी हिन्दी की परिकल्पना की गयी, जिसमें हिन्दी के विविध रूपों और तथाकथित जनपदीय भाषाओं/ बोलियों के लिए कोई जगह नहीं बची। इसका परिणाम ये हुआ कि भारतीय सभ्यता में भाषाओं के विकास और उनके पारस्परिक सम्बन्ध को या तो नज़रअन्दाज़ कर दिया गया या उसको समझने का विवेक ही नहीं उत्पन्न हो पाया। यदि समूचे भारत के भाषायी मानचित्र की चर्चा न भी की जाय तो भी इस तथ्य से इनकार नहीं किया जा सकता कि हिन्दी प्रदेश में एक ही समय में अलग-अलग कार्यों के लिए और कभी-कभी एक ही कार्य के लिए हिन्दी के भिन्न-भिन्न

'रजिस्टर' का इस्तेमाल होता रहा है। हिन्दी प्रदेश का भाषायी स्वरूप हमेशा बहुभाषी रहा है। भाषायी स्वरूप को लेकर असहमतियाँ हो सकती हैं और होनी भी चाहिए, लेकिन उनके अस्तित्व को ही दरकिनार कर गढ़ी गयी हिन्दी नवजागरण की कोई भी परिकल्पना, नेक इरादों के बावजूद, आत्मघाती और अन्ततः साम्प्रदायिक होने के लिए अभिशप्त है।

किसी एक भाषायी रजिस्टर पर केन्द्रित हिन्दी की परिकल्पना से जितनी समस्याएँ सुलझती हैं उससे ज़्यादा समस्या पैदा हो जाती है। हिन्दी प्रदेश के भाषायी मानचित्र को जनपदीय बोलियों और राष्ट्रीय भाषा के द्वि-आधारी विरुद्धों में रख कर देखने से उत्तर भारतीय भाषाओं के अन्तर्सम्बन्ध को समझने-समझाने की अभी तक जो कोशिश होती आयी है, उस पर पुनर्विचार करने की ज़रूरत है। असल में उत्तर भारतीय भाषाओं को किसी अन्य प्रसंग में लिखे गये ए.के. रामानुजन के वक्तव्य को किंचित परिवर्तित करते हुए कहें तो, एक ही सातत्य या स्पेक्ट्रम के क्रमशः परिवर्तित होते हुए हिस्से के रूप में देखा जाना चाहिए। कई बार इसका एक छोर दूसरे छोर से काफ़ी अलग लगता है, लेकिन है वो उसी स्पेक्ट्रम का हिस्सा। इस स्पेक्ट्रम में दिखायी पड़ने वाले भाषायी परिवर्तन को चोटियों और घाटियों के रूपक के जरिये व्याख्यायित कर सकते हैं। चोटियाँ इस स्पेक्ट्रम के वो बिन्दु हैं, जहाँ उनका अन्तर आत्यन्तिक रूप में दिखायी पड़ता है और घाटियाँ वह स्थल हैं, जहाँ ये तीक्ष्णता क्रमशः ढलान पर उतरते हुए एक दूसरी भाषायी चोटी की ओर चढ़ने लगती है। ये भाषायी घाटियाँ ऐसे पॉकेट हैं, जहाँ एक भाषा या बोली का रजिस्टर धीरे-धीरे दूसरी भाषा के रजिस्टर में तब्दील होने लगता है। मनुष्य के शरीर में फैली हुई नसों की तरह ये भाषाएँ परस्पर जुड़ जाती हैं। इनकी सीमाएँ धुँधली, अस्पष्ट और खुली हुई हैं। इसीलिए इन भाषाओं/बोलियों के रजिस्टर दूसरी बोली या भाषा से, आधुनिक युग से पहले तक, जुड़े हुए दिखायी पड़ते हैं। राजनीतिक-आर्थिक सांस्कृतिक कारणों से इनमें से किसी एक भाषायी रजिस्टर का दायरा बढ़ जाता है और उसे ही कुछ लोग भाषा या राष्ट्र की भाषा के रूप में पुरस्कृत करने लगते हैं। इसमें भी कोई हर्ज नहीं, लेकिन समस्या तब पैदा होती है जब किसी भाषायी रजिस्टर विशेष को राष्ट्र की भाषा के रूप पुरस्कृत करने की प्रक्रिया में अन्य भाषायी रजिस्टरों को जनपदीय बोली के रूप में अवमूल्यित या तिरस्कृत

कर दिया जाता है। यहाँ तक कि उन्हें साहित्य और कला की भाषा के रूप में भी आगे जारी रखने के औचित्य का निषेध कर दिया जाता है। यदि हम भाषा और बोली के युग्म में हिन्दी प्रदेश की भाषायी प्रकृति पर विचार करने के बजाय उनके अन्तर्सम्बन्ध के नैरन्तर्य पर विचार करें तो हम उन गलतियों को दोहराने से बच सकते हैं, जिनका सामना हिन्दी जाति की एक भाषा खड़ी करने के यान्त्रिक रवैये के कारण अभी तक हम करते रहे हैं। उत्तर भारत की भाषाओं/ बोलियों में नैरन्तर्य का एक बड़ा प्रमाण ये है कि क्रिया रूपों अथवा उच्चारण में कुछ अन्तर के बावजूद इनके शब्द भण्डार में कोई विशेष अन्तर नहीं है।

ये सही है कि अठारहवीं शताब्दी में हिन्दी के उस भाषायी रजिस्टर में जिसे आज उर्दू कहते हैं, बोल–चाल के शब्दों को निकाल कर फ़ारसी और अरबी के शब्दों की ख़ूब भर्ती की गयी। नतीजा ये हुआ कि इस परम्परा में लिखे गये साहित्य का दायरा अरबी–फ़ारसी जानने वाले कुछ अभिजनों तक ही सीमित हो गया और यहाँ की लोक भाषाओं से उसका सम्बन्ध कमज़ोर पड़ गया। इस प्रवृत्ति की आलोचना करना तो ठीक था, लेकिन इस परम्परा में लिखे गये साहित्य की उपलब्धियों का सिरे से निषेध कर 'नये चाल में ढली' हिन्दी में साहित्य लिखने और उसे इस परम्परा से अलग दिखाने के लिए जैसा साहित्य लिखा गया, उसमें इस परम्परा की साहित्यिक उपलब्धियों से कुछ भी न ग्रहण करने का भाव ज़्यादा था।

यदि भारतेन्दु युग में उर्दू की परम्परा से नयी हिन्दी का सम्बन्ध–विच्छेद हुआ तो द्विवेदी युग की उपलब्धि ये है कि इस दौर में ब्रजभाषा की परम्परा से भी उसे काट दिया गया। रीति विरोधी अभियान चला कर ये सिद्ध करने का प्रयास किया गया कि ब्रजभाषा में आधुनिक युग की संवेदना वहन करने की सामर्थ्य नहीं है। ब्रजभाषा में तो पतनशील सामन्ती मानसिकता की कामुक शृंगारिक कविताएँ ही लिखी जा सकती हैं। इस बात को पूरी तरह नज़रअन्दाज़ कर दिया गया कि सूर, मीरा से लेकर न जाने कितने भक्त कवियों ने इसी भाषा में कविताएँ लिखी हैं। रीतिकालीन दौर में भी शृंगारिक कविताएँ लिखने वाले कवियों से ज़्यादा ऐसे कवियों की संख्या है, जिन्होंने भक्ति–प्रधान कविताएँ लिखी हैं। यही नहीं, कथित रीतिकाल के दौर में ही ६० से भी अधिक संख्या में वीरकाव्य–लिखे गये हैं। दैनन्दिन जीवन से सम्बन्धित समस्याओं पर लिखी गयी कविताओं के

साथ-साथ नीतिपरक कविताएँ भी इस दौर में कम नहीं लिखी गयीं। स्वयं भारतेन्दु हरिश्चन्द्र, नरोत्तमदास और जगन्नाथ दास 'रत्नाकर' जैसे आधुनिक दौर के कवियों के यहाँ भी वैसी कविताएँ नहीं मिलतीं, जिनका रीति-विरोधी अभियान के नाम पर विरोध किया गया। असल में उर्दू के दावे को ख़ारिज करना तो आसान था, लेकिन उर्दू के दावे को ख़ारिज करने के बाद ब्रजभाषा के दावे को ख़ारिज करना बहुत मुश्किल था। साहित्यिक उपलब्धि की दृष्टि से तो खड़ी बोली कहीं से ब्रजभाषा के सामने खड़ी ही नहीं होती। उर्दू को दरकिनार करने के बाद साहित्य की भाषा के रूप में व्यापकता और विस्तार की दृष्टि से भी ब्रजभाषा का दायरा खड़ी बोली के मुक़ाबले बहुत विस्तृत था। गुजरात से लेकर बंगाल तक ब्रजभाषा में साहित्य लिखने की परम्परा दिखायी पड़ती है। खड़ी बोली के पक्ष में दूसरा तर्क ये दिया गया कि ब्रजभाषा में गद्य का पर्याप्त विकास नहीं हुआ, लेकिन यदि उर्दू परम्परा के विकास को हिन्दी से अलग कर दें, तो उस समय तक हिन्दी में ही गद्य का कौन सा विकास दिखाया जा सकता था। ये सही है कि फोर्ट विलियम कॉलेज, ईसाई मिशनरियों और अन्य लोगों के सहयोग से उन्नीसवीं शताब्दी में हिन्दी गद्य का तेजी से विकास हुआ। जो शोध हुए हैं, उनके आधार पर ये कहना भी पूरी तरह सही नहीं है कि ब्रजभाषा में गद्य का विकास ही नहीं हुआ। सबसे पुराने व्याकरण और शब्दकोश ब्रजभाषा के ही बनाये गये और अनेक संस्कृत ग्रन्थों का ब्रजभाषा-गद्य में अनुवाद किया गया। इन सारे तथ्यों पर ध्यान देने के बाद ये बात समझ में आती हैं कि रीतिविरोधी अभियान के नाम पर वास्तव में ब्रजभाषा के साहित्यिक-वैचारिक अवदान का निषेध किया जा रहा था।

चूँकि हिन्दी नवजागरण की अवधारणा किसी न किसी रूप में आधुनिकता के प्रोजेक्ट के साये में विकसित हो रही थी और इस प्रोजेक्ट के मुताबिक पहले से चली आ रही सांस्कृतिक और वैचारिक परम्पराएँ व्यर्थ और पिछड़ी हुई मान ली गयी थीं, इसलिए आधुनिकता के प्रोजेक्ट को हिन्दी में उतारने के लिए हिन्दी का ऐसा रजिस्टर ज़्यादा उपयुक्त लगा, जिस पर परम्परा का कोई बोझ ही नहीं था। खड़ी बोली में आधुनिक युग से पहले साहित्यिक-वैचारिक लेखन की कोई उल्लेखनीय परम्परा नहीं थी, इसलिए उसमें पूर्व परम्परा से सम्बन्ध-विच्छेद करने की कोई ज़रूरत ही नहीं थी। परम्परा की चिन्ता किये बिना, जो चाहें, जैसे चाहें, लिख सकते थे।

उल्लेखनीय है कि मुग़लकाल में उर्दू का विकास भी कुछ इसी तरह हुआ था। प्रसिद्ध इतिहासकार मुज़फ्फर आलम ने अपने एक लेख में लिखा है कि उर्दू में लेखन के पीछे दो शर्तें लगायी गयी थीं, पहली यह कि इसकी लिपि फ़ारसी होगी, दूसरी यह कि बोल–चाल की भाषा में शब्द न उपलब्ध होने पर फ़ारसी या अरबी से शब्द लिए जायेंगे। खड़ी बोली उर्दू में बिल्कुल नये सिरे से साहित्य लिखना ब्रज–भाषा की तुलना में इसलिए आसान था, क्योंकि ब्रजभाषा में साहित्य की एक पूर्व परम्परा थी, जबकि खड़ी बोली में साहित्य लिखने की कोई उल्लेखनीय परम्परा नहीं थी। खड़ी बोली उर्दू की तरह ही खड़ी बोली हिन्दी में जिस तरह के साहित्य–लेखन की शुरुआत हुई, उसका न तो उर्दू की परम्परा से, न ब्रजभाषा की परम्परा से कोई उल्लेखनीय सम्बन्ध दिखायी पड़ता है। लोकसाहित्य की परम्परा से सम्बन्ध स्थापित करने का तो ख़याल भी नहीं आता। परम्परा से विच्छेद या परम्परा से मुक्ति के इन दोनों उदाहरणों की विशद चर्चा तो यहाँ सम्भव नहीं है, फिर भी खड़ी बोली हिन्दी में लिखे गये आधुनिक साहित्य पर दो–चार बातें करना बेहद ज़रूरी है।

रामविलास शर्मा ने लिखा है कि हिन्दी नवजागरण में अंग्रेज़ी शिक्षा और पश्चिमी ज्ञान की कोई उल्लेखनीय भूमिका नहीं रही। थोड़ी रियायत देते हुए उन्होंने ये ज़रूर जोड़ दिया है कि अंग्रेज़ी साहित्य की मानवतावादी और प्रगतिशील परम्परा भी रही है और उससे सीखने में कोई हर्ज नहीं। लेकिन आधुनिक हिन्दी साहित्य की गम्भीरता से पड़ताल करने पर ये बात स्पष्ट हो जाती है कि उसकी मूल प्रेरणा और आदर्श अंग्रेज़ी साहित्य ही रहा है। ज़्यादातर आधुनिक हिन्दी साहित्य पश्चिम से प्रेरणा लेते हुए और उसी के मानदण्ड पर लिखा गया है। कहने वाले चाहें तो कह सकते हैं कि ये अंग्रेज़ी साहित्य की नक़ल है। लेकिन अंग्रेज़ी के प्रसिद्ध उत्तर औपनिवेशिक चिन्तक होमी भाभा ने नक़ल में भी अकल की बात करते हुए मिमिक्री और हाइब्रिडिटी (संकरता) के सिद्धान्तों के सहारे औपनिवेशिक देशों में लिखे गये साहित्य के महत्त्व का बहुत जोर–शोर से प्रतिपादन करते हुए इस प्रकार के साहित्य की उपनिवेशवाद–विरोधी भूमिका को रेखांकित करने का गम्भीर प्रयास किया है। होमी भाभा के इस तर्क को सामान्य रूप से आज भी दोहराया जा रहा है। लेकिन वास्तव में ये एक पैराडाइम शिफ्ट था। प्रसिद्ध इतिहासकार रणजीत गुहा के अनुसार पैराडाइम

के इस युद्ध में पश्चिम की विजय हुई; अद्‌भुत पर अनुभूति की विजय हुई। विद्वानों ने रणजीत गुहा के इस तर्क की आलोचना करते हुए दिखाया है कि पश्चिम के विपरीत भारतीय यथार्थवादी उपन्यास विस्मय, फैंटेसी और काव्यत्व से पूर्णतः विच्छिन्न नहीं थे। इसलिए ये कहना सही नहीं है कि इस पैराडाइम शिफ्ट के कारण पहले से चली आ रही भारतीय साहित्यिक परम्परा का पूरी तरह निषेध हो गया। ये तर्क सही है, पर असल बात ये है कि इस पैराडाइम शिफ्ट के बाद साहित्य, संस्कृति और ज्ञान–विज्ञान की बुनियाद आधुनिकता की ज्ञानमीमांसा पर टिक जाती है और भारतीय ज्ञानमीमांसा की परम्परा का इस्तेमाल सिर्फ़ ख़ाली जगहों को भरने के लिए, एक ऐसा संस्करण तैयार करने के लिए किया जाता है, जिसकी पैकेजिंग भारत में की गयी हो। इसे कुछ इस तरह समझना चाहिए, जैसे उत्पादन भले ही भारत में हो रहा हो लेकिन उसकी टेक्नॉलोजी पश्चिम से ली गयी हो। इसी तर्क को आगे बढ़ाते हुए कहना चाहिए कि लिखा भले ही भारतीय भाषाओं में जा रहा है, लेकिन उसका विन्यास और उसकी अन्तर्दृष्टि पश्चिम से ली गयी है। भारतीय भाषाओं में लिखने से कोई साहित्य भारतीय नहीं हो जाता और न ही भारतीय भाषाओं में चिन्तन करने से कोई चिन्तन भारतीय हो जाता है।

उत्तर औपनिवेशिक चिन्तकों द्वारा तैयार मॉडल के विकल्प के रूप में मैं एक–दूसरे क़िस्म के मॉडल का प्रस्ताव करने की जुर्रत कर रहा हूँ। थोड़ी देर के लिए कल्पना कीजिए कि भारतीय ज्ञानमीमांसा और साहित्यिक परम्परा की नियामक भूमिका को स्वीकार करते हुए आधुनिकता की ज्ञानमीमांसा से भी हमने कुछ तत्त्व लिए होते तो उसकी सूरत और सीरत कुछ और होती। राजनीतिक और सामाजिक चिन्तन के क्षेत्र में गांधी ने और काव्य के क्षेत्र में कुछ ऐसी ही कोशिश रवीन्द्रनाथ ठाकुर ने की थी। किन्तु ये इकलौती कोशिशें थीं और परवर्ती चिन्तकों और रचनाकारों ने इन्हें परम्परावादी, रहस्यवादी कह कर नकार दिया। परिणाम ये हुआ कि साहित्य, संस्कृति और ज्ञान के क्षेत्र में जो भी चिन्तन हुआ उसकी नियामक प्रेरणा पश्चिमी आधुनिकता की ज्ञानमीमांसा से तय होती रही। हिन्दी में तो सामान्य रूप से आज जैसी स्थिति है, वो और भी विडम्बनापूर्ण है। यहाँ तो उस ज्ञान को, जिसका विकास पश्चिम में ३०–४० के दशक में हुआ था, आज भी भारतीय चिन्तन के रूप में पूरे भक्तिभाव से दोहराया

जा रहा है। जबकि पश्चिम में भी इस ज्ञान को अब कोई तवज्जो नहीं दे रहा। इसीलिए आधुनिक युग में भारतीय भाषाओं में जो साहित्य लिखा गया है, उसमें ज़्यादा ऐसा नहीं है, जिसे सही मायने में भारतीय साहित्य कहा जा सके। जो है, वह पश्चिमी आधुनिकता के सर्वव्यापी प्रभाव के बावजूद है।

यह अकारण नहीं है कि यद्यपि आधुनिक हिन्दी साहित्यिक चिन्तन में भक्ति आन्दोलन के महत्त्व का बढ़चढ़ कर बखान किया जाता है, किन्तु विरली ही कोई ऐसी रचना होगी, जिसे पढ़ कर लगे कि ये रचना भक्ति संवेदना से गुजर कर लिखी गयी है। परम्परा का किताबी ढंग से बखान तो ख़ूब किया गया, लेकिन परम्परा से रचनात्मक स्तर पर कुछ भी सीखने और ग्रहण करने के चिह्न कुछ ही रचनाओं में दिखायी पड़ते हैं। मतलब बिल्कुल साफ़ है, परम्परा का गुणगान कीजिए और कुछ भी लिखते समय उसे भूल जाइए। कुछ विद्वान ग़रीबी, भुखमरी, किसान, मज़दूर जैसे विषयों पर लिखी गयी रचनाओं के आधार पर ये सिद्ध करने की कोशिश करते हैं कि इसकी प्रेरणा भक्तिकालीन साहित्य से आयी है। अब उन्हें कौन समझाये कि भक्ति काव्य-संवेदना से उसका कोई सम्बन्ध नहीं है। इस प्रकार के विषयों पर लिखी गयी रचनाओं का प्रेरणास्त्रोत पश्चिमी चिन्तन और यथार्थवादी साहित्यिक परम्परा है। भक्ति आन्दोलन न भी होता तो भी इन विषयों पर इसी ढंग से लिखा जाता। दूसरे देशों में, जहाँ भक्ति साहित्य जैसी कोई परम्परा नहीं है, इन विषयों पर थोड़े-बहुत हेर-फेर के साथ इसी ढंग से लिखा गया है। इन विषयों पर लिखी गयी रचनाओं को देखने से शायद ही कहीं ऐसी प्रतीति होती हो कि उन्हें भारतीय सांस्कृतिक एवं बौद्धिक परम्परा को आत्मसात् करके लिखा गया है। परम्परा के मूल्यांकन से समृद्ध रचनाएँ हिन्दी में ज़्यादा नहीं हैं। कुल मिला कर भारतेन्दु की कुछ रचनाओं, प्रेमचन्द और रेणु के कथा-साहित्य, प्रसाद और मुक्तिबोध की कविताओं के अतिरिक्त कौन सी ऐसी रचनाएँ हैं, जिन्हें भारतीय परम्परा के बीच से निकली हुई रचनाओं के रूप में चिह्नित किया जा सके। विडम्बना ये है कि आधुनिक साहित्य में जहाँ भक्ति साहित्य का सचमुच असर दिखायी पड़ता है, उसे रहस्यवादी कह कर ख़ारिज कर दिया जाता है। इसका सटीक उदाहरण है कि भक्ति काल का सबसे अधिक गुणगान करने वाले रामविलास शर्मा ने मुक्तिबोध की

कविताओं को रहस्यवादी कह कर ख़ारिज कर दिया। जबकि उनकी कविता के टेक्स्चर में सन्त साहित्य की संवेदना की गहरी छाप है। हबीब तनवीर और विजयदान देथा की रचनाओं के बारे में ज़रूर ऐसा कहा जा सकता है कि वे भारतीय साहित्यिक परम्परा से अनुस्यूत और उसे आगे बढ़ाने वाली रचनाएँ हैं, लेकिन उन पर विचार करने के लिए एक स्वतन्त्र लेख की दरकार होगी।

उल्लेखनीय है कि प्रगतिशील लेखक संघ (१९३६) के पहले घोषणा-पत्र में भक्तिकालीन साहित्य को पलायन का साहित्य कह कर ख़ारिज कर दिया गया था। प्रेमचन्द ने इस अधिवेशन के बहुप्रशंसित अध्यक्षीय भाषण में आधुनिक युग से पहले के समूचे साहित्य को मौज़मस्ती और मनबहलाव का साहित्य करार दिया था। बाद में परम्परा के मूल्यांकन के प्रसंग में भले ही उस ग़लती को दुरुस्त कर लिया गया हो लेकिन रचनात्मक लेखन और वैचारिक चिन्तन के क्षेत्र में परम्परा के सकारात्मक मूल्यांकन से कुछ भी ग्रहण करने की जहमत उठाने के निशान विरले ही दिखायी पड़ते हैं।

पश्चिम में आधुनिकता के अभ्युदय के साथ साहित्य और कलाओं को आधुनिकता के प्रोजेक्ट के सहायक के रूप में देखने की प्रवृत्ति जोर पकड़ने लगी और उन्नीसवीं शताब्दी में यथार्थवाद के अभ्युदय के साथ अपने चरमोत्कर्ष पर पहुँच गयी। उल्लेखनीय है कि पश्चिम में समाज विज्ञान का विकास विज्ञान की पद्धति की बुनियाद पर हुआ था और इसीलिए समाज का अध्ययन करने वाले शास्त्रों को 'समाज विज्ञान' के रूप में प्रतिष्ठित करने पर जोर दिया गया। एंगेल्स ने तो मार्क्स के चिन्तन का महत्त्व प्रतिपादित करते हुए स्पष्ट रूप से लिखा कि जैसे डार्विन ने प्रजातियों के विकास के नियम खोज निकाले वैसे ही मार्क्स ने समाज के विकास के नियम खोज लिए। यही कारण है कि लम्बे समय तक मार्क्सवाद को समाज के विकास के नियमों की पहचान कराने वाला विज्ञान कहा जाता रहा। फ़िलहाल इस बहस के विस्तार में जाने की ज़रूरत नहीं है, सम्प्रति विचारणीय मुद्दा ये है कि साहित्य और कलाओं को आधुनिकता के प्रोजेक्ट के अधीन कर देने की परिणति क्या हुई? प्रेमचन्द द्वारा प्रगतिशील लेखक संघ के पहले अध्यक्षीय भाषण 'साहित्य का उद्देश्य' की चर्चा हम पहले कर चुके हैं, इसी क्रम में प्रेमचन्द की उस प्रसिद्ध और

बार-बार दोहरायी जाने वाली उक्ति के उल्लेख के जरिये हम अपने तर्क को आगे बढ़ाना चाहेंगे। प्रेमचन्द ने कहा था, 'साहित्य देशभक्ति और राजनीति के पीछे चलने वाली सच्चाई नहीं, बल्कि उनके आगे मशाल दिखाती हुई चलने वाली सच्चाई है।' प्रेमचन्द के इस वक्तव्य पर थोड़ा रुक कर विचार करें तो ये स्पष्ट हो जायेगा कि प्रेमचन्द यहाँ पर साहित्य के महत्त्व का जिस प्रकार प्रतिपादन कर रहे हैं, उससे राजनीतिक चिन्तन की केन्द्रीयता का निषेध नहीं होता। यहाँ राजनीतिक चिन्तन के सर्वोपरि महत्त्व को स्वीकार करते हुए उसी दायरे में और उसी कसौटी पर साहित्य के महत्त्व को राजनीतिक चिन्तन से भी आगे के क़दम के रूप में रेखांकित किया गया है। प्रेमचन्द अक्सर कहते भी थे कि जो काम गांधी राजनीति में कर रहे हैं, वही काम वो साहित्य के दायरे में कर रहे हैं। कहने की ज़रूरत नहीं होनी चाहिए कि यहाँ साहित्य के महत्त्व का प्रतिपादन राजनीतिक प्रोजेक्ट के अधीन ही है, भले ही उसे राजनीति के आगे-आगे चलने वाली मशाल ही क्यों न कहा गया हो। रामचन्द्र शुक्ल ने भी अपने प्रिय कवि तुलसीदास के साहित्य के मार्फ़त साधनावस्था के जिस साहित्य को सर्वोत्कृष्ट घोषित किया और जो पहली नज़र में ठेठ भारतीय निकष जान पड़ता है, वास्तव में आधुनिकता के विमर्श से बहुत गहरे प्रभावित निकष है। यह बिल्कुल सम्भव है कि रामचन्द्र शुक्ल ने जानबूझ कर और सचेत रूप से ऐसा न किया हो। लेकिन, जैसा कि कहा जाता है, जादू वही जो सिर चढ़ कर बोले; ये आधुनिकता का जादू है, जो हिन्दी के लेखकों-आलोचकों के सिर चढ़ कर बोल रहा है। फिर चाहे वो रामचन्द्र शुक्ल हों, महावीर प्रसाद द्विवेदी हों या प्रेमचन्द ही क्यों न हों। महावीर प्रसाद द्विवेदी ने तो साहित्य को 'ज्ञानराशि का संचित कोश' कह कर साहित्य को आधुनिकता के प्रोजेक्ट के अधीन करने की पहले से चली आ रही प्रक्रिया को जैसे उसकी तार्किक परिणति तक पहुँचा दिया। रामचन्द्र शुक्ल ने द्विवेदी जी के साहित्य-विवेक पर सही टिप्पणी की है : 'इन पुस्तकों को एक मुहल्ले में फैली बातों से दूसरे मुहल्ले वालों को कुछ परिचित कराने के प्रयत्न के रूप में समझना चाहिए।' साहित्य की बुनियादी भूमिका के इस अवमूल्यन का परिणाम ये हुआ कि वह आधुनिकता के विमर्श के इर्द-गिर्द घूमने लगा, कभी उसके पीछे-पीछे तो कभी, प्रेमचन्द के कथन के वजन पर कहें तो, उसके आगे-आगे।

मनुष्य के सामाजिक जीवन को नितान्त भौतिक समृद्धि के परिप्रेक्ष्य में परिभाषित करने का परिणाम ये हुआ कि जीवन के वे आयाम, जिनकी सिर्फ़ भौतिक सन्दर्भों में व्याख्या एक सीमा के बाद सम्भव नहीं है, लेकिन जो भौतिक उपलब्धि से कम महत्त्वपूर्ण नहीं हैं, हमारे चिन्तन की परिधि से ही बाहर चले गये। भावनाओं, संवेदनाओं और मानवीय जीवन की अस्तित्वमूलक चिन्ताएँ और मानवीय अस्तित्व की सार्थकता की वे परिकल्पनाएँ, जो भौतिक उपलब्धि से आगे जाती हैं, का भी इस राजनीतिक विमर्श में अवमूल्यन हो गया। यहाँ पर ये ध्यान दिलाने की ज़रूरत है कि भारतीय चिन्तन परम्परा में मानवीय जीवन के अस्तित्व की सार्थकता को कभी भी सिर्फ़ भौतिक उपलब्धियों के निकष पर तौलने की कोशिश नहीं की गयी थी। बहुत पीछे न भी जायें तो भक्तिकालीन साहित्य की बुनियादी संवेदना के सहारे भी इसे समझा और समझाया जा सकता है। असल में साहित्य, संगीत और कलाएँ मनुष्य की संवेदना के उन आयामों को जागृत, उद्दीप्त और समृद्ध करती हैं, जहाँ तक आधुनिकता के 'एक आयामी' विमर्श से पैदा होने वाला समाज विज्ञान पहुँच ही नहीं सकता। साहित्य, संगीत और कलाएँ मानवीय अस्तित्व की सार्थकता के उन आयामों को रचती रही हैं, जिनकी चिन्ता आधुनिकता के विमर्श में कम ही दिखायी पड़ती हैं। ऐसा इसलिए है क्योंकि वे मानवीय अस्तित्व की सार्थकता को सिर्फ़ भौतिक उपलब्धि के निकष पर परिभाषित करने की प्रक्रिया का अतिक्रमण करती हैं। ऐसा नहीं है कि साहित्य और कलाएँ भौतिक समृद्धि, ग़ैर-बराबरी और किसी भी प्रकार के भेदभाव और शोषण को पूरी तरह से नज़रअन्दाज़ करती हैं, लेकिन यह ज़रूर है कि वे भौतिक समृद्धि को मानवीय अस्तित्व की सार्थकता के एकमात्र निकष के रूप में देखने के विमर्श में ढलने से इनकार करती हैं। इसके बजाय वे मानवीय अस्तित्व की सार्थकता के उन आयामों (कल्पित या वास्तविक) को रचती हैं, जिनके सामने भौतिक समृद्धि का पैमाना फीका लगने लगता है।

इतिहासकार ज्ञानेन्द्र पाण्डेय ने अपने लेख 'गैरियत का गद्य' में लिखा है कि मनुष्य के आत्यन्तिक दुखों को इतिहास के दायरे में दर्ज कर पाना नामुमकिन है। सुख-दुख, हर्ष-विषाद की आत्यन्तिक मन:स्थितियों के आयाम जिस तरह साहित्य, संगीत तथा कलाओं में आते हैं, वे समाज

विज्ञान के विषयों में उस तरह से आ ही नहीं सकते। विडम्बना ये है कि आधुनिकता के साथ पैदा होने वाले समाज विज्ञान के इर्द-गिर्द मँडराने वाला साहित्य अपनी उस बुनियादी भूमिका को चाहे-अनचाहे अप्रासंगिक मान कर छोड़ देता है, जहाँ तक समाज विज्ञान के किसी विषय के लिए पहुँच पाना ही मुश्किल है। उर्दू के कवि मोमिन की एक पंक्ति है, 'तुम मेरे पास होते हो, गोया जब कोई दूसरा नहीं होता।' इसी पंक्ति के वजन पर, चाहें तो, कह सकते हैं कि साहित्य और कलाएँ वहाँ भी मनुष्य के पास होती हैं, जहाँ ज्ञान-विज्ञान के दूसरे अनुशासन पहुँच ही नहीं पाते।

यह अकारण नहीं है कि पहले स्वच्छन्दतावादी और फिर आधुनिकतावादी साहित्य और कलाओं में आधुनिकता के इस 'एक आयामी' विमर्श से बाहर निकलने की एक लहूलुहान जद्दोजहद दिखायी पड़ती है। ये सही है कि आधुनिकता के इस लौहपाश से बाहर निकलने में आधुनिक साहित्य और कलाएँ सफल नहीं हुईं, लेकिन इससे उनकी कोशिश का महत्त्व कम नहीं हो जाता।

महावीर प्रसाद द्विवेदी ने साहित्य को ज्ञानराशि का संचित कोश मान कर और कविता तथा गद्य के अन्तर को मिटा कर और चाहे-अनचाहे साहित्य को पूर्व औपनिवेशिक परम्परा से काट कर जिस प्रकार के साहित्यिक लेखन को पुरस्कृत किया, उसके आदर्श कवि मैथिली शरण गुप्त ही हो सकते थे। मैथिली शरण गुप्त की कविता को देख कर लगता है कि जैसे समूची भारतीय परम्परा में उनसे पहले कोई कवि ही नहीं हुआ और वे पहले व्यक्ति हैं, जिन्होंने कविता लिखने का बीड़ा उठाया है। संवेदनात्मक दृष्टि से कुछ नैतिक आग्रहों के पद्य में अनुवाद के अतिरिक्त शायद ही ऐसा कुछ हो, जिसके लिए उनकी कविता को पढ़ना ज़रूरी लगे। समूची भारतीय काव्य परम्परा में कविता की दुनिया कभी भी इतनी इकहरी और एकायामी नहीं रही, जितनी मैथिली शरण गुप्त की कविताओं में दिखायी पड़ती है। स्वाभाविक ही था कि छायावादी काव्य में इस एकायामी इतिवृत्तात्मकता से असन्तोष फूट पड़ता। लेकिन जैसा पहले भी उल्लेख किया जा चुका है कि ज़्यादातर आधुनिक साहित्य का विकास अंग्रेज़ी शिक्षा प्राप्त व्यक्तियों द्वारा, अंग्रेज़ों द्वारा स्थापित शिक्षा केन्द्रों यानी विश्वविद्यालयों के परिसर में हुआ। इसीलिए छायावादी कविता में कृत्रिम कल्पनाशीलता तो ख़ूब है, लेकिन वैसी कल्पनाशीलता बहुत कम है,

जिनका जन्म एक गहरी बेचैनी से होता है और जिसके साक्ष्य कबीर, जायसी, सूर, मीरा और यहाँ तक कि तुलसीदास के साहित्य में दिखायी पड़ते हैं।

यह अकारण नहीं है कि समूचे प्रगतिवादी, यथार्थवादी और यहाँ तक कि आधुनिकतावादी साहित्य में भी गहरी सांस्कृतिक बेचैनी और ऊहापोह के ऐसे निशान कम ही दिखायी पड़ते, जिनसे ये प्रतीत हो कि ये समूचा साहित्य भारतीय सभ्यता की उस सुदीर्घ परम्परा में लिखा गया है, जिसमें सब कुछ बुरा ही नहीं है, बहुत कुछ अच्छा भी है। अन्त में ये कहना अनुचित नहीं होगा कि सही मायने में भारतीय साहित्य में नवजागरण तो तब होगा जब हम आधुनिकता से पहले की साहित्यिक और ज्ञान परम्परा से तथा लोक-परम्परा से, आधुनिकता के निकष को अन्तिम सच न मानते हुए, नये सिरे से संवाद स्थापित करेंगे।

अज्ञेय का काल-चिन्तन

विभिन्न सभ्यताओं में काल-चिन्तन की अलग-अलग अवधारणाएँ और परम्पराएँ मिलती हैं। काल-चिन्तन सम्बन्धी ये अवधारणाएँ प्रत्येक सभ्यता की ज्ञान मीमांसा/मीमांसाओं से जुड़ी हुई हैं और जीवन जगत तथा ब्रह्माण्ड के बारे में उनके चिन्तन को काफ़ी हद तक प्रभावित भी करती हैं। उल्लेखनीय है कि सभी सभ्यताओं की प्राथमिकताएँ एक जैसी नहीं रही हैं। अलग-अलग सभ्यताओं में इसीलिए प्राथमिकता के स्तर पर अन्तर भी दिखायी पड़ते हैं। ऐसी कोई सभ्यता सम्भवतः दुनिया में नहीं है जिसमें सब कुछ अच्छा ही अच्छा हो। ऐसी सभ्यता भी खोजना मुश्किल होगा जिसमें बुरा ही बुरा हो। इसलिए सभ्यताओं के बीच तुलना करते समय ध्यान रखना चाहिए कि किसी सभ्यता की कुछ अच्छाइयों के आधार पर दूसरी सभ्यता को पूरी तरह से नकार न दिया जाय। सभ्यताओं के बीच तुलना से ज़्यादा बेहतर तरीक़ा संवाद का है। और संवाद भी ऐसा जो बराबरी के स्तर पर हो, जहाँ प्रत्येक सभ्यता दूसरी सभ्यता की अच्छाइयों को आत्मसात् करने और बुराइयों को त्यागने में तत्पर हो।

आधुनिकता के उदय के साथ पश्चिमी सभ्यता आर्थिक और राजनीतिक रूप से शक्तिशाली हो जाने के कारण दम्भ से भर जाती है, दूसरी सभ्यताओं में उसे कुछ भी अच्छा दिखलायी देना बन्द हो जाता है। इसी के साथ पश्चिमी सभ्यता के श्रेष्ठता के तर्क गढ़े जाने लगते हैं और ये बताया जाने लगता है कि दूसरी सभ्यताओं में वे तत्त्व अनुपस्थित थे जो पश्चिमी सभ्यता की श्रेष्ठता के कारण बने। इसीलिए वे पिछड़ गयी और उसका सामना नहीं कर पाई।

पश्चिम में आधुनिकता के विकास के कुछ बुनियादी लक्षण बताये गये हैं

और ये सिद्ध करने का प्रयास किया गया है कि आधुनिकता के विकास के ये बुनियादी तत्त्व दूसरी सभ्यताओं में मौजूद नहीं थे; इसलिए उनके यहाँ आधुनिकता का विकास नहीं हो पाया। इस प्रसंग में तर्कबुद्धि, वैज्ञानिक चिन्तन, वैयक्तिकता का विकास, लोकवृत्त, इतिहास और प्रगति की रेखीय और ऊर्ध्वगामी अवधारणा जैसे तत्त्वों का विशेष रूप से उल्लेख किया जाता है। फ़िलहाल हम केवल इतिहास और काल की अवधारणा के मुद्दे पर ही विचार करेंगे और उस प्रसंग में ये देखने का प्रयास करेंगे कि अज्ञेय के काल सम्बन्धी चिन्तन की उत्तर औपनिवेशिक भारतीय परिदृश्य में क्या सार्थकता है।

पश्चिम के विद्वानों ने यह कहा कि वहाँ काल की अवधारणा रेखीय थी और इतिहासबोध की चेतना बहुत जाग्रत, सशक्त थी। इसलिए पश्चिमी प्रगति के पथ पर आगे बढ़ता चला गया। ग़ैर-पश्चिमी सभ्यताओं-विशेष रूप से भारत में—काल की अवधारणा चक्रीय थी। अतः यहाँ आधुनिकता का विकास नहीं हुआ और यह उसी बिन्दु पर घूमती रही।

उल्लेखनीय है कि काल की जिस चक्रीय अवधारणा की बात पश्चिम के विद्वानों ने भारत के सन्दर्भ में की, काल की वैसी चक्रीय अवधारणा भारत में नहीं बल्कि ग्रीक सभ्यता में मिलती है। वहाँ काल की गति बहुत ही यान्त्रिक और आवृत्तिपरक है। भारत में, विश्व की अन्य सभ्यताओं की तरह, काल की सिर्फ़ एक अवधारणा नहीं दिखायी पड़ती है। भारतीय दर्शन की वैविध्यपूर्ण परम्परा में काल के बारे में कई तरह से चिन्तन किया गया है।

यह कहना सही नहीं है कि भारतीय सभ्यता के विकसित न होने के मूल में काल की चक्रीय अवधारणा है। इतिहासकार रोमिला थापर ने दिखाया है कि भारत में काल की चक्रीय और रेखीय अवधारणाएँ दोनों एक साथ मिलती हैं। सांसारिक मुद्दों के लिए रेखीय अवधारणा का और आध्यात्मिक मुद्दों के लिए चक्रीय अवधारणा का प्रयोग यहाँ प्राचीन काल से होता रहा है। असल में युगों के आवर्तन की परिकल्पना को चक्रीय अवधारणा के अन्तर्गत रखना पूरी तौर से सही नहीं है। यहाँ एक युग की अवधि ही बहुत व्यापक है। और कुल चार युग हैं। इन चार युगों के पूरा होने पर आवर्तन की बात आती है। इन चारों युगों की अवधि को यदि जोड़ दिया जाय तो उसकी संख्या इतनी विराट होगी कि आवर्तन का कोई ख़ास महत्त्व नहीं

रहेगा। चार युगों के दौरान काल की गति रेखीय है।

पश्चिम में भी काल की रेखीय गति का पहला स्पष्ट उल्लेख ईसाई धर्म के स्थापित हो जाने के बाद सेंट आगस्टाइन की आत्मकथा 'कन्फेशन' में मिलता है। वहाँ काल की रेखीय गति का सम्बन्ध ईसाई परम्परा में मुक्ति की अवधारणा से जुड़ा हुआ है। ईसाई परम्परा में व्यक्ति निरन्तर प्रयास करते हुए मुक्ति की ओर आगे बढ़ता है। आधुनिकता के विकास के दौरान ईसाई धर्म में पहले से चली आ रही काल की रेखीय अवधारणा का ही लौकिकीकरण कर दिया जाता है। स्पष्ट है कि काल की रेखीय अवधारणा का मूल ईसाई परम्परा में है और ईसाई मत के वर्चस्व की शताब्दियों को, ५वीं से १३वीं शताब्दी तक का समय, यूरोप में अन्धकार-युग के नाम से जाना जाता है। ईसाई परम्परा में रेखीय अवधारणा मौजूद होने के बावजूद उन शताब्दियों के दौरान पश्चिम में कोई उल्लेखनीय प्रगति नहीं हुई। प्रगति तब हुई जब ईसाइयत का वर्चस्व टूटने लगा और ग्रीक सभ्यता की उपलब्धियों से उनका दुबारा परिचय हुआ, अरब विद्वानों के माध्यम से।

औपनिवेशीकृत समाज तीन स्थितियों से गुजरता है। पहली स्थिति वह होती है जिसमें वह स्वयं को हीन और औपनिवेशिक प्रभुओं को अपने से श्रेष्ठ मान लेता है या मानने के लिए बाध्य किया जाता है। दूसरी स्थिति वह है जिसमें वह औपनिवेशिक प्रभुओं द्वारा निर्धारित श्रेष्ठता के मानदण्ड के आधार पर वह स्वयं को औपनिवेशिक प्रभुओं के बराबर सिद्ध करने का प्रयास करता है। तीसरी स्थिति में वह औपनिवेशिक प्रभुओं द्वारा निर्धारित श्रेष्ठता के मानदण्ड को ही चुनौती देता है और उसके जवाब में वैकल्पिक निकष प्रस्तुत करने का प्रयास करता है। भारतीय समाज भी इन तीनों स्थितियों से गुजरा है। इस चर्चा के विस्तार में जाय बिना अज्ञेय के काल सम्बन्धी लेखन को तीन स्थितियों में कहीं रखना ही हो तो, मेरा ख़याल है कि उसे तीसरी स्थिति में रखना चाहिए। ज्ञान-मीमांसा की आज की शब्दावली में कहें तो अज्ञेय का चिन्तनपरक लेखन उस श्रेणी में आता है जिसे आज उत्तर-औपनिवेशिक चिन्तन कहा जाता है।

अज्ञेय का चिन्तन भारतीय सभ्यता के वैशिष्ट्य और उसकी उपलब्धियों को समझने का उपक्रम है। अज्ञेय पश्चिमी आधुनिकता का पूरी तौर पर निषेध नहीं करते किन्तु वे आधुनिकता के सार्वभौमिक दावे को भी

स्वीकार नहीं करते। इसीलिए वे भारतीय समाज को समझने की एक भारतीय दृष्टि विकसित करने पर जोर देते हैं। इसी क्रम में वे भारतीय सभ्यता की महान उपलब्धियों को नये स्तर पर स्वायत्त करने का प्रयास करते हैं।

अज्ञेय मन के विऔपनिवेशीकरण की उस प्रक्रिया को आगे बढ़ाते हैं जिसकी ठीक से शुरुआत गांधी से होती है और जिसे प्रसिद्ध दार्शनिक के.सी. भट्टाचार्य आगे ले जाते हैं। अज्ञेय का वैचारिक लेखन सिर्फ़ राजनैतिक स्वाधीनता से सन्तुष्ट होने वालों का लेखन नहीं है, बल्कि उसका सम्बन्ध उस प्रयास से जुड़ता है जिसे सांस्कृतिक और ज्ञानमीमांसात्मक स्वाधीनता कहना अनुचित न होगा। के.सी. भट्टाचार्य के शब्दों का इस्तेमाल करते हुए कहें तो अज्ञेय का लेखन मन के स्वराज को चिह्नित करने का प्रयास करता है। इस प्रसंग में अज्ञेय की कविता का एक अंश देखना उचित होगा—

> क्या यह इतिहास माँगा हुआ इतिहास है?
> क्या यह विवेक का मुकुर भी माँगा हुआ मुकुर है?
> और क्या यह मुझे लौटा देना होगा
> इससे पहले कि वह टूट जाय?
> मुकुर उत्तर नहीं देता :
> न दे, मुकुर उत्तरदायी नहीं है?

अज्ञेय की इन पंक्तियों को पढ़ते हुए अनायास रवीन्द्रनाथ ठाकुर का ध्यान आता है। उन्होंने कहीं लिखा है कि हमारा इतिहास अच्छा या बुरा जैसा भी है, हमें उसी से काम चलाना पड़ेगा। इतिहास किसी से उधार नहीं लिया जा सकता। लेकिन हमारे ऊपर ऐतिहासिकतावाद का इतना गहरा असर हुआ कि अज्ञेय के शब्दों में 'हमने आधुनिक और पश्चिम को पर्यायवाची मान लिया।' यहीं नहीं 'हमने तो यह भी मान लिया है कि जिसे पश्चिम ने प्रगति कहा और जीवन मूल्य माना वही जीने का एकमात्र रास्ता है। हद तो ये है कि 'यहाँ होने वाले आन्दोलनों की ज़मीन भी यहाँ न खोज कर पश्चिम में खोजते हैं।'

औपनिवेशिक दौर के इतिहास को इस दृष्टि से समझने में सम्भव है कि कुछ मदद मिले। किन्तु पूर्व-औपनिवेशिक समाज की गतिकी को समझने में इस दृष्टि की अपर्याप्तता अब तो पश्चिम के समाज-वैज्ञानिक ही

स्वीकार करने लगे हैं। दूसरी समस्या यह है कि पश्चिमी आधुनिकता की दृष्टि को एकान्तिक निकष के रूप में स्वीकार कर लेने पर ग़ैर-पश्चिमी सभ्यता और समाज के वासी मिथ्या चेतना से ग्रस्त अज्ञानी प्रतीत होने लगते हैं। प्रकारान्तर से हम अपनी सद्इच्छाओं के बावजूद उनके कर्तृत्व का ही निषेध कर देते हैं। इस प्रसंग में अज्ञेय की समझ तथाकथित वैज्ञानिक समझ से ज़्यादा बेहतर, मानवीय और सन्तुलित है। उन्होंने लिखा है कि—'किसी भी समय में, साहित्य, संस्कृति के उस समय के विश्व-दर्शन को प्रतिबिंबित करता है और साथ ही उस जाति के उस समय के आत्मदर्शन और अस्मिता बोध को भी प्रतिबिंबित करता है। दूसरे शब्दों में जो अनुभव साहित्य के लिए प्रयोजनीय होता है वह शून्य में अवस्थित एक व्यक्ति की प्राथमिक अनुभूति नहीं होती बल्कि अनेकायामी, अनेक स्तरीय, अनेकरूपी जटिल संरचना होती है जिसके निरूपण के लिए काल के कई आयामों को आधार बनाना पड़ता है।'

स्पष्ट है कि अज्ञेय जगत् और चेतना, विश्व और आत्मबोध के अन्तर्सम्बन्ध को पूरी तरह से अलग रख कर नहीं देखते हैं। इसीलिए किसी कालखण्ड के विश्वदर्शन को मिथ्या चेतना घोषित करने की जल्दबाजी नहीं दिखाते हैं। अज्ञेय ने कालबोध की भारतीय परम्परा के बारे में स्वयं लिखा है कि 'हमारा काल-बोध काल के साथ उतना नहीं बँधा है जितना बोध के साथ।'

अज्ञेय का काल सम्बन्धी चिन्तन काल के अनुभूतिगत पक्षों को ज़्यादा महत्त्व देता है। कहने का आशय यह नहीं कि उन्होंने अनुभूति-निरपेक्ष काल की वैज्ञानिक अवधारणा के बारे में कुछ लिखा ही नहीं। सच तो यह है कि काल के अनुभूति निरपेक्ष वैज्ञानिक सच को भी अज्ञेय चुनौती देते हैं। उन्होंने यह भी स्पष्ट किया है कि साहित्य के लिए काल-चिन्तन की क्या सार्थकता है। लिखते हैं 'काल का अनुभूतिगत यथार्थ भी काल के बारे में हमारी समकालीन दार्शनिक अवधारणाओं से, समकालीन वैज्ञानिक जानकारी से प्रभावित होता रहता है। इसीलिए मानवीय काल की यानी हमारे अनुभूति के काल की, किसी चर्चा में हम वैज्ञानिक अथवा दार्शनिक अवधारणाओं और ऊहापोह को पूरी तरह बहिष्कृत तो नहीं कर सकते। और साहित्य में काल के प्रतीत की समस्याएँ मूलतः मानवीय काल की प्रतीति और उसके सम्प्रेषण की समस्याएँ हैं।' यदि काल के बोध का

सम्बन्ध व्यक्ति-सापेक्ष है तो विभिन्न व्यक्तियों और संस्कृतियों के लोगों को काल की एक जैसी प्रतीति कैसे हो सकती है।' अज्ञेय का काल सम्बन्धी चिन्तन इस बिन्दु पर भी प्रचलित और प्रायः स्वीकृति विज्ञानवाद और इतिहासवाद को प्रश्नांकित करता है : 'अलग-अलग वर्ग के लोग काल के अलग-अलग आयाम में रहते हैं, काल को मापने के, किसी भी घटना के अर्थवान प्रतीति के उनके मानदण्ड अलग-अलग होते हैं . . . काल का प्रमाण अगर अलग-अलग है तो क्या ये कहना सही नहीं है कि घटना की परिभाषा ही अलग-अलग हो जाती है।'

स्पष्ट है कि अज्ञेय चिन्तन की उस कसौटी के सामने प्रश्न खड़े कर रहे हैं जिसे सामान्य रूप से ऐतिहासिक और वैज्ञानिक सत्य कहते हैं। अकारण नहीं है कि कुछ लोगों को उनका चिन्तन सापेक्षतावाद की ओर झुका हुआ प्रतीत होता है।

अज्ञेय इस बात से भी सहमत प्रतीत नहीं होते कि मनुष्य सिर्फ़ काल के एक ही आयाम में जीता है। इसीलिए वे उस दृष्टि से सहमत नहीं हो पाते जो मनुष्य के जीवन को सिर्फ़ रेखीय ऐतिहासिक आयाम में बाँध देती है। वे लिखते हैं कि—'क्या काल एक होता है या कि हम एक साथ उसके अनेक आयामों में जीते हैं और विभिन्न आयामों को उसकी गति अलग-अलग होती है? और परिणामतः यथार्थ के भी बहुत से आयाम हैं और इसीलिए यथार्थवाद के भी अनेक क्रम और आयाम होते हैं।'

अज्ञेय का विचार था कि काल के बारे में सिर्फ़ ऐतिहासिक दृष्टि से सोचने का परिणाम यह हुआ कि हमारा जीवन बोध एकायामी होता चला गया और अन्ततः हमने यथार्थ को भी इकहरा मान लिया। जबकि न तो यथार्थ का बोध एकायामी है और न ही जीवन का बोध। हमारा यथार्थ भी इकहरा होता जा रहा है और उसके दूसरे उतने ही महत्त्वपूर्ण आयामों की चर्चा से पाठक कतराता है—उन्हें सन्देह की दृष्टि से देखता है, उसके संकेत करने वालों को परम्परावादी मानता है, यहाँ तक कि 'काल के दूसरे और वृहत्तर आयामों का संकेत मिलने पर उसे घबड़ाहट भी होती है। क्योंकि इन संकेतों से काल का वह आयाम आक्रान्त या संकटापन्न जान पड़ने लगता है जिसमें वह जीता है और जिसे वह आत्यन्तिक महत्त्व है।'

अज्ञेय ये मान कर चलते हैं कि भारतीय सांस्कृतिक परम्परा काल को

किसी एक आयाम में बाँध कर नहीं देखती। ऐतिहासिक आयाम में तो बिल्कुल नहीं। लिखते हैं—'हमारी संस्कृति या सम्पदा ही अनेक केन्द्रीय नहीं रही है, हमारा चिन्तन अनिवार्यतः अनेक केन्द्रीय आधार लेकर चलता है। हम मनुष्य की ओर से सोच सकते हैं तो बन्दर और पेड़ की ओर से भी सोच सकते हैं। और ऐसा केवल विनोद के लिए नहीं, अवस्थिति को उसकी समग्रता में, पहचानने के लिए अनिवार्य मानते हुए।'

आधुनिक काल-बोध की रेखीय गति अज्ञेय के अनुसार एकायामी है। पश्चिमी सभ्यता आज उस दौर में पहुँच गयी है जहाँ से इस एकायामिता से मुक्ति की सम्भावना बहुत कम है। किन्तु भारत जैसे ग़ैर-पश्चिमी सभ्यता में ये सम्भावना बची हुई है कि 'पश्चिम ने जीवन के जिन आयामों को खो दिया है उनसे हम सम्पृक्त रह सकते हैं।'

अज्ञेय भारत की प्रागाधुनिक संस्कृति को एक अभिशाप की तरह नहीं देखते जिसे पश्चिमी ढंग के आधुनिकीकरण के जरिये जल्दी से जल्दी मिटा दिया जाना चाहिए। बल्कि उसे एक वरदान के रूप में देखते हैं। क्योंकि हमारी ये प्रागाधुनिकता हमें यह अवसर देती है कि हम चाहें तो स्वयं को वही ग़लती दोहराने से बचा सकते हैं जिसकी गिरफ़्त में आज समूचा पाश्चात्य जगत फँसा हुआ दिखायी पड़ता है। वे लिखते हैं, 'हम अपनी प्रागाधुनिक परिस्थिति और संवेदन का अच्छा उपयोग करके संकट से बचने का भी यत्न कर सकते हैं जिसमें आधुनिक पाश्चात्य जगत अपने को पा रहा है।'

अज्ञेय काल-बोध को सिर्फ़ उसके ऐतिहासिक आयाम में निःशेष कर देने वाली आधुनिकता के सामने काल के निरवधि शाश्वत आयाम को रखते हैं और कई बार तो ये लगता है कि वह काल के निरवधि आयाम को ज़्यादा महत्त्वपूर्ण मानते हैं : 'हमारे समाज में अभी भी ऐसे लेखक और पाठक दोनों हैं जो काल के निरवधि शाश्वत आयाम और आधुनिक इतिहास की सतही समयबद्धता में एक साथ जी सकते हैं। मैंने ये सम्भावना की है कि जब तक हम इस अवस्थिति में है तब तक हममें एक सम्पन्नतर आभ्यन्तर जीवन की अर्हता बनी हुई है।'

अज्ञेय ने काल के कालातीत आयाम की चर्चा अनेक रूपों में की है। साहित्य तथा आख्यान के सम्बन्ध में उसके महत्त्व का सोदाहरण विवेचन

भी किया है। उसे ऐतिहासिक या सावधि कालबोध से ज़्यादा महत्त्वपूर्ण भी माना है; सिर्फ़ एक उदाहरण देखिये—'प्रकृत धर्मों की परम्परा सनातन अथवा निरवधि काल से जुड़ी है, आपातिक कर्मों की परम्परा सावधि काल की है। साँप डसता है यह एक कोटि या एक काल का सत्य हैं, साँप रानी को डसने लगा, यह दूसरे कोटि और दूसरे काल का। और दूसरा पहले के अधीन है—सदैव अधीन रहता है।'

अपने परवर्ती दौर में अज्ञेय काल के शाश्वत आयाम पर ज़्यादा जोर देने लगे थे। यह मानने लगे थे कि 'अनुभव का कालातीत या शाश्वत आयाम मनुष्य की एक आवश्यकता है। काल के शाश्वत आयाम को स्थापित करने के लिए उन्हें काल की रेखीय अवधारणा से बाहर जाने की ज़रूरत का भी एहसास हुआ। अवश्यम्भावी मृत्यु की वेदना से मुक्ति का विकल्प भी उन्हें रेखीय काल में नहीं, आवर्ती काल में दिखा। लिखते हैं : 'काल की प्रतीति के उन गुणों के सन्दर्भ में, जो हमारे काल-बोध को मरण की दिशा में प्रगति की चेतना से मुक्त करते हैं, आवर्तीकाल का उल्लेख आवश्यक हो जाता है।'

आवर्ती-शाश्वत काल के महत्त्व को चीह्नने के बावजूद रेखीयकाल की सार्थकता का पूरी तौर से निषेध उन्होंने कभी नहीं किया : 'ऐसा भी हो सकता है कि आवर्तीकाल और ऋजु रेखागतिक काल के सूत्रों को ताने-बाने की तरह बुन दिया जाय और काल का प्रस्तुतीकरण एक साथ ऐतिहासिक और अनुभूतिमूलक हो : क्या, कबीर की 'झीनी-झीनी चदरिया ऐसी ही बुनावट की नहीं है।' जहाँ तक मैं समझ पाया हूँ रेखीय और आवर्ती काल के प्रति भारतीय काल-बोध एक सन्तुलन कायम करने का प्रयास करता है, बिल्कुल वैसे ही जैसे आध्यात्मिकता और लौकिकता के प्रति यहाँ समन्वय स्थापित करने का प्रयास किया गया है। कहने की ज़रूरत नहीं कि इस प्रकार के प्रयास सदैव सफल नहीं होते—फ़िलहाल इस विस्तार में जाने की ज़रूरत नहीं है, समझने की बात यह है कि अज्ञेय ने विषय-निरपेक्ष वैज्ञानिक काल-मान की सार्थकता को कुछ सन्दर्भों में स्वीकार किया है : 'अपने निजी अनुभव और निजी कालानुभूति की संगति दूसरे की कालानुभूति से बैठा कर सामाजिक व्यवहार का सुयोग प्राप्त कर लेते हैं।' शाश्वतता की अवधारणा से कोई भ्रम न फैले इसलिए उसे स्पष्ट करते हुए लिखते हैं : 'वर्तमान सन्दर्भ में नित्यता, शाश्वता,

इटर्निटी का अभिप्राय एक अन्तहीन काल नहीं है बल्कि एक कालातीत आयाम मात्र है।' रोचक तथ्य यह है कि कला के सन्दर्भ में कालातीत आयाम के महत्त्व का रेखांकन वाल्टर बेन्जामिन जैसा प्रसिद्ध मार्क्सवादी विद्वान भी करता है। बेन्जामिन ने लिखा है कि 'मेरे लिए यह पूर्व सिद्ध निष्कर्ष है कि कला का इतिहास जैसी कोई चीज़ नहीं होती। तात्विक दृष्टि से कला अनैतिहासिक है। कलाकृति को ऐतिहासिक जीवन के परिप्रेक्ष्य में रखने से कला के सबसे अन्दरूनी सत की ओर ले जाने वाले परिप्रेक्ष्य का उद्घाटन नहीं होता। समकालीन कला-इतिहास विषयक शोध से सिर्फ़ कला-इतिहास की विषय-वस्तु या रूप के इतिहास का बोध होता है; जिसके लिए कला-कृतियाँ सिर्फ़ उदाहरण या प्रतिदर्श (मॉडल) की तरह है।

इतिहासबद्ध चिन्तन और ज्ञान से वैज्ञानिक और तकनीकी प्रगति सम्भव हुई और परिणामत: काल की गति तीव्र हुई। वैज्ञानिक/ऐतिहासिक काल-बोध के आधार पर इतिहास की घटनाओं को एक अर्थपूर्ण क्रमबद्धता देना सम्भव हुआ। किन्तु इस निरन्तर परिवर्तनशील समाज के साथ सामंजस्य/अनुकूलन स्थापित करने में दिक़्क़त भी आने लगी और निरन्तर वर्तमान में जीने की मजबूरी ने अतीत को नष्ट कर दिया। हम वर्तमान/क्षणजीवी हो गये, मानो हमारा कोई अतीत ही न हो। स्थायित्व की जगह क्षण-भंगुरता के आ जाने से अनुभव के परिपाक के लिए पर्याप्त समय नहीं मिल पाता, जिसका प्रभाव आधुनिक साहित्य और कलारूपों पर भी दिखायी पड़ने लगता है।

गंगाधर झा को शाश्वतता और क्षणिकता के सन्दर्भ में लोहिया का चिन्तन ज़्यादा सन्तुलित लगता है। प्रवाह और स्थायित्व के विवेचन के क्रम में उन्होंने लोहिया का जो उद्धरण दिया है, उसे यथावत् उद्धृत करना उपयुक्त होगा : 'प्रत्येक क्षण दोनों है—प्रवाह और स्थायित्व। अब तक मानव ने क्षण के इन दो अलग-अलग स्वरूपों को एक में मिलाने की भूल की है। इतिहास के सभी दार्शनिकों ने जिन्होंने आने वाले स्वर्णयुग के बारे में सोचा है उन्होंने क्षण को केवल प्रवाह या गति के रूप में लिया है और वे इसके स्थायी स्वरूप के बारे में भूल रहे हैं। सभी नीतिज्ञ जिन्होंने व्यक्ति के चरित्र और उच्चतर आदर्शों के बारे में उपदेश देने का प्रयत्न किया है, उन्होंने क्षण को केवल स्थायी मान कर सोचा है और उसे

प्रवाह के रूप में देखने से चूके हैं। लेकिन क्षण प्रवाह और स्थायित्व दोनों है। जब वह प्रवाह है, वह इतिहास के क्षेत्र में है, वहाँ चालक शक्तियाँ खोजी जा सकती हैं। जब स्थायी है, वह कथाओं और पौराणिक गाथाओं, कला और साहित्य, धर्म और दर्शन के क्षेत्र में है। मनुष्य की नियति को केवल इतिहास के पृष्ठों में नहीं पढ़ना होगा, बल्कि हर क्षण के अशेष अमरत्व में भी, जो बड़ी भव्यता के साथ ऐसी कहानियों में अंकित है जो कभी घटित नहीं होती पर वे शाश्वत और सत्य हैं। यदि मनुष्य को इतिहास में रहना सीखना है, तो उसके बाहर रहने की भी उसे उतनी ही आवश्यकता है।'

लोहिया ने यह भी लिखा है कि पहले की सभ्यताओं ने आध्यात्मिक समानता की तो बेजोड़ ऊँचाइयाँ प्राप्त की, किन्तु सामाजिक और आर्थिक विषमता को कम करने में सफल नहीं हुई : 'यदि पिछली सभ्यताएँ सामाजिक विषमता और आध्यात्मिक समानता के अनमेल बोझ से टूटीं, तो आधुनिक सभ्यता, सामाजिक एकता और आध्यात्मिक विषमता के अनमेल बोझ से टूट रही हैं।'

लोहिया के इस चिन्तन की और बातों को छोड़ भी दें तो स्थायित्व को कला, साहित्य, धर्म, दर्शन से जोड़ते हैं और परिवर्तन को इतिहास के खाते में डाल देने की आत्यन्तिकता अवश्य खटकती है। बलाघात का फ़र्क़ तो हो सकता है किन्तु यह मान लेना कि कला, साहित्य, धर्म, दर्शन आदि प्रवाह से पूर्णतया निरपेक्ष बने रहते हैं, उचित नहीं प्रतीत होता।

अज्ञेय जिस बात पर जोर देते प्रतीत होते हैं वह यह है कि कला-साहित्य तभी सार्थक होते हैं जब वे ऐतिहासिक काल की सीमा से आगे निकल आते हैं और काल के कालातीत आयाम को छू लेते हैं। जो पहले से तय है वह काल की वस्तु न हो कर कालातीत आयाम की वस्तु है। जैसे मृत्यु, जैसे नियति। जैसे शेखर की जन्मजात विद्रोही की नियति। जैसे साँप का डसना। जैसे अवचेतन जो काल के प्रभाव से प्रायः असम्पृक्त बना रहता है। काल तो उस कालातीत आयाम का सिर्फ़ वाहक है। लोककथाओं, परीकथाओं और नीति-कथाओं में किसी निश्चित काल का उल्लेख नहीं होता। 'किसी काल में कोई राजा था' जैसे वाक्यांशों से शुरू होने वाली कहानियों का कोई ऐतिहासिक काल नहीं होता। ऐतिहासिक के बजाय उसे कल्पना या सम्भावना का अनिर्दिष्ट काल कहना ज़्यादा उपयुक्त

होगा। इसके बावजूद यदि वे मूल्यवान और सार्थक प्रतीत होती हैं तो इसलिए क्योंकि वे सत्य के किसी कालातीत आयाम को उद्घाटित करती है। ऐतिहासिक काल में जो सम्भव नहीं, वह भी यहाँ दिखाया जा सकता है। रूपक-अन्योक्तियों में ही नहीं, प्राय: समूची भारतीय आख्यान परम्परा में इसी कालातीत आयाम को प्रकट करने का उपक्रम दिखायी पड़ता है। इसीलिए ऐतिहासिक काल के चिह्नों को वे अक्सर सायास मिटा कर रची गयी प्रतीत होती है।

कालातीत आयाम की चर्चा अज्ञेय वैयक्तिक अस्मिता और स्मृति के सन्दर्भ में करने के साथ-साथ मिथकों के सन्दर्भ में भी करते हैं। उनका विचार है कि काल का मानवीय पक्ष कला-साहित्य के अतिरिक्त मिथकों में प्रकट होता है। वस्तुत: मिथक मानवीय अस्तित्व के कालातीत प्रारूप हैं। स्वप्नकाल में घटित प्रतीत होने वाला मिथक 'सार्वभौम मानवीय अर्थवत्ता रखने वाली कालातीत कोटि प्रस्तुत करता है।' आधुनिक युग में काल के बिकाऊ, जिन्सी रूप के बरक्स मिथकों के महत्त्व की पहचान ने लेखकों-कलाकारों को मिथकों के सर्जनात्मक प्रयोग की ओर प्रवृत्त किया। अज्ञेय अन्यत्र यह भी उल्लेख करते हैं कि भारत में मिथकीय चेतना और अवस्थिति बोध पश्चिम में ऐतिहासिक चेतना द्वारा पूरे किये जाने वाले कार्य को ज़्यादा बेहतर ढंग से सम्पादित करते हैं।

कला साहित्य के कालातीत आयाम की सार्थकता पर जोर देने के बावजूद अज्ञेय जाने-अनजाने यह स्वीकार करते से लगते हैं कि नैतिक/धार्मिक मूल्यों के बदल जाने से इस प्रकार की रचनाएँ प्रभावित होती हैं। शृंखलित या आवर्ती कथाओं के विश्लेषण के बारे में वे लिखते हैं कि 'हमारे काल सन्दर्भ वे चाहे सच न जान पड़ें पर किसी एक संस्कृति और उस संस्कृति के काल की प्रतीति के सन्दर्भ में सच होने के लिए ही उनकी सृष्टि की गयी है।' हमारे काल-सन्दर्भ में वे सच इसलिए नहीं प्रतीत होतीं क्योंकि जीवन-जगत् की यथार्थसत्ता का बोध कराने वाली अवधारणा बदल गयी है। कहा जा सकता है कि इस प्रकार की नैतिक कथाएँ यथार्थ न हो कर नैतिक-सत्य को प्रस्तुत करने का साधनमात्र थी। इस आपत्ति का उत्तर देते हुए वे लिखते हैं, 'ऐसी कथा कहने और सुनने वाले दोनों पक्षों के लिए वह नैतिक मूल्य ही तो यथार्थ के मूल और सार तत्त्व थे।' कहानी भले ही यथार्थ न हो किन्तु जीवन-जगत की यथार्थसत्ता के मूल और सार

तत्त्वों का निर्धारण तो इन्हीं मूल्यों से होता था। आधुनिक युग में यथार्थसत्ता के मूल और सार तत्त्वों का निर्धारण करने वाले मूल्य व्यक्ति परक और अर्थकेन्द्रित हो जाते हैं। सम्भवत: अज्ञेय यहाँ प्रकारान्तर से सत्य की वस्तुनिष्ठतावादी अवधारणा का खण्डन करने के लिए तथ्य और सत्य में भेद करते हैं। तथ्य का बोध और तथ्यों के जंगल से मूल और सार तत्त्वों का चुनाव व्यक्ति और मूल्य सापेक्ष होता है। सम्भवत: इसीलिए वे लिखते हैं कि 'यथार्थ की समस्या किसी बाहर के यथार्थ को शीशे' में उतार लेने की समस्या नहीं है, वह यथार्थ को रचने की और रचे हुए यथार्थ को जीवन सम्प्रेष्य रूप देने की समस्या है।' स्पष्ट है कि यथार्थ बाहर पड़ा हुआ नहीं है जिसे सिर्फ़ रचनारूपी मुट्ठी में भर लेने की ज़रूरत हो, यथार्थ रचा जाता है और उसे रचने में यथार्थ के मूल और सार का बोध कराने वाली नियामक दृष्टि की भूमिका होती है। दृष्टि को लेकर विवाद हो सकता है, किन्तु दृष्टि-निरपेक्ष किसी बाह्य यथार्थ की बात बेमानी है। वस्तुत: यथार्थवाद की बुनियाद प्रत्यक्षवाद (Positi1ism) पर टिकी हुई है और प्रत्यक्षवाद किसी परिघटना को कार्यकारण की शृंखला में रख कर और विरोधी युग्मों में बाँट कर विश्लेषण करने की पद्धति पर चलता है। अज्ञेय कार्यकारण और विरोधी युग्मों के आत्यन्तिक विभाजन को अस्वीकार करते हुए इसे वास्तविक के बजाय काल्पनिक मानते हैं।

अज्ञेय अपने समकालीन वैज्ञानिक और समाजवैज्ञानिक चिन्तन से भली-भाँति परिचित हैं और उसका उपयोग वे अपने कालसम्बन्धी चिन्तन में करते हैं। अज्ञेय के काल सम्बन्धी चिन्तन पर बर्गसाँ का प्रभाव है। फ़िलहाल मैं इस विस्तार में नहीं जाना चाहता। मैं सिर्फ़ एक ऐसे तथ्य की ओर संकेत करके अपनी बात समाप्त करना चाहता हूँ जिसका उल्लेख अज्ञेय के काल सम्बन्धी चिन्तन के प्रसंग में प्राय: कम ही किया जाता है।

उल्लेखनीय है कि न्यूटन के साथ विज्ञान का जो विकास हुआ उसके मूल में विषय और विषयी (Object subject) के पूर्ण पार्थेक्य की अवधारणा थी जो सन्दर्भ/इतिहास-निरपेक्ष और निष्पक्ष कर्ता की परिकल्पना पर टिकी थी। उसका ज्ञान-देश-काल निरपेक्ष और सार्वभौमिक था। कहने की ज़रूरत नहीं कि समाजवैज्ञानिकों ने भी विज्ञान की इस पद्धति को अपनाते हुए समाज और मनुष्य के बारे में सार्वभौमिक ज्ञान अर्जित करने का दावा किया। यह ऐसा ज्ञान था जिसमें किसी द्वैत या अगर-मगर की

गुंजाइश नहीं थी। किन्तु आइन्सटीन के सापेक्षता-सिद्धान्त ने विषय-निरपेक्ष कर्त्ता के सिद्धान्त को अस्वीकार करते हुए देश-काल सातत्य की बात पर जोर देकर सार्वभौम और पूर्णज्ञान को, समाज-विज्ञान की तो कौन कहे, विज्ञान के सन्दर्भ में भी संदिग्ध बना दिया। आइंस्टाइन हाइजेनबर्ग और नीलबोलर के वैज्ञानिक चिन्तन से विज्ञान के क्षेत्र में एक 'पैराडाइम शिफ्ट' आया और क्लासिकल भौतिकी का अन्त हो गया। उसकी जगह क्वांटम ने ले ली। अज्ञेय लिखते हैं 'वर्तमान के अनुभव के क्षेत्र में कार्य-कारण सम्बन्ध किन्हीं विषयी-निरपेक्ष समान अनुक्रमिक कोटियों में क्रियाशील नहीं होते, उनमें बर्गसॉं के शब्दों में एक गत्यात्मक परस्पर भेदकता होती है। इस गत्यात्मक परस्परकता में महत्त्व-कार्य-कारण सम्बन्ध का नहीं बल्कि प्रभाव-गर्म आसंग का रहता है। प्रभाव-गर्भिता हमारे अनुभव का मूल्य-सम्पृक्त पक्ष है, और मूल्य का सम्पर्क जितनी सुगमता से अतीत से हो सकता है उतनी ही सुगमता से भविष्य से भी हो सकता है।'

ज्ञाता और ज्ञेय में पूर्ण पार्थक्य सम्भव नहीं है। सच तो यह है कि ज्ञाता और ज्ञेय को आत्यन्तिक रूप से अलग मानने पर ज्ञान ही सम्भव नहीं है। अज्ञेय को विश्वास था कि इस 'पैराडाइम शिफ्ट' से 'मन, चेतना यथार्थ और कल्पना के बारे में एक नये परिदृश्य के लिए क्षेत्र खुला है और पिछली सदी की निश्चयात्मकता ने जिस असहिष्णुता का रूप ले लिया था, वह अब लक्षित नहीं होती।' यह सही है कि निश्चयात्मक ज्ञान का दावा करने वाली विचारधाराओं के दावे सच नहीं साबित हुए। किन्तु बीसवीं सदी में तो नहीं, इक्कीसवीं सदी में ज़रूर वैचारिक सहिष्णुता के लिए गुंजाइश बनती दीख रही है।

गंगाधर झा ने लिखा है कि काल-चिन्तन के तीन आयाम हो सकते हैं : १. भाषा के स्वभाव और संरचना का अध्ययन, २. चेतना के स्वभाव और संरचना का अध्ययन, ३ आख्यान के स्वभाव और संरचना का अध्ययन। मेरा ख़याल है कि एक आयाम और है : यथार्थ सत्ता के स्वभाव और संरचना का अध्ययन। यह सही है कि अज्ञेय ने भाषा के स्वभाव और संरचना का ही व्यापक अध्ययन किया है, किन्तु दूसरे आयाम पूर्णतः अनुपस्थित हों, ऐसा नहीं है। असल में अज्ञेय के चिन्तन में अनेक ऐसे बीज-विचार हैं जिनका सम्यक् विकास आगे चलकर उत्तर आधुनिक

विमर्श में होता है।

अज्ञेय के काल सम्बन्धी चिन्तन में अनेक ऐसी बातें भी हैं जिनसे आज सहमत हो पाना मुश्किल है। किन्तु यह नहीं भूलना चाहिए कि अज्ञेय उस दौर में यह सब लिख रहे थे जब पश्चिमी/औपनिवेशिक आधुनिकता के सार्वभौमिक आख्यान में सन्देह करने वाले विरल थे। आज भारतीय/वैकल्पिक/देशज आधुनिकता की बात करना आसान है किन्तु उस दौर में ऐसी बातें करने वाले को पुनरुत्थानवादी/प्रतिक्रियावादी घोषित कर देना आसान था। अज्ञेय के काल-चिन्तन में काफ़ी कुछ ऐसा है जो आधुनिकता के इस महाआख्यान के विरोध में प्रतिक्रियास्वरूप लिखा गया है। इसके बावजूद भारतीय काल चिन्तन के प्रसंग में उन्होंने जो कुछ लिखा है उसमें बहुत कुछ ऐसा है जो आधुनिकता के भारतीय विमर्श में रुचि रखने वाले किसी भी व्यक्ति के लिए उपयोगी है।

मुक्तिबोध का साहित्य और आधुनिकतावाद

आधुनिक हिन्दी कवियों में निराला के बाद मुक्तिबोध सम्भवत: अकेले ऐसे कवि हैं, जिनके बारे में सबसे ज़्यादा लिखा गया है। शायद ही हिन्दी का ऐसा कोई उल्लेखनीय आलोचक हो जिसने मुक्तिबोध की कविताओं के बारे में न लिखा हो। इसके बावजूद मुक्तिबोध की रचनाओं को लेकर अभी भी अनेक प्रकार की भ्रान्तियाँ बनी हुई हैं। अक्सर ये कहा जाता है कि मुक्तिबोध एक दुरूह कवि हैं, उनकी कविताओं को समझ पाना आसान नहीं है। मुक्तिबोध की कविताएँ इसलिए भी दुरूह बनी हुई है क्योंकि वैचारिक और साहित्यिक सन्दर्भ को छोड़ कर उनकी रचनाओं को समझने की कोशिश की जाती है। अभी तक मुक्तिबोध की रचनाओं को यथार्थवादी/मार्क्सवादी पद्धति पर समझने की कोशिश की गयी है, जबकि मुक्तिबोध की चिन्ताओं और उनके रचनाओं की सम्यक् व्याख्या आधुनिकतावाद का सन्दर्भ लिए बिना सम्भव नहीं। अक्सर ये भुला दिया जाता है कि मुक्तिबोध नयी कविता के दौर के कवि हैं और नयी कविता प्रयोगवाद वस्तुत: आधुनिकतावाद का ही भारतीय संस्करण है। वैचारिक रूप से मार्क्सवाद से प्रतिबद्ध होने के बावजूद मुक्तिबोध आधुनिकतावाद द्वारा उठाये गये सवालों को पूरी तरह नज़रअन्दाज़ नहीं करते। उनकी रचनाओं में आधुनिकतावादी चिन्ताओं का नकार नहीं है। इन चिन्ताओं को देखने, समझने और उन्हें तार्किक परिणति तक पहुँचाने का उनका तरीक़ा अवश्य ही मार्क्सवादी सैद्धान्तिकी से प्रभावित है। इसलिए उनकी रचनाओं को समझने के लिए मार्क्सवाद के साथ-साथ आधुनिकतावाद की कुछ मूलभूत अवधारणाओं को भी समझना ज़रूरी है।

सामान्य रूप से अज्ञेय को आधुनिकतावाद के प्रतीक पुरुष के रूप में देखा

जाता है, लेकिन मुक्तिबोध की रचनाओं को ध्यान से पढ़ने पर ये स्पष्ट हो जाता है कि कई मामलों में आधुनिकतावाद की संगति अज्ञेय से भी ज़्यादा मुक्तिबोध की रचनाओं से बैठती है। मुक्तिबोध की रचनाओं को समझने की दृष्टि से आधुनिकतावाद की कुछ महत्त्वपूर्ण अवधारणाओं का परिचय आवश्यक है।

१. यथार्थवाद स्वप्न और यथार्थ में साफ़–साफ़ भेद करता है लेकिन आधुनिकतावाद में स्वप्न और यथार्थ की विभाजक रेखा धुँधली हो जाती है। कई बार तो ये फ़र्क़ करना मुश्किल हो जाता है कि क्या यथार्थ है, क्या स्वप्न। जिसे हम स्वप्न समझ रहे होते हैं वह यथार्थ बन जाता है और जिसे यथार्थ मान रहे होते हैं, वह स्वप्न। सूत्र रूप में यथार्थवाद की तुलना में स्वप्न का महत्त्व आधुनिकतावाद के दौरान बढ़ जाता है। मुक्तिबोध की तमाम रचनाओं में इसीलिए यथार्थ और स्वप्न का इस तरह मिश्रण दिखायी पड़ता है कि उसे साफ़–साफ़ अलगाना और चिह्नित करना ही असम्भव हो जाता है। सच तो ये है कि उनकी रचनाएँ यथार्थ और स्वप्न को पूरी तरह अलग–अलग कोटियों में रख कर देखने–समझने की प्रवृत्ति की ही आलोचना करती हैं। 'अँधेरे में' से लेकर 'भूल ग़लती' तक उनकी कविताओं से बहुत सारे उदाहरण दिये जा सकते हैं, जहाँ ये तय कर पाना मुश्किल ही नहीं, ग़ैर ज़रूरी भी हैं कि घटना यथार्थ में हो रही है या स्वप्न में।

२. यथार्थ और स्वप्न के विभाजन को अस्पष्ट बनाने का परिणाम ये होता है कि आत्मगत और वस्तुगत के बीच का अन्तर भी धुँधला हो जाता है। आत्मगत दशाओं को वस्तुगत और मूर्त रूप दे देने और वस्तुगत को आत्मगत की ही एक सम्भावना के रूप में खड़ा कर देने के कारण मुक्तिबोध की रचनाओं में ये तय कर पाना भी कठिन हो जाता है कि क्या वस्तुगत है और क्या आत्मगत, क्या बाहर घटित हो रहा है और क्या अन्दर। असल में आत्म की विभिन्न सम्भावनाओं को ही वे वस्तुजगत के विभिन्न चरित्रों के रूप में रूपान्तरित कर देते हैं और बाह्य जगत के विभिन्न चरित्रों को व्यक्ति के अन्दर मौजूद विभिन्न सम्भावनाओं में तब्दील कर देते हैं।

३. मुक्तिबोध का काव्यनायक यथार्थवादी साहित्य के नायकों से भिन्न है। यथार्थवादी साहित्य का नायक ज़्यादा सुगठित समन्वित और प्राय: सीधी

रेखा में आगे बढ़ता हुआ प्रतीत होता है। इसके विपरीत मुक्तिबोध के काव्यनायक का व्यक्तित्व इस कदर दुविधाग्रस्त है कि उसे लगता है कि वह दो पाटों के बीच पीसा जा रहा है। वह जो है और जो होना चाहता है, उसमें भारी फाँक या अन्तर्द्वन्द्व है। अपने व्यक्तित्व की अलग-अलग सम्भावनाओं-रुझानों के कारण उसके लिए कोई निर्णय ले पाना आसान नहीं लगता। उसे क़दम-क़दम पे चौराहे मिलते हैं अर्थात् उसे एक नहीं कई रास्ते दिखायी पड़ते हैं। रास्ते वस्तुत: व्यक्तित्व के विकास की वैकल्पिक सम्भावनाओं के सूचक हैं। प्रकारान्तर से ये सामाजिक विकास की किसी निर्धारणवादी नियतिवादी व्याख्या का भी निषेध करते हैं। सम्भवत: इसीलिए काव्यनायक की वस्तुगत अवस्थिति को उनकी रचनाओं में सम्भावना के रूप में देखा गया है। इसलिए उनकी रचनाओं में स्वप्न और फैंटेसी का महत्त्व इतना अधिक दिखायी पड़ता है। यद्यपि यथार्थवादी रचनाओं में भी स्वप्न और फैंटेसी के छिट-पुट तत्त्व खोजे जा सकते हैं, लेकिन इनका महत्त्व एक सुनिश्चित और काफ़ी कुछ निर्धारित दायरे के अन्दर ही दिखायी पड़ता है। जबकि मुक्तिबोध के यहाँ नायक की अवधारणा निर्धारित नहीं बल्कि सम्भावनाशील है, इसी प्रकार परिवर्तन और यथार्थ की अवधारणा भी पूर्णत: निर्धारित नहीं सम्भावनाशील है, व्यक्ति की सक्रियता को उन्होंने किसी पठारी नियतिवाद में तिरोहित नहीं कर दिया। इसलिए उनकी रचनाओं में स्वप्न और फैंटेसी की इतनी महत्त्वपूर्ण भूमिका दिखायी पड़ती है। चाहे दिमागी गुहांधकार का 'औरांग उटांग' हो, चाहे बावड़ी में रहने वाला 'ब्रह्मराक्षस' और 'भूल ग़लती' का कैद कर लाया गया 'ईमान' ही क्यों न हो। इन सभी कविताओं में काव्यनायक के सम्भावनाशील और बहुविधि रूपों को चिह्नित किया जा सकता है। दिन-रात अपने ख्यालों में रहने वाले द्विविधाग्रस्त और अपने ही भिन्न रूपों के बीच भयानक अनबन के शिकार ये काव्यनायक यथार्थवादी दौर के पात्रों से काफ़ी अलग ढंग के पात्र हैं। प्रबोधनकालीन ज्ञानमीमांसा में तर्कबुद्धि की सबसे अहम भूमिका है। इस ज्ञानमीमांसा से प्रभावित यथार्थवादी रचनाओं में तर्कबुद्धि के अनुशासन में ही भावना और स्वप्न को तरजीह दी गयी। लेकिन यदि हम मुक्तिबोध के रचना-संसार को देखें तो समझने में देर नहीं लगेगी कि उनके यहाँ वेदना-संवेदना और अवचेतन की भूमिका काफ़ी बढ़ी हुई दिखायी पड़ती है। सम्भवत: इसीलिए मुक्तिबोध के साहित्य को यथार्थवाद की सैद्धान्तिकी के वजन पर नहीं व्याख्यायित

किया जा सकता। इसीलिए उनकी रचनाओं में यथार्थवादी साहित्य जैसी आश्वस्ति और निश्चतता भी नहीं दिखायी पड़ती।

उल्लेखनीय है कि यथार्थवादी साहित्य-कला का विकास न्यूटोनियन वैज्ञानिक प्रविधि और प्रत्यक्षवादी समाजशास्त्रीय चिन्तन से प्रभावित रहा है। न्यूटोनियन वैज्ञानिक प्रवधि में कर्त्ता को पूर्णतः तटस्थ और निरपेक्ष माना गया है। किन्तु साहित्य की फितरत है कि यहाँ पूर्णतः तटस्थ और निरपेक्ष कर्त्ता सम्भव ही नहीं। लेकिन इसके बावजूद यथार्थवादी साहित्य प्रायः विकास की रेखीय अवधारणा के दायरे में ही लिखा गया है। उसके द्वन्द, स्वप्न और कल्पनाएँ इस दायरे के बाहर नहीं जाते।

बर्गसाँ, नीत्से, फ्रॉयड, आइंस्टीन आदि के विचारों और प्रथम विश्वयुद्ध ने आधुनिकता के रेखीय और विकासवादी आख्यान के सामने कई सवाल खड़े कर दिये। ये सवाल न्यूटोनियन वस्तुनिष्ठता और वैज्ञानिक ज्ञान की निश्चितता को चुनौती देने वाले सवाल थे। समाजविज्ञान की पद्धति का विकास न्यूटोनियन विज्ञान के वजन पर हुआ था और उसका बहुत गहरा असर यथार्थवादी सैद्धान्तिकी पर भी था। वैज्ञानिक सच को ही सम्भाव्य सच के रूप में देखने-समझने की प्रविधि आ जाने के बाद यथार्थवादी सैद्धान्तिकी एक नये प्रकार की समस्या से घिर जाती है। इसीलिए आधुनिकतावादी साहित्य में असामान्य, अतिविशिष्ट, अनिर्णय के शिकार पात्रों की भरमार दिखायी पड़ती है। मुक्तिबोध की काव्य-संवेदना में आधुनिकतावादी दौर के विचारों का प्रभाव साफ़ दिखायी पड़ता है। इसीलिए अन्तर्बाह्य, वस्तुगत-आत्मगत, स्वप्न-यथार्थ, विचार और संवेदना, सही-ग़लत का वैसा द्विआधारीय विभाजन उनके यहाँ नहीं दिखायी पड़ता। द्विआधारीय युग्मों के आधार पर सोचने की पद्धति का सम्बन्ध प्रत्यक्षवादी चिन्तन की प्रेरणा से आया और इसके प्रभाव से मार्क्सवाद भी नहीं बच पाया। विद्वानों ने लक्ष्य किया कि स्वयं मार्क्स के विचारों में इस प्रकार का साफ़-साफ़ द्वैत नहीं है, किन्तु परवर्ती मार्क्सवादी चिन्तकों ने जिसमें एंगल्स का नाम भी शामिल है, इस पद्धति को मार्क्सवाद के साथ जोड़ दिया। एंगल्स ने तो यहाँ तक कहा कि जैसे डार्विन ने प्रजातियों के विकास का सिद्धान्त खोज लिया है वैसे ही मार्क्स ने समाज के विकास के नियमों की पहचान कर ली है। जबकि सच्चाई ये है कि स्वयं मार्क्स ने जर्मन आइडियोलॉजी पुस्तक के सिवाय और कहीं भी समाज के विकास के

नियम खोज लेने का दावा नहीं किया। किन्तु जिस 'मार्क्सवाद' का समूची दुनिया पर गहरा प्रभाव पड़ा, वह मार्क्सवाद प्रत्यक्षवाद से बहुत बुरी तरह प्रभावित मार्क्सवाद था। इस मार्क्सवादी समझ में यथार्थ और विभ्रम, आत्मगत और वस्तुगत का जैसा साफ़-साफ़ विभाजन दिखता है, मुक्तिबोध के काव्यनायक के यहाँ वैसा विभाजन नहीं दिखायी पड़ता है। इसीलिए मुक्तिबोध की रचनाओं में बहुत सारे ऐसे तत्त्व मिल जाते हैं जिन्हें इस पैमाने पर बड़ी आसानी से रहस्यवादी घोषित किया जा सकता है।

समझ न पाया कि चल रहा स्वप्न या
जागृति शुरू है।

और मेरे हृदय की धक् धक्
पूछती है वह कौन
सुनाई जो देता, पर नहीं देता दिखायी!
इतने में अकस्मात् गिरते हैं भीत से
फूले हुए पलस्तर
गिरती है चूने भरी रेत
सिसकती हैं पपड़ियाँ इस तरह
ख़ुद-ब-ख़ुद
कोई बड़ा चेहरा बन जाता है।

इन पंक्तियों के साक्ष्य पर यह कहना अनुचित न होगा कि मुक्तिबोध स्वप्न और जागरण के बीच कोई स्पष्ट विभाजक सेवा खींचना उचित नहीं समझते हैं। यही नहीं कई बार तो वे अपनी रचनाओं को गप्प या किंवदंती कहने में भी संकोच नहीं करते हैं। यह ज़रूर है कि वह साथ ही यह भी जोड़ देते हैं कि जो बात आज गप्प में किंवदंती जान पड़ती है वह भविष्य में सच होने वाली है। जार्ज लूकाच की अवधारणा का इस्तेमाल करते हुए कहें तो वे वास्तविक चेतना के नहीं सम्भावित चेतना के आयामों को छूने वाले कवि हैं।

ऊपर उद्धृत मुक्तिबोध की कविता के दूसरे खण्ड को ध्यान से पढ़े तो यह समझ में आयेगा कि मुक्तिबोध के काव्य में स्वायत्त और आत्मपूर्ण व्यक्ति अस्मिता के बजाय एक सम्भावनाशील/परिवर्तनशील व्यक्ति अस्मिता के तत्त्व दिखायी पड़ते हैं। इस दृष्टि से अज्ञेय के काव्य में दिखायी पड़ने वाली व्यक्ति-अस्मिता की मुक्तिबोध के काव्य में दिखायी

पड़ने व्यक्ति-अस्मिता से तुलना दिलचस्प होगी। उदाहरण के लिए अज्ञेय की कविता 'नदी के द्वीप' देखी जा सकती है। 'नदी के द्वीप' का व्यक्ति स्वायत्त और स्वयंसम्पूर्ण है; इसके विपरीत ऊपर उद्धृत मुक्तिबोध की काव्य पंक्तियों में सुनाई पड़ने वाला लेकिन दिखायी न पड़ने वाला व्यक्ति कोई और नहीं, प्रश्न पूछने वाले व्यक्ति की ही अन्य सम्भावनाओं का मूर्त रूप है। इस प्रक्रिया को मुक्तिबोध ने ऊपर उद्धृत पंक्तियों में कुशलता के साथ उजागर किया है। दीवार से पलस्तर और पपड़ियाँ गिरने के कारण ख़ुद-ब-ख़ुद बनता चेहरा वास्तव में उसी व्यक्ति को अन्तर्निहित किन्तु अव्यक्त सम्भावनाओं का चेहरा है। और दीवार कोई दीवार नहीं बल्कि व्यक्तित्व ही दीवार है। एक दीवार गिरती है तो व्यक्तित्व का दूसरा चेहरा सामने आता है। व्यक्तित्व की इसी प्रकार की विभिन्न अन्तर्निहित सम्भावनाओं को मूर्त रूप देने के लिए मुक्तिबोध उन्हें स्वतन्त्र चरित्रों का रूप दे देते हैं। इस प्रक्रिया को गतिशील आयाम में प्रस्तुत करने के लिए वे प्राय: नाट्य की प्रविधि का इस्तेमाल करते हैं। इसीलिए उनकी ज़्यादातर कविताओं में नाटकीयता है। यहाँ तक कि उनकी प्रगीतात्मक कविताओं में भी नाटकीय तनाव और संघर्ष दिखायी पड़ता है। इसलिए यह कहना बिल्कुल ठीक है कि मुक्तिबोध की कविताओं की प्रगीतात्मकता को छायावादी प्रगीतात्मकता के वजन पर नहीं समझा जा सकता है।

आलोचना और रचना

हिन्दी में आलोचना को परजीवी कहने का चलन रहा है। इधर कुछ 'सर्जनात्मक' क़िस्म के 'आलोचकों' ने आलोचना को परजीवी के कहने के बजाय प्राध्यापकीय कहना शुरू कर दिया है। आलोचना अच्छी या बुरी तो हो सकती है और होती भी है; जैसे रचना अच्छी या बुरी हो सकती है, होती है, लेकिन प्राध्यापकीय आलोचना किस बला का नाम है? 'जिसे प्राध्यापक लिखे वह प्राध्यापकीय आलोचना'!

रामचन्द्र शुक्ल, हजारी प्रसाद द्विवेदी, रामविलास शर्मा और नामवर सिंह—हिन्दी के चार बड़े आलोचक और चारों के चारों प्राध्यापक! हिन्दी आलोचना के इतिहास की इनके बिना कल्पना ही नहीं की जा सकती। हिन्दी ही नहीं, समूची दुनिया में आलोचना, समाज विज्ञान और विज्ञान के इतिहास की कल्पना विश्वविद्यालय के बिना असम्भव है। लेकिन ये सारा ज्ञान-विज्ञान और साहित्य-सिद्धान्त इन सर्जनात्मक आलोचकों की दृष्टि में प्राध्यापकीय होने के कारण त्याज्य है।

हिन्दी में यह धारणा बद्धमूल रही है कि आलोचना दोयम दर्जे का काम है। असल चीज़ है रचना। रचना मौलिक सृजन है और आलोचना उस पर आश्रित परजीवी जिसकी हैसियत लाल बुझक्कड़ से अधिक नहीं।

आधुनिक आलोचना की जिस ढब पर शुरुवात हुई उससे इस धारणा को बल भी मिला। परजीवी की छवि से मुक्ति पाने की छटपटाहट में आलोचक का नया रूप सामने आया जिसे अंग्रेज़ी में 'स्कालर क्रिटिक' कहा गया है। स्कालर क्रिटिक की छवि अपने यहाँ हजारी प्रसाद द्विवेदी पर बहुत सटीक बैठती है। मध्यकालीन संस्कृति और बौद्धिक परम्परा के गम्भीर

अध्येता जिन्होनें आधुनिक रचनात्मकता पर बहुत कम लिखा। स्कालर क्रिटिक की परम्परा का विकास आगे चलकर संस्कृति के आलोचक रूप में हुआ। सांस्कृतिक आलोचक के अध्ययन का दायरा साहित्य तक सीमित नहीं रह गया। वह समूची संस्कृति का आलोचक बन गया। साहित्य संस्कृति का पर्याय नहीं है, संस्कृति का एक हिस्सा है। सांस्कृतिक आलोचना समग्र सांस्कृतिक गतिविधि के परिप्रेक्ष्य में ही संस्कृति के इस टुकड़े—साहित्य का अध्ययन करती है। सांस्कृतिक आलोचना की सार्थकता का विश्लेषण करते हुए टेरी इंग्लिटन ने तो साहित्य के विभागों का नाम ही सांस्कृतिक-अध्ययन विभाग रख देने की सलाह दी थी। सांस्कृतिक आलोचना उस दौर की उपज थी जब सिद्धान्त-निर्माण का बोलबाला था। हर छोटा-बड़ा आलोचक थियरी बनाने में लगा था। थियरी ज्ञानमीमांसा और सत्तामीमांसा के एक अंग के रूप में साहित्य और संस्कृति का अध्ययन करती थी। थियरी की बाढ़ अब उतर चुकी है और साहित्य की सापेक्ष स्वायत्तता और स्वकीयता को नये सिरे से समझने की कोशिश चल पड़ी है किन्तु इस समूचे घटना-क्रम से यह अभिज्ञान तो हो ही गया कि साहित्य को ज्ञानमीमांसा और सत्तामीमांसा के परिप्रेक्ष्य में ही ठीक से समझा जा सकता है। मुक्तिबोध के शब्दों में कहें तो साहित्य-समीक्षा सभ्यता-समीक्षा भी है। सभ्यता-समीक्षा के दायित्व से सम्पृक्त हो कर ही साहित्य-समीक्षा सार्थक हो सकती है। यह कहना ठीक नहीं होगा कि मुक्तिबोध से पहले साहित्य-समीक्षा के इस गुरूतर दायित्व का एहसास हिन्दी में किसी को था ही नहीं। किन्तु मुक्तिबोध को इस बात का श्रेय अवश्य दिया जाना चाहिए कि उन्होंने साहित्य-समीक्षा को सही मायने में सभ्यता-समीक्षा के रूप में विकसित और स्थापित किया। यह काम उन्होंने उस समय किया जब साहित्य में आधुनिकतावाद का बोलबाला था और उसकी स्वायत्तता का बढ़चढ़ कर बखान किया जा रहा था। यह वही समय था जब पुराने ढंग की मार्क्सवादी आलोचना साहित्य की स्वायत्तता के तर्क का ठीक-ठीक जवाब नहीं दे पा रही थी। लेकिन मुक्तिबोध के आलोचनात्मक लेखन पर बात आगे बढ़ाने से पहले रचना और आलोचना के सम्बन्ध को लेकर जो चर्चा शुरू हुई थी, उस पर दोबारा लौटें।

उल्लेखनीय है कि सॉस्यूर के भाषा-विषयक चिन्तन से प्रेरित संरचनावाद ने साहित्यिक आलोचना को एक मुकम्मल शास्त्र में तब्दील करने की

कोशिश की और इस प्रक्रिया में साहित्य के मूलभूत नियमों को खोज निकालने का दावा किया। आलोचना को परजीवीपन से ऊपर उठाकर विज्ञान के समकक्ष खड़ा कर देने इस की मुहिम से पहले नॉर्थ्राप फ्राई अपनी प्रसिद्ध पुस्तक 'एनॉटमी ऑफ़ क्रिट्सिज्म' में ऐसा उद्यम कर चुके थे। फ्राई के विचार रचना और आलोचना के अन्तर्सम्बन्धों को समझने की दृष्टि से महत्त्वपूर्ण है, इसलिए उनकी संक्षेप में चर्चा अप्रासंगिक न होगी।

यह धारणा कि रचनाकार ही रचना के साथ 'न्याय' कर सकता है मान कर चलती है कि आलोचक परजीवी है जबकि सच्चाई यह है कि आलोचना एक स्वतन्त्र विद्या है जो साहित्य का अध्ययन करती है, जैसे विज्ञान वस्तु जगत अध्ययन करता है। आलोचना के अपने नियम, कायदे और सिद्धान्त हैं। फ्राई के अनुसार रचनाकार-आलोचक के लिए अपनी रचनात्मक अभिरुचि से ऊपर उठ पाना प्राय: असम्भव होता है। छोटे-मोटे लोगों की तो बात ही क्या टी.एस. इलियट जैसे प्रतिभाशाली व्यक्तित्व का भी आलोचनात्मक विवेक काफ़ी कुछ उनकी रचनात्मक अभिरुचि से निर्धारित दिखता है। रचनाकार का अपने और दूसरों के बारे में लेखन दिलचस्प तो हो सकता है लेकिन उसे अन्तिम और आधिकारिक लेखन नहीं कहा जा सकता। अक्सर रचनाकार अपने लेखन के भी ख़राब आलोचक साबित हुए हैं। प्रमाण- स्वरूप अनेक उदाहरण दिये जा सकते हैं। फ्राई के मुताबिक 'जब रचनाकार आलोचक की तरह बोलने लगता है तब वह आलोचना नहीं, दस्तावेज़ निर्मित करता है। इस दस्तावेज़ का आलोचक द्वारा परीक्षण अपेक्षित होता है। सामान्य रूप से यह माना जाता है कि रचयिता के मुक़ाबले आलोचक रचना के महत्त्व का बेहतर निर्णायक होता है। यह धारणा चली आ रही है कि आलोचक को रचना का अन्तिम निर्णायक मानना हास्यास्पद है, जबकि व्यवहार में यह स्पष्ट है कि वही (आलोचक) रचना का अन्तिम निर्णायक होता है। इसका कारण निश्चयात्मक (Assertive) लेखन और साहित्यिक लेखन में विभेद न कर पाने की असमर्थता है। वर्णनात्मक-निश्चयात्मक लेखन की उत्पत्ति सक्रिय इच्छा-शक्ति और सचेत मस्तिष्क से होती है और ऐसा लेखन मुख्य रूप से कुछ 'कहने' से ताल्लुक़ रखता है।

जैसा कि पहले कहा गया, फ्राई के बाद संरचनावाद आया। संरचनावाद

ने साहित्य के मूलभूत सिद्धान्तों, रूढ़ियों और परम्पराओं को खोज निकालने का दावा किया। आलोचना शास्त्र बन गयी, बल्कि जनाथन कलर के शब्दों में कहें तो काव्यशास्त्र, संरचनावादी काव्यशास्त्र। और फिर आया उत्तर संरचनावाद। उसने इस तरह के शास्त्र-सिद्धान्त निर्माण की सम्भावना को सिरे से ख़ारिज कर दिया। लेखन की परम्परागत कसौटियों और श्रेणी विभाजन को तोड़ दिया और विधाओं की मर्यादा और स्वायत्तता को मानने से इन्कार कर दिया। साहित्य की साहित्यिकता का बखान जिन गुणों के आधार पर किया जाता था, वे सभी गुण, विश्लेषण करने पर पता चला, ग़ैर-साहित्यिक लेखन में भी मौजूद हैं। निष्कर्ष ये निकला कि साहित्यिक लेखन में ऐसा कोई आभ्यन्तरिक गुण नहीं जो ग़ैर साहित्यिक लेखन में मौजूद न हो। दोनों में फ़र्क़ सिर्फ़ प्रकार्य (Function) और रूढ़ि से पैदा होता है। तात्विक और आधारभूत भिन्नता वस्तुतः सांस्कृतिक निर्मित है और उसे विखण्डित करने की ज़रूरत है। फिर क्या था स्त्री-पुरुष, प्रकृति-संस्कृति की तरह रचना और आलोचना की द्विआधारी अवधारणा को भी खण्डित करने की आवश्यकता महसूस हुई। इहाब हसन ने अपनी पुस्तक 'पैराक्रिट्सिज्म' में इस ज़रूरत को पूरा कर दिया। हसन ने दिखाया कि रचना और आलोचना में कोई तात्विक और आधारभूत अन्तर नहीं है। जो अन्तर है वह सांस्कृतिक निर्मित है और उसे तोड़ देने में ही दोनों का भला है।

'आलोचना भी रचना है' कहने में रचना की श्रेष्ठता कायम रहती है, जैसे झाँसी की रानी को मर्दानी कहने में मर्द की श्रेष्ठता कायम रहती है। उत्तर संरचनावाद में श्रेष्ठता के इस तात्विक और बुनियादी आधार को विखण्डित कर अस्मिता और विधा की स्वायत्तता को ही समस्याग्रस्त बना देता है। यहाँ भिन्नता का महत्त्व है लेकिन यह भिन्नता तात्विक और बुनियादी क़िस्म की नहीं है। इस भिन्नता के आधार पर किसी को हीन या श्रेष्ठ नहीं ठहराया जा सकता है।

अब न तो व्यक्ति की स्वायत्तता का कोई पैरोकार बचा है और न ही कला और साहित्य का। ये सभी पाठ हैं और ये पाठ परस्पर सम्बद्ध (Interte3tual) हैं। परस्पर सम्बद्धता का मतलब है कि कोई भी पाठ पूर्णतः मौलिक नहीं है, दूसरे पाठ से जुड़ा हुआ उस पर निर्भर है। इसका निहितार्थ यह भी है कि सभी पाठ बराबर हैं। लब्बोलुआब यह कि रचना और आलोचना के

बीच खड़ी दीवार ढह चुकी है। रचना आलोचनात्मक हो गयी है और आलोचना रचनात्मक।

यह एहसास भले ही नया हो किन्तु सच्चाई यही है कि श्रेष्ठ आलोचना और रचना में ऐसा आत्यान्तिक भेद कभी था ही नहीं। मुक्ति-बोध एक ऐसे लेखक हैं जिनका लेखन रचना और आलोचना के बीच की पारस्परिक सीमाबद्धता को लगातार समस्याग्रस्त बनाता है। उनकी कविता कहानियाँ और लेख विधाओं के पारम्परिक चौखटे में फिर नहीं बैठते। कविता में वे थीसिस लिखते हैं और उनके लेखों में ऐसे टुकड़े ख़ूब मिल जायेंगे जिन्हें मज़े से कविता में खपाया जा सकता है। उनकी कहानियाँ ऐसी हैं जिनमें रेखाचित्र, लोक-नीति कथा और निबन्ध के गुण घुले-मिले हैं। 'एक साहित्यिक की डायरी' को क्या कहेंगे? रचना या आलोचना? मुक्तिबोध पारम्परिक क़िस्म के आलोचक नहीं हैं। वस्तुतः आलोचना उनके सम्पूर्ण लेखन का अभिन्न हिस्सा है कोई आपदधर्म नहीं। कुछ लोग सोचते हैं कि अपने विरोधियों और साहित्य के दरोगा अर्थात् आलोचकों को जवाब देने के लिए उन्होंने आलोचना को आपद् धर्म के रूप में चुना। इस बात में आंशिक सच्चाई हो सकती है किन्तु उन्हें ध्यान से पढ़ें तो यह बात समझ में आ जाती है कि उनका लगभग समूचा लेखन ही बहस-मुबाहिसे से बना है। यह बहस विरोधियों से ही नहीं होती, विरोधियों से भी ज़्यादा स्वयं से होती है। इसलिए आलोचना उनके लेखन का आपद्धर्म नहीं स्वधर्म है। उनका रचनात्मक लेखन भी एक प्रकार की आलोचना है, सभ्यता-समीक्षा है। कविता में थीसिस लिखने की उनकी प्रतिश्रुति का मतलब है : कविता में सभ्यता-समीक्षा लिखना।

इसलिए मेरा ख़याल है कि मुक्तिबोध के आलोचनात्मक लेखन की चर्चा करते समय हमें सिर्फ़ उनके 'आलोचनात्मक लेखन' पर ध्यान नहीं देना चाहिए क्योंकि उनके 'आलोचनात्मक चिन्तन' के कई मोती उनकी रचनाओं में डूबे हुए हैं। मैं उनके आलोचनात्मक चिन्तन के कुछ ऐसे ही पक्षों का यहाँ उल्लेख करना चाहूँगा। मैं जानता हूँ कि यह काम आसान नहीं है फिर भी कुछेक प्रसंग आपके समक्ष रखता हूँ।

अक्सर कहा जाता है कि रचना का मर्म तो रचनाकार ही जानता है। इसलिए यदि रचना का 'असली' अर्थ जानना है तो रचनाकार से पूछो। आलोचक तो बाहरी व्यक्ति है वह रचना के साथ न्याय नहीं कर सकता।

यह बात भी सिद्ध हो चुकी है कि लेखक अपनी रचना (कहानी, कविता, उपन्यास, आलोचना...) का अन्तिम और अधिकारिक व्याख्याकार नहीं हो सकता। क्योंकि रचना केवल वही नहीं कहती जो लेखक कहलाना चाहता है, बहुत कुछ ऐसा भी कहती है जो वह नहीं कहलाना चाहता। यही नहीं रचना का अर्थ पाठक और सन्दर्भ बदलने के साथ बदल जाता है। वस्तुतः रचना जन्म लेने के बाद रचनाकार से स्वतन्त्र हो जाती है और सामाजिक जीवन का हिस्सा बन जाती है। सामाजिक जीवन को प्रभावित करती है और सामाजिक जीवन से प्रभावित होती है। कालजयी रचनाओं की जीवन-यात्रा लम्बी होती है। मामूली रचनाएँ अपने रचयिता से विलग होने के बाद शीघ्र ही कालकवलित हो जाती हैं क्योंकि उनमें बदलते हुए सन्दर्भ में पुनर्नवता की सम्भावना नहीं होती। जिसे अपनी सामर्थ्य पर भरोसा नहीं होता वह रचना को सीने से चिपकाए 'असली' अर्थ न समझ पाने के लिए पाठकों-आलोचकों को कोसता रहता है कि आलोचना को प्राध्यापकीय कह कर गरियाने वाले ज़्यादातर स्वनामधन्य रचनाकार इसी कोटि में आते हैं। मुक्तिबोध को अपनी रचनात्मक सामर्थ्य पर भरोसा था। इसीलिए वे मानते हैं कि कविता पूर्ण हो जाने के बाद कवि से स्वतन्त्र जीवन जीने लगती है :

'नहीं होती कही' भी ख़त्म कविता नहीं होती
कि वह आवेग त्वरित काल यात्री है।
व मैं उसका नहीं कर्त्ता,
पिता-धाता
कि वह कभी दुहिता नहीं होती,
परम स्वाधीन है वह विश्वशास्त्री है।
गहन-गम्भीर छाया आगमिष्यत् की
लिए, वह जनचरित्री है।
नये अनुभव व संवेदन
नये अध्याय-प्रकरण जुड़
तुम्हारे कारणों से जगमगाती है
व मेरे कारणों से सकुच जाती है।'

कहने की आवश्यकता नहीं कि कविता (रचना) रचयिता से मुक्त हो कर अपना भावी जीवन प्रारम्भ करती है और फिर उसमें नये अनुभव एवं संवेदन जुड़ते चले जाते हैं। जिस रचना में ऐसी सामर्थ्य होती है वही

कालजयी कहलाती है; बाक़ी रचनाएँ रचनाकार के साथ ही कालकवलित हो जाती हैं।

रचना जन्म के बाद रचनाकार से स्वाधीन हो जाती है, यह बात समझाने के लिए शायद ज़्यादा मशक्कत की ज़रूरत नहीं; लेकिन इसी से जुड़ा हुआ सवाल है, रचनाकार और रचना के सम्बन्ध का। यह सवाल ज़्यादा उलझा हुआ है और इसका सन्तोषजनक समाधान खोज निकालना आसान नहीं। उल्लेखनीय है कि मुक्तिबोध के समय में भी इस सवाल पर बहस हुई थी। अज्ञेय ने इलियट के वज़न पर भोक्तामन और सृष्टा-मन तथा जीवनानुभूति और सौंदर्यानुभूति में विभेद किया था। मुक्तिबोध ने इस अवधारणा का ज़ोरदार खण्डन करते हुए भोक्ता-मन एवं सृष्टा-मन के ऐक्य पर ज़ोर दिया था। ऐक्य का विशद विश्लेषण करते हुए उन्होंने सौन्दर्यानुभूति को जीवनानुभूति से गुणात्मक रूप से भिन्न माना। इस बात का निहितार्थ यह है कि रचना को जीवन का 'बाइप्रोडक्ट' नहीं कहा जा सकता। रचना और रचनाकार के बीच कोई प्रत्यक्ष, पारदर्शी और निष्क्रिय सम्बन्ध नहीं होता। रचना प्रक्रिया के मुक्तिबोध द्वारा किये गये विश्लेषण से इस बात की पुष्टि होती है। वस्तुतः रचना एक सचेत कर्म है और रचना के दौरान रचनाकार अपनी सोच के मुताबिक अनुभव को काटने-छाँटने एवं सम्पादित करने के लिए 'स्वतन्त्र' होता है। किन्तु यह स्वतन्त्रता भी सापेक्षिक ही है। क्योंकि रचनाकार की स्वतन्त्रता को सामाजिक स्थिति, अवचेतन, जड़ीभूत सौंदर्याभिरुचि जैसे कई कारण जाने-अनजाने प्रभावित करते हैं। फ़िलहाल इस तर्फसील में न जा कर सिर्फ़ भाषा चरित्र के बारे में बात करते हैं। औसत समझ के विपरीत भाषा आईने की तरह कोई पारदर्शी और निष्क्रिय माध्यम नहीं है जिसके आर-पार देखा जा सके। भाषा एक स्वायत्त संकेत प्रणाली है, जिसके अपने नियम-कायदे हैं। जीवन-जगत् का बोध भाषा में ही सम्भव होता है। इसका मतलब यह है कि भाषा सिर्फ़ साधन नहीं है, उसके बिना बाहर जीवन-जगत् का बोध सम्भव ही नहीं। जीवन-जगत् का बोध भाषा के रास्ते से गुज़रता है। और चूँकि भाषा दर्पण की तरह कोई निष्क्रिय पारदर्शी माध्यम नहीं है, भाषा अपना खेल दिखाती है। फैज के शब्दों में कहें तो 'बात बदल-बदल जाती है।' कहना चाहते हैं कुछ और कह जाते हैं कुछ और।

भाषा का यह खेल जीवन-जगत् के बोध के समय ही नहीं, रचना-प्रक्रिया

के दौरान भी चलता रहता है। यही नहीं जब रचना पूर्ण हो जाने पर पाठक से रूबरू होती है तब भी भाषा का यह खेल जारी रहता है। यही कारण है कि अलग–अलग देशकाल के पाठक/आलोचक एक ही रचना का अर्थ अलग–अलग ढंग से करते हैं। यदि ऊपर कही गयी बातें सही हैं तो फिर यह मानना ही पड़ेगा कि रचना रचनाकार के जीवन की प्रत्यक्ष और पारदर्शी अभिव्यक्ति नहीं है। मुक्तिबोध के शब्दों में सौंदर्यानुभूति जीवनानुभूति से गुणात्मक रूप से भिन्न चीज़ है; पूर्णतया पृथक न सही, किन्तु प्रतिरूप भी नहीं। सौंदर्यानुभूति अर्थात् रचना और जीवनानुभूति में ऐक्य मानने, फिर सौंदर्यानुभूति को जीवनानुभूति से गुणात्मक रूप से भिन्न बताने के बाद मुक्तिबोध को लगा कि कई दफा रचनाकार सिर्फ़ स्वाँग भरता है, वास्तव में वैसी अनुभूति उसके जीवन में होती नहीं। जैसे अभिनेता पात्रों का अभिनय करता है वैसे ही वह सिर्फ़ अभिनय कर रहा होता है। नयी कविता में ऐसा स्वाँग ख़ूब दिखायी पड़ता है। मुक्तिबोध ने लिखा है कि महादेवी वर्मा की कविताओं में दुख की भरमार है लेकिन महादेवी ने स्वयं स्वीकार किया है कि उनका जीवन वैसा दुखमय नहीं था जैसा कि उनकी कविताएँ पढ़ने पर प्रतीत होता है।

उल्लेखनीय है कि रोला बार्थ भी लेखन को स्वाँग ही मानते हैं, भले ही इस शब्द का इस्तेमाल न करते हों। उन्होंने ब्रेश्ट के नाट्य–सिद्धान्त का उल्लेख करते हुए लिखा है कि जैसे ब्रेश्ट के यहाँ अभिनेता, जिस पात्र का अभिनय करता है, उससे तादात्म्य स्थापित नहीं करता, वैसे ही मैं ब्रेश्टियन अन्दाज़ में अपने बारे में बोलता हूँ। यहाँ बोलने (लिखने वाले) 'मैं' और वास्तविक 'मैं' में दूरी बनी रहती है; 'उसे जीने के बजाय सिर्फ़ दिखता हूँ'। लेखन 'इमेज सिस्टम' का प्रदर्शन है। अपने काल्पनिक आत्म से दूरी बनाये रखते हुए और साथ ही अन्य के परिप्रेक्ष्य से उसका निरीक्षण करते हुए उसकी विभिन्न भूमिकाओं का डिमान्स्ट्रेशन या रिहर्सल है। ज़रूरत के मुताबिक लगाया गया मुखौटा है। जाहिर है कि मुक्तिबोध लेखन को स्वाँग मानने के हिमायती नहीं, बल्कि लेखन और जीवन में एकता के पक्षधर थे। फिर भी वे किसी स्थायी, स्वायत्त, आत्मपूर्ण और सुसमन्वित व्यक्ति–अस्मिता की अवधारणा को भी स्वीकार नहीं करते। जबकि अज्ञेय 'नदी का द्वीप' में इसके ठीक विपरीत, एक स्वायत्त, आत्मपूर्ण एवं स्थायी व्यक्ति–अस्मिता की अवधारणा पेश करते हैं। उत्तर आधुनिक सिद्धान्तकार

व्यक्ति-अस्मिता की ऐसी अवधारणा को तो मिथ या फिक्शन मानते ही हैं, फ्रेडरिक जेम्सन जैसा वामपन्थी विचारक भी उनकी इस बात के लिए तारीफ़ करता है कि उन्होंने आत्म-पूर्ण समन्वित आत्म की अवधारणा के छिन्न-भिन्न कर दिया। मुक्तिबोध के यहाँ आत्म की अस्मिता स्वयं-सम्पूर्ण और स्थिर नहीं है, बल्कि बाहरी दबाव और भीतरी (परस्पर विरोधी) आग्रहों से लगातार संशय-ग्रस्त, अनिर्णीत, विरोधाभासी और परिवर्तनशील है। परम अभियक्ति या अरुण कमल की तलाश तो निरन्तर है, लेकिन झूठे समन्वय या शिलीभूत सामंजस्य के मर्म को भी वे बख़ूबी समझते हैं। मुक्तिबोध की कविता लगातार यह दिखाती है कि व्यक्ति की अस्मिता 'नदी के द्वीप' की तरह स्थिर नहीं होती। जैसे विचारधारा के भीतर से एक प्रच्छन्न विचारधारा झाँकती दिखायी पड़ती है, वैसे ही एक व्यक्ति के भीतर एक और व्यक्ति की मौजूदगी का एहसास होता रहता है। इन दोनों के बीच अनवरत संवाद चलता रहता है। यह संवाद अस्मिता के किसी स्वायत्त-आत्मपूर्ण (नदी का द्वीप जैसी) अवधारणा को नकारता है। मुक्तिबोध के यहाँ अस्मिता की अवधारणा जिस रूप में आती है, कई मायनों में वह जूलिया क्रिस्तेवा की श्जीतमींवसकश् की अवधारणा से मिलती-जुलती है। उल्लेखनीय है कि किस्तेवा के यहाँ चेतन और अवचेतन के बीच चौहद्दी लगातार बदलती रहती है, क्योंकि इनके बीच निरन्तर संवाद चलता रहता है। अस्मिता का कोई भी रूप अन्तिम और पूर्ण नहीं होता। पूर्णता स्वप्न में तो सम्भव है लेकिन यथार्थ में नहीं—मुक्तिबोध यह समझते थे।

यदि अस्मिता कोई भी रूप पूर्ण और अन्तिम नहीं है तो उसमें सकारात्मक और नकारात्मक परिवर्तन भी सम्भव है। यही कारण है कि कल तक आग उगलने वाले मृत ज्वालामुखी बन जाते हैं और रावण के घर पानी भरने लगते हैं। कोई ज़रूरी नहीं कि रचनाकार अपने इस रूप को रचना में प्रस्तुत करे ही। अनुभव, संवेदना और कल्पना का सहारा लेकर वह स्वाँग भी भर सकता है। मार्सेल प्रूस्त ने लिखा है कि पुस्तक में सामने आने वाला व्यक्तित्व और सामाजिक जीवन में दिखायी पड़ने वाला व्यक्तित्व अलग-अलग होते हैं। इलियट के कथन से हम वाकिफ़ ही हैं, उसे दोहराने की ज़रूरत नहीं। अब जबकि आत्मकथा को भी लेखक के जीवन की सीधी पुनर्प्रस्तुति मानने के बजाय लेखक के जीवन सृजित

गल्प माना जा रहा है, रचना को लेखक के जीवन का पर्याय मानने का कोई तुक नहीं। यह ठीक है कि कुछ रचनाकारों के जीवन और रचना में पर्याप्त समानता दिख सकती है किन्तु सर्वत्र ऐसा हो, यह ज़रूरी नहीं। लेखन एक विशिष्ट लीला कर्म है, रचनाकार के सम्पूर्ण व्यक्तिगत सामाजिक जीवन का लेखा–जोखा नहीं। लेखन और रचनाकार के जीवन में संगति की अपेक्षा एक आदर्श के रूप में ठीक है, लेकिन अक्सर ऐसी संगति होती नहीं है। आलोक धन्वा या वी.एस. नयपाल अपवाद नहीं है; बात सिर्फ़ यह है कि उनके जीवन की कुछ बातें सामने आ गयीं, और हम छाती पीटने लगे। चोरी तो ज़्यादातर लोग करते हैं लेकिन चोर वही कहलाता है जो चोरी करते पकड़ा जाय और जिसे सज़ा मिले। इसलिए बेहतर यही होगा कि रचनाकार की रचना और जीवन दोनों को देखा जाय। लेकिन मुसीबत यह है कि रचनाकार का जीवन, विशेष रूप से व्यक्तिगत जीवन, पाठक की पहुँच से बाहर है। वह तो उतना ही देख सकता है जितना दिखाने के लिए लेखक तैयार हो। वैसे इस मामले में वी.एस. नयपाल की दाद देनी पड़ेगी। उन्होंने माना है कि लेखक के जीवन की पड़ताल करने की चाहत बिल्कुल वैध है। उन्होंने कहा है कि लेखक के जीवन का ब्योरा अन्ततः लेखक की पुस्तक से बेहतर साहित्यिक कृति साबित हो सकता और अपने समय के सांस्कृतिक ऐतिहासिक पक्ष को ज़्यादा गहराई से आलोकित कर सकता है। इसलिए यदि मुक्तिबोध दिमागी गुहांधकार में झाँकने की कोशिश करते थे और बाह्य–संघर्ष के साथ–साथ आत्म–संघर्ष पर इतना जोर देते थे। तो क्या ग़लत करते थे अब तक के अनुभव ने हमें यही सिखाया है कि मानव–मस्तिष्क बहुत जटिल है और तर्क–विवेक को अक्सर चकमा दे जाता है। वह सामाजिक–आर्थिक स्थितियों से निरपेक्ष नहीं है, लेकिन उसे सामाजिक–आर्थिक स्थितियों में निःशेष ;त्कनबमद्ध भी नहीं किया जा सकता।

देखिये बात कहाँ से कहाँ पहुँच गयी। क्या लिखने चला था और क्या लिख गया! अभी तो लगता है कि सिर्फ़ भूमिका ही बनी है। जो बातें लिखना चाहता था वे तो रह ही गयीं।

कविता की पहचान

एक

पश्चिम के उत्तरआधुनिक चिन्तकों ने ही आधुनिकतावाद की कब्र खोद डाली तो यह बात बिल्कुल साफ़ हो गयी कि हिन्दी के आधुनिकतावादी आचार्यों ने कविता के जो प्रतिमान निर्धारित किये थे, वे सब के सब आयातित थे। उन्हीं को क्यों दोष दें—समाज विज्ञान से लेकर विज्ञान तक सभी क्षेत्रों में—कुछेक अपवादों को छोड़ दें तो आयात का यह सिलसिला अबाध गति से चलता रहा है। यहाँ तक कि हमारे राष्ट्रवाद की अवधारणा भी काफ़ी कुछ पश्चिमी मॉडल से निर्धारित थी, यह विद्वानों ने सिद्ध कर दिया है। किन्तु फ़िलहाल हम अपने को साहित्य—विशेष रूप से कविता तक सीमित रखते हैं।

आधुनिकतावादी चिन्तकों ने प्रत्येक कला रूप के मूलभूत तत्त्व और उसकी सीमा खोज निकालने का प्रयास किया। इस क्रम में यह पहचानने की कोशिश की गयी कि साहित्य में ऐसा क्या है जो अन्यत्र नहीं है। जैसे चित्रकला में रेखाओं, रूपाकारों की अनिवार्यता स्वयंसिद्ध है, क्या साहित्य में शब्दों की अपरिहार्यता वैसी ही स्वयंसिद्ध है? संक्षेप में, साहित्य हमें ऐसा क्या देता है जो अन्यत्र कहीं नहीं मिलता। इस बात का दूसरा सिरा यह कि जो अन्यत्र उपलब्ध है, अन्य रूपों में कहा जा चुका है, उसे साहित्य में लाने की आवश्यकता-सार्थकता ही क्या है? जो कहा जा चुका, जिसे पहचान लिया गया, जिसका विश्लेषण हो चुका है, जो सहज सम्प्रेष्य है, वह साहित्य का विषय नहीं। साहित्य उपलब्ध ज्ञान की प्रस्तुति का कोरा माध्यम भर नहीं। इसलिए साहित्य को विचारधारा में निःशेष

नहीं किया जा सकता। जो विचारधारा सर्वज्ञ होने का दावा करती है अन्य विधाओं-विद्याओं को अपने ज्ञान के आलोक में अनुशासित नियन्त्रित और दण्डित करने से नहीं चूकती। अकारण नहीं है कि अवचेतन के बेहद्दी, बीहड़ और अनजान इलाक़ों में भटकने वाले आधुनिकतावादी रचनाकारों को विचारधारात्मक बंदिश रास नहीं आयी। ज्ञातव्य है कि आधुनिकतावादी काव्य इसी अव्याख्येय, मुश्किल से सम्प्रेष्य, अविश्लेष्य को वाणी में साधने का उपक्रम करता है। आत्मपूर्णता, स्वायत्तता, समग्रता और शुद्धता इस कविता के आदर्श थे। यह कविता इतनी अद्वितीय थी कि न तो इसका पैराफ्रेज सम्भव था और न ही अनुवाद। और न ही इसका सारांश निकाला जा सकता था। यह कविता शब्द और रूप में इस क़दर सम्पृक्त थी कि इसे दूसरे शब्दों—माध्यम-विधा—में ट्रान्सफर कर पाना असम्भव था। सहज सम्प्रेषण को आधुनिकतावादी रचनाकार, सस्तेपन, हल्केपन और बाज़ारूपन की निशानी मानता था। इसके बजाय उसे मौन का सौन्दर्य काम्य था। बुर्जुआ बाज़ारूपन और वाचालता से उसे सख़्त नफरत थी। उसे लगता था कि इस दौर में शब्द और संवेदना का अवमूल्यन हो रहा है। इस अवमूल्यन से स्वयं और साहित्य को बचाने के लिए उसने अलगाव का विकल्प चुना। चुनने के लिए बाध्य हुआ। शब्द और संवेदना के शुद्धीकरण के इस महत् अभियान में कविता से समर्थ रूप और कौन हो सकता था—प्रगीतात्मक आत्मीयता के विलक्षण क्षण की अन्तर्दृष्टि से परिपूर्ण कविता। अलगाव की वेदना से जन्मी यह अन्तर्दृष्टि इतनी कारुणिक थी कि विचारधारात्मक वैभिन्न्य के बावजूद इसकी व्याप्ति इस दौर के प्राय: सभी कवियों में दिखायी पड़ती है। हिन्दी में मुक्तिबोध के यहाँ सद् चित् वेदना है तो अज्ञेय के यहाँ दु:ख और समवेदना। मनोभूमि की इस एकाग्र तन्मयता में रहस्यात्मक अनुभूति काफ़ी समीप लगती है। अकारण नहीं कि यदि अज्ञेय के यहाँ नवरहस्यवाद है तो मुक्तिबोध में रहस्यवाद की सारी की सारी पदावली ही चली आयी है। अन्तर्दृष्टि और रहस्यदृष्टि में फ़र्क़ इतना बारीक है कि दोनों को अलगाना मुश्किल। वस्तुत: आधुनिकतावादी रचनाओं की रहस्य-चेतना पर पुनर्विचार करने का समय अब आ गया है। क्योंकि सभी को व्याख्यायित विश्लेषित और अर्थ में नि:शेष कर लेने के ज्ञानोदयी दावे की सीमाएँ उजागर हो चुकी हैं। उल्लेखनीय है कि रहस्यात्मकता का सम्बन्ध मानवीय संवेदना के उदात्त पक्ष से भी रहा है। यह उदात्तता उसे मामूलीपन-रोज़मर्रेपन के बेहद

दुनियादारी सरोकारों से ऊपर उठाती है, उसमें कुछ नया, जोखिम भरा, करने को तरंग उत्पन्न करती है।

सच है कि कविता सिर्फ़ सम्प्रेक्षण नहीं है। अवाँगार्द रचनाकारों ने कविता को बाज़ारू इस्तेमाल से बचाने के लिए जानबूझ कर सम्प्रेषण बाधित किया। बैठे ठाले कविता का रसास्वादन करने वालों के लिए कविता दुर्बोध हो गयी। कबीर ने जो बातें प्रेम को लेकर कही हैं उन्हें थोड़ा बदल कर कहें तो जो लोग कविता को खाला का घर मान बैठे थे, यह कविता उनके लिए न थी। उपभोक्ता संस्कृति जिस तरह सारी चीज़ों को सरल, मनोरंजक और उपयोगी बना कर परोस रही थी, उससे अपने को बचाने की कोशिश में परफार्मेन्स (पाठ) का सायास निषेध कर दिया गया। कविता का मूलभूत तत्त्व पृष्ठांकित शब्दों की साक्षात् उपस्थिति मान लिया गया। परफार्मेन्स या पाठ से कविता का शुद्ध रूप विकृत होता है, कविता का मूल्यांकन उसके मुद्रित रूप के आधार पर होना चाहिए, पाठ के आधार पर नहीं। कविता तुलसीदास के शब्दों में पानी की बूँद की तरह हो गयी जो श्रोता (भूमि) के स्पर्श से ढाबर हो जाती है। हिन्दी में श्रेष्ठ कविता और मंच के अलगाव को इसी कोण से विश्लेषित किया जा सकता है। ... कविता वाच्य के बजाय पाठ्य होती चली गयी।

इस दौर में कविता ने दूसरी कलाओं से होड़ लेने की कोशिश की। पश्चिमी चिन्तकों ने कलाओं में संगीत को सर्वोच्च स्थान दिया है। संगीत की मूलभूत विशेषता है अमूर्तता। लय, ताल रागों में बँधी ध्वनि तरंगें वैसे तो हैं बहुत अमूर्त किन्तु उन्हें सुन कर हमारे अन्दर स्मृतियों—संवेदनाओं का एक मूर्त संसार ही उमड़ पड़ता है। अमूर्त से मूर्त को जगाने की कला से होड़ लेने का हौसला ही ध्वनि कविताओं का प्रेरक बना था—जहाँ शब्दों को ध्वनियों में तब्दील करने की कोशिश की गयी। मेरिनेटी ने तो ध्वनि कविता ही रच डाली। 'ताक कमसिन वारि' जैसी 'सान्ध्य काकली' की कविताओं में क्या निराला ने लगभग ऐसा ही उद्यम नहीं किया था? कुछ-कुछ वैसे ही जैसे शास्त्रीय संगीत का नायक गायन के दौरान शब्दों (बोल) को क्रमशः अर्थहीन करता चला जाता है।

संगीत के अलावा कविता ने चित्रकला से स्पर्धा की। शब्दों को रंग रेखाओं में परिवर्तित करने की प्रक्रिया में शब्दार्थ को भरसक पृष्ठभूमि में धकेल देने की असफल चेष्टा की गयी। बिम्बवादी कविताओं में बिम्ब

साध्य हो गया और इस हेतु प्रयुक्त शब्द निमित्त भर रह गये। वाक्य के बजाय शब्दों पर बल और क्रियाओं का यथासम्भव निषेध बिम्बवादी कविता की विशेषता बन गया।

कहने की आवश्यकता नहीं कि आधुनिकतावादी/अवाँगार्द चिन्तन का हिन्दी कविता पर गहरा निर्णायक असर रहा है और इस असर से नयी कविता के बाद आने वाली कवियों की पीढ़ी भी पूर्णतः मुक्त नहीं कही जा सकती। क्योंकि इनके काव्यात्मक सौन्दर्यबोध का आदर्श नयी कविता के सौन्दर्य बोध से गुणात्मक रूप से भिन्न नहीं लगता। यहाँ त्रिलोचन, नागार्जुन और केदारनाथ अग्रवाल की कविताओं का उल्लेख इसलिए ज़रूरी है क्योंकि इनकी कविताएँ आधुनिकतावादी सौन्दर्य मूल्यों से काफ़ी कुछ मुक्त हैं। लेकिन इसके बावजूद परमानन्द श्रीवास्तव के इस कथन की सच्चाई से इन्कार करना मुश्किल है कि 'पिछले तीन-चार दशकों की कविता—कविता के विश्व मुहावरे के दबाव में लिखी जा रही थी।' (कविता का अर्थात्) विडम्बना यह है कि कविता में पिछले दिनों में जो बदलाव आया है उसका अतीत भी प्रायः पश्चिम का उत्तरआधुनिक चिन्तन और इस चिन्तन से प्रेरित कविता ही है। किन्तु इस प्रसंग की चर्चा करने से पहले पश्चिम में साहित्य और कविता को परिभाषित करने के प्रयासों की संक्षिप्त चर्चा आवश्यक है।

दो

साहित्य की मूलभूत विशेषता को रेखांकित करने का अपेक्षाकृत अधिक सन्तोषजनक उपक्रम रूसी रूपवादियों ने किया। रोमन याकोब्सन ने दिखाया कि साहित्य की साहित्यिकता का आधार शब्द नहीं शब्दों का विशिष्ट प्रयोग और उसका रूप है। साहित्य परिचित को अपरिचित, जाने-पहचाने को अजनबी बना कर पेश करता है। यह अजनबीपन आता है भाषा और रूप के विशिष्ट प्रयोग से। किन्तु जो विशिष्ट है वही प्रयोग के बाद सामान्य बन जाता है। इसीलिए साहित्य में भाषा और रूप का नितनवीकरण अपेक्षित होता है। कविता की भाषा के बारे में तो उसने कहा कि यह सामान्य बोलचाल की भाषा को हिंसक रूप से नष्ट करके ही अर्जित की जाती है। अजनबीकरण के सिद्धान्त की बुनियाद पर रूसी

रूपवादियों ने कथासाहित्य की साहित्यिकता का भी विश्लेषण प्रस्तुत किया जो काफ़ी आकर्षक है। किन्तु फ़िलहाल उस विस्तार में जाना सम्भव नहीं।

रूसी रूपवादियों का सिद्धान्त आकर्षक चाहे जितना हो, निर्विवाद नहीं। टेरी ईगलटन ने 'मार्डन लिटरेरी थियरी' में विस्तार से दिखाया है कि जिन आधारों पर साहित्य की साहित्यिकता निर्धारित की जाती है वे सभी साहित्येतर भाषिक प्रयोगों में भी मिलते हैं। ऐसा कोई आधार नहीं जिसकी बुनियाद पर साहित्य की साहित्यिकता तय की जा सके। साहित्य में कोई ऐसा आभ्यन्तरिक गुण नहीं जिससे साहित्य की स्वतन्त्र सत्ता बनती हो। कहने की आवश्यकता नहीं कि साहित्य की स्वतन्त्र सत्ता को अस्वीकार करने का फ़ैसला उत्तरआधुनिक चिन्तन के बिल्कुल अनुरूप है। इसीलिए साहित्य के बजाय लेखन शब्द फ़ैशन में है और सारा लेखन अब पाठ हो गया है।

ईगलटन की तरह टोनी बेनेट साहित्य की सत्ता को तो अस्वीकार नहीं करते किन्तु उनके अनुसार साहित्य की साहित्यिकता किसी आभ्यन्तरिक गुण के कारण नहीं बल्कि उसके व्यवहार से बनती है। साहित्य भी एक विमर्श है जिसके अपने नियम-क़ायदे हैं। इन्हीं नियम-क़ायदों की वजह से साहित्यिक रचना में विशिष्ट बोध का आरोप पाठक कर लेता है। क्योंकि रचना केवल मुद्रित पाठ भर नहीं है। इस प्रकार रचना, पाठक और इन दोनों के सम्बन्ध बदलते रहते हैं। ज़ाहिर है साहित्य को लेकर जब ऐसे सिद्धान्त प्रतिपादित किये जा रहे हैं, पश्चिम में साहित्य-लेखन में भी ऐसा हो चला है कि, ज्ञान-विज्ञान के दूसरे अनुशासनों से उसे अलगाना आसान नहीं रह गया। समकालीन कविता के बारे में यह बात सोलहों आने सही है। 'स्ट्रक्चरलिस्ट पोयटिक्स' जैसी विख्यात पुस्तक के लेखक जनाथन कुलर ने अपने एक लेख में बताया है कि हम किसी लेखन को कविता इसलिए कहते हैं क्योंकि उसके ऊपर लिखा है कि यह कविता है। यह शीर्षक (कि अमुक लेखन कविता है) परम्परानुसार उसकी पाठ-प्रक्रिया को काफ़ी हद तक संचालित और नियन्त्रित करता है। कविता में 'अंधकार शब्द' केवल अँधेरे का सूचक नहीं है और लालटेन केवल लालटेन नहीं है। कुछ बरस पहले 'उत्तर प्रदेश' नवम्बर, ९७ अंक में 'सदी बीतने का विभ्रम और यथार्थ' नाम से लीलाधर जगूड़ी ने एक सम्पादकीय लिखा।

फिर यही सम्पादकीय हंस के जनवरी, ९८ अंक में इसी नाम से बहुत मामूली हेर-फेर के साथ कविता के रूप में छपा। तर्क कर सकते हैं कि यह मामूली हेर-फेर सम्पादकीय को कविता में तब्दील कर देता है। यह मान भी लें तो इस उदाहरण से यह तो सिद्ध हो ही जाता है कि इस कविता और सम्पादकीय गद्य में कोई मूलभूत अन्तर नहीं है। ख़ैर, मैं तो यह कहूँगा, यदि यह सम्पादकीय बिना किसी परिवर्तन के कविता शीर्षक के अन्तर्गत छपता तब भी वह कविता ही होता। या इसका उल्टा 'हंस' की 'कविता' को सम्पादकीय के अन्तर्गत छापा जाय तो क्या यह गद्य नहीं बन जायेगी? यानी कविता और सम्पादकीय गद्य में अन्तर आता है ऊपर लगाये गये शीर्षक से। यह शीर्षक पाठक के बोध-रसास्वादन-पाठ प्रक्रिया को संचालित नियन्त्रित करता है। क्या इससे यह निष्कर्ष निकालना ग़लत होगा कि रचना को रचना के सन्दर्भ (टेक्स्ट, कंटेक्स्ट) से अलगाना इतना आसान नहीं। कोई रचना कहाँ छपती है, किस रूप में छपती है—कैसे लोग उसे पढ़ते हैं, किस रूप में पढ़ते हैं, इन सारी बातों से मिल कर किसी रचना का अस्तित्व बनता-सँवरता, बिगड़ता और बदलता है। रचना केवल मुद्रित पाठ नहीं है।

ऊपर उद्धृत लीलाधर जगूड़ी की कविता का प्रसंग सिर्फ़ एक उदाहरण है? या यह उदाहरण कविता के रूप में छप रही अधिकांश समकालीन हिन्दी कविता पर लागू होता है? इसे समकालीन कविता की उपलब्धि के रूप में देखें या कविता के संकट के रूप में? इस प्रसंग में परमानन्द श्रीवास्तव की टिप्पणी उल्लेखनीय है: 'पहले तो प्रश्न यही उठना चाहिए कि कविता के नाम पर प्रकाशित कोई कृति कविता है या कविता नहीं।' (कविता का अर्थात् प्र-८७)

उल्लेखनीय है कि आधुनिकतावादी रचनाकारों ने संगीत से होड़ भले ली हो, संगीत का सहारा नहीं लिया। संगीत ही क्यों लय का आसरा भी उन्हें कुछ रास नहीं आया। जब ज़ोर प्रत्येक विधा की मूलभूत विशेषता खोज निकालने और उनके बीच पक्की चौहद्दी खड़ी कर देने पर हो तो कविता में संगीत की मिलावट कैसे बर्दाश्त की जा सकती थी। हिन्दी कविता के समर्थ समीक्षक रामस्वरूप चतुर्वेदी की टिप्पणी इस सन्दर्भ में दिलचस्प है: 'नाद और शब्द के मौलिक प्रकृतिगत अन्तर को समझते हुए कहा जा सकता है कि संगीत जितना शब्दों की अपेक्षा से मुक्त है उतना ही वह

स्वायत्त और खरा है। यही बात उलट कर कविता के बारे में संगीत से निरपेक्षता को लेकर कही जा सकती है। यों शब्द से सर्वथा विरहित आलाप या तराना संगीत का विशुद्धतम रूप है, और दूसरी ओर महज़ बोलचाल की लय से बनी नयी कविता 'कविता' का। (साहित्य के नये दायित्व) निष्कर्ष ये कि रहा कविता नयी कविता में अपनी चरमावस्था को प्राप्त हो गयी है, इस स्थिति में कोई भी बदलाव उसे अशुद्ध और भ्रष्ट ही करेगा!

कविता को शुद्ध बनाने की क़ीमत इतनी महँगी पड़ी कि कविता की पहचान ही संदिग्ध हो उठी। स्पष्ट कर दूँ कि कविता की पहचान की बात मैं तात्विक आधार पर नहीं कर रहा। नयी कविता के बाद की पीढ़ी के कवियों ने चूँकि नयी कविता के काव्यादर्श को थोड़े-बहुत हेर-फेर के साथ स्वीकार कर लिया था, इसलिए इनकी भी बहुतेरी कविताएँ कविता के नाम से प्रकाशित गद्य ही हैं। ऐसा नहीं है कि कविता की पहचान के संदिग्ध हो जाने का एहसास समकालीन, कवियों को है ही नहीं। वैचारिक शैथिल्य के समय में मनोभूमि की पहले जैसी एकाग्रता सम्भव नहीं—इस एहसास ने जन्म दिया उस कविता को जिसमें आख्यान की वापसी हुई है और जो बहुत बतियाती है। इसलिए उसे टॉक पोयट्री (Talk poetry) कहा जा रहा है। बातचीत की लय नहीं, सीधे-सीधे बातचीत-बतकही। मौन का सौन्दर्य नहीं, बतरस। इस बातूनी कविता में और कोई रस हो न हो 'बतरस' ज़रूर है।

बतरस में वक़्त का ख़्याल कहीं रहता है? सो ये कविताएँ लम्बी हैं और लम्बी कविताएँ स्वीकार्य हैं। लम्बी कविताएँ तो पहले भी, नयी कविता के दौर में भी, लिखी गयी थीं। उनमें एक विशेष प्रकार की एकाग्रता, नाटकीय तनाव होता था। कविता की स्वयं सम्पूर्ण कलात्मक दुनिया थी—रहस्य आह्लाद, तनाव और अन्तर्दृष्टि से परिपूर्ण दुनिया। यह दुनिया अब बिखर गयी है। कविता पहले जैसी 'काव्यात्मक' नहीं रही। अकाव्यात्मक विधाओं से (जाति-वर्ण-च्युत हो कर) अब उसकी नातेदारी हो गयी है। यहाँ तक कि उसने आख्यान से फिर सम्बन्ध जोड़ लिया है। रोज़मर्रेपन से अब उसे परहेज़ नहीं रहा।

इस सन्दर्भ में मैं अस्सी के दशक से सक्रिय दो कवियों—अरुण कमल और उदय प्रकाश की कविताओं के साक्ष्य पर अपनी बात रखना चाहता

हूँ। इस पीढ़ी के कवियों में अरुण कमल सर्वाधिक समर्थ और सम्भावनाशील कवि हैं, इस बात से शायद ही किसी को इन्कार हो। उनके पहले संग्रह 'अपनी केवल धार' ने कलात्मक सधाव और जनोन्मुखी दृष्टि के कारण सभी का ध्यान आकृष्ट किया था। इस संग्रह की अधिकांश कविताएँ बिम्बात्मक कसाव लिए हुए है। लेकिन 'सबूत' में यह कसाव थोड़ा ढीला है जिसके कारण सामान्य वर्णन और आख्यान को कविता में अन्तर्भुक्त कर पाना सम्भव हुआ है। रूप के इस खुलेपन का सम्बन्ध आवेग के संयम से भी है। आवेग की ऊष्मा जनित लयात्मकता में किञ्चित कमी करके यह खुलापन अर्जित किया गया है। (कहने का अभिप्राय यह नहीं कि पहले जैसी चुस्ती, कलात्मकता, लाघव, आत्मपूर्णता वाली कविताएँ बाद के संग्रहों में नहीं है।) आश्चर्य नहीं कि 'नये इलाक़े में' छपी एक लम्बी कविता नाम ही 'वृत्तान्त' है। इसी संग्रह में एक और कविता है 'लोक कथा', दूसरी है 'चार दीवारी की गाथा', तीसरी है 'चार दिन' और चौथी 'जीवन की चौथाई'। 'लोककथा' को उद्‌धृत करने का लोभ संवरित नहीं कर पा रहा :

> एक समय की बात है
> किसी गाँव में एक किसान घर
> डाका पड़ा रात के तीसरे पहर
> और उनका बड़ा बेटा जिसका
> दो मास पहले गौना हुआ था
> कोठरी की चौखट पर ढेर हुआ
> गहना बचाते
>
> सुबह हुई
> अर्थी उठाने का समय हुआ
> तो किसान ख़ुद लगा
> उसका छोटा बेटा
> और बूढ़ा बाप
>
> फिर भी एक कंधा कम पड़ रहा था
> पर गाँव का एक भी आदमी नहीं आया
> सबने सोचा डकैत बुरा मान जायेंगे

तब तीन जन ने अर्थी उठायी
और बेटे को बाप ने आग लगायी
क़िस्सा गया बन में
सोचो अपने मन में

उपर्युक्त कविता में क़िस्सागोई न केवल सहज स्वीकार्य है बल्कि पेन्डुलम कथा की ओर झुका हुआ है। जबकि नयी कविता का कवि आख्यान को भरसक निचोड़ लेता था, आख्यान इस रूप में सह्य-स्वीकार्य नहीं था।

उदय प्रकाश का कविता संग्रह 'रात में हारमोनियम' कविता में आ रहे इस बदलाव को बहुत अच्छे ढंग से रेखांकित करता है। इस संग्रह में माधो के लिए दो कविताओं में एक पंक्ति आती है 'इतना प्यार कि शुद्ध न रहे उच्चारण, वाक्य पूरे न हों।' बनी-ठनी पुराने ढब की कविताओं के अन्दाज़ से देखने पर इस संग्रह की कविताएँ बहुत शुद्ध नहीं लगतीं। कुछ अटपटा लगता है—नैरेशन, डीटेल्स और बेपरवाही-कविता में क्या कहना है, क्या नहीं—से बनी इन कविताओं को देख कर। परमानन्द श्रीवास्तव का असमंजस देखने लायक है, 'उदय प्रकाश कविता में इतने साफ़ स्पष्ट शब्दों में ब्यौरे दे सकते हैं जबकि कहानी में अक्सर फंतासी का ढंग अपनाते हैं—यह बहुतों को अचरज भरा तथ्य लगेगा।' (कविता का अर्थात्, पृ. २४२) आगे यह टिप्पणी भी क़ाबिलेग़ौर है : 'उदय के यहाँ कई बार कविता कथा है, कथा-कविता।' (वही पूर्वोक्त) कविता के आयतन को विस्तृत करने का यह प्रयास नयी कविता के ढब वाली समकालीन कविता की सीमा और असफलता को देखते हुए विशेष रूप से सराहनीय है। यह जोख़िम अगर उदय प्रकाश ने उठाया है तो उनके साहस की तारीफ़ की जानी चाहिए। यहाँ ध्यान देने योग्य बात ये है कि अरुण कमल जैसे 'निखालिस' कवि की कविताओं में भी कथा-कविता का अन्दाज़ आ गया है। किन्तु इन कथा-कविताओं की भी समस्या यही है कि इन्हें मज़े से लघु-कथा के रूप में भी पढ़ा जा सकता है। यानी अमुक रचना कविता है या कहानी इसका निर्धारण ऊपर लगाये गये शीर्षक से होता है। पेन्डुलम कथा की ओर झुका हुआ है। नयी कविता के दौर तक कविता की पहचान इतनी संदिग्ध न थी। मुक्तिबोध ने लगभग एक ही विषय पर 'ब्रह्मराक्षस' कविता और 'ब्रह्मराक्षस का शिष्य' कहानी लिखी है। किन्तु मुक्तिबोध की कविता को न तो कहानी की तरह पढ़ा जा

सकता है और न ही कहानी को कविता की तरह। इनकी आभ्यन्तरिक संरचना में ऐसा कुछ है जो हमें ऐसी छूट नहीं देता। किन्तु उदय प्रकाश और काफ़ी हद तक अरुण कमल की कविता में ऐसा कुछ भी नहीं जो इन्हें कहानी की तरह पढ़ने से बरजता हो। इन्हें कहानी की तरह पढ़ने में हम ज़्यादा घाटे में भी नहीं रहते।

कविता दूसरी विधाओं कलारूपों से कुछ तत्त्व ग्रहण करे इस पर किसी को आपत्ति नहीं हो सकती। यदि ग्रहण इतना हो कि कविता, कविता से अधिक कहानी लगने लगे तो इससे कविता का संकट हल होने के बजाय और उलझ जाता है।

इस मुसीबत से बचने का एक सरल उपाय यह है कि हम कविता–कहानी की चर्चा करने के बजाय सिर्फ़ साहित्य की बात करें। साहित्य तो है, क्या फ़र्क़ पड़ता है कहानी है या कविता है। विधाओं, कलाओं और अनुशासनों के अन्तरावलम्बन के इस दौर में किसी एक विधा की चर्चा की सार्थकता क्या अब समाप्त हो गयी है? किन्तु प्रश्न साहित्य की विभिन्न विधाओं के बीच सीमा–निर्धारण का नहीं बल्कि यह है कि भविष्य में कविता किस रूप में पहचानी जायेगी। क्या कविता की पहचान 'रूप नाम अधीना' की तर्ज़ पर सिर्फ़ इस बात पर निर्भर करेगी कि उसे कविता के नाम से प्रकाशित किया जा रहा है। या फिर मॉरिस ब्लांशों के शब्दों में 'विधाओं के टूट जाने पर रहस्यात्मक आलोक में चमकता हुआ जो प्रत्यक्ष हो रहा है उसे सिर्फ़ साहित्य कहना काफ़ी है और साहित्य की सबसे बड़ी विशेषता यह है कि वह किसी प्रकार की तात्विक अवधारणा का निषेध करता है। सच्चा कवि कभी नहीं जान पाता कि कविता क्या है।' वह अपने लिए कविता आविष्कृत करता है लेकिन हर आविष्कार के बाद उसे लगता है कि ये वो तो नहीं जिसे वह आविष्कृत करने निकला था। कोलम्बस या वास्कोडिगामा की तरह वह नहीं जानता कि अनुभव के किस द्वीप की खोज में निकला था?

तीन

नयी पीढ़ी (अस्सी के बाद की) के सर्वाधिक सम्भावनाशील कवि है

कुमार अम्बुज। किसी भी विषय को अनायास ही कविता में तब्दील कर देने की जैसे क्षमता कुमार अम्बुज में है वैसी किसी और कवि में नहीं। कविता बनाना जैसे उनके बायें हाथ का खेल हो। किवाड़ से लेकर होम्योपैथी, आयुर्वेद, रेखागणित और चुम्बक तक उनके यहाँ काव्यमय हो गये हैं। वैचारिक शैथिल्य के इस समय में भी आवेग की ऐसी त्वरा शायद ही कहीं मिले। जब दूसरे कवि आवेग की क्षतिपूर्ति बतरस (कथारस) से कर रहे हैं, कविता लिखने के लिए किसी की पेंटिंग या फ़िल्म देख रहे हैं, संगीत सुन रहे हैं, अम्बुज की काव्य-दृष्टि में ऐसा जादू है कि जो भी सामने पड़ता है, कविता बन जाता है। यही कारण है कि इतने कम समय में भी उनके तीन संकलन निकल चुके हैं। यह जादू अंधेरा, रात और सपने के सम्मिश्रण से बना है। इस जादू का ही कमाल है कि समकालीन कविता के साँचे में भी वे काफ़ी कुछ कहने की गुंजाइश निकाल लेते हैं; दूसरे नामी गिरामी कवियों की अधिकांश कविताओं की तरह उनकी कविता सिर्फ़ काव्याभास या काव्य-रीति नहीं लगती। उनकी कविता बोधगम्य और विश्वसनीय है। इसीलिए इधर के कवियों में सर्वाधिक लोकप्रिय कवि कुमार अम्बुज ही हैं। इतने कम समय में 'किवाड़' के दो संस्करण निकलना इस बात का सबूत है।

यह देख कर आश्चर्य होता है कि कुमार अम्बुज समकालीन कविता के मुहावरे को कहीं से तोड़ने बदलने की आवश्यकता महसूस नहीं करते। कदाचित् ऐसी बेचैनी भी उनके यहाँ नहीं है। कभी-कभी सन्देह होता है कि बेहतर कविता लिख लेना ही जैसे (इस कठिन समय में) कवि का अभीष्ट हो गया है।

साही ने बहुत पहले लिखा था : 'टोन की उत्पत्ति युग से होती है। पर ज़िद करके उस टोने को नहीं पकड़ा जा सकता और टोन बदल जाने पर वे बातें सत्य भी नहीं लगतीं जो पहले टोन में सत्य मालूम पड़ती थीं।' 'निश्चय ही युग बदल रहा है किन्तु कुमार अम्बुज या इसी तुक के दूसरे कवियों की टोन नहीं बदल रही। इस दृष्टि से सोचें तो अरुण कमल, उदय प्रकाश और अष्टभुजा शुक्ल की बदलते हुए युग की टोन पकड़ने, आविष्कृत करने की कोशिश का महत्त्व समझ में आता है। यद्यपि निराला, मुक्तिबोध, रघुवीर सहाय और धूमिल की कविताओं में जिस प्रकार उस युग की टोन मुखर हुई थी, वैसा आज दिखायी नहीं देता।

चार

समकालीन कविता के सौन्दर्यवादी अति सूक्ष्म मकड़जाल को छिन्न-भिन्न करने का जोखिम कात्यायनी ने अपने संकलन 'इस पौरुषपूर्ण समय में' उठाया है। कविता को जीवन और जीवन के बुनियादी सरोकारों से जोड़ने का यह प्रयास निश्चय ही सराहनीय है। कात्यायनी की चिन्ता यह भी है कविता को जीवन से जोड़ने के क्रम में कहीं कविता का जीवन संदिग्ध न हो जाय। समकालीन कविता को देखते हुए यह चिन्ता स्वाभाविक भी है। उन्होंने लिखा भी है—'बातें सीधे सरल ढंग से कहना कविता के ख़िलाफ़ खड़ा होना था।' अकारण नहीं है कि इस संग्रह की अनेक कविताओं के शीर्षक में भी कविता शब्द शामिल है। इस चिन्ता का दूसरा और अधिक सार्थक आयाम है कविता की निर्धारित भूमिका परिभाषा का विश्लेषण। समकालीन कविता के मुहावरे में स्वयं को ढाल न पाने की विडम्बना पर वे लिखती हैं :

> सचमुच बहुत कठिन है
> एकदम
> नाटक के हिसाब से ढल जाना
> और पुरस्कृत हो पाना

नाटक के हिसाब से न ढल पाने में ही कविता और जीवन की मुक्ति सम्भव है :

> मुक्त करो, मुक्त करो मुझे
> इस बंदिश से
> अन्यथा मैं मर जाऊँगी
> जग को चकित कर जाऊँगी।

व्यवसायीकरण के ख़तरे को मुक्तिबोध ने बहुत पहले भाँप लिया था। स्वार्थ में गुलेल से पावन संकल्पों के पक्षी का बधकर उसे बाज़ार में बेचा जायेगा, मुक्तिबोध जानते थे। इस कठिन समय (?) में जीवन प्रेम वग़ैरह को बचाये रखने की चिन्ता आज रेटारिक से अधिक कुछ नहीं लगती। कविता लिखना भी आज सिर्फ़ एक पेशा हो गया है। कविता और साहित्य को कैरियर एडवान्समेंट और शोहरत पाने का एक ज़रिया बना लेने वालों से हिन्दी साहित्य इस समय अँटा पड़ा है। इस पूरे परिदृश्य को पकड़ती

है कात्यायनी की कविता—'एक फ़ैसला फौरी तौर पर कविता के ख़िलाफ़'। इस कविता को पढ़ते हुए मुझे एडोर्नो का संस्कृति-चिन्तन बराबर याद आता रहा। संस्कृति की चिन्ता इतनी भी क्या कि जीवन की ख़बर ही न रहे! कहना न होगा कि संस्कृति-चिन्ता-रेखा और जीवन-चिन्ता की रेखाओं की समान्तरता आज के जीवन का कटु सत्य है। एडोर्नो ने लिखा था कि हिटलरी नरसंहार के बाद साहित्य-संस्कृति की चर्चा से ऐयाशी की गन्ध आती है। और कात्यायनी ने लिखा कि :

> 'ऐसा होना चाहिए कि कभी-कभी
> कोई घटना इस क़दर जकड़ ले दिलोदिमाग़ को
> कि कविता लिखने की सोच तक न सके आदमी'
> ... कभी-कभी कविताएँ न लिखना
> पाखण्डी और वाचाल होने से बचाता है।

समकालीन परिदृश्य ऐसा है कि हर चीज़ को (व्यक्तिगत जीवन की ट्रेजडी को भी) कैश कर लेने की होड़ सी लगी है। कोई अपने बेटे की मृत्यु पर कहानी बना कर हिट हो रहा है तो कोई अपने पिता की मौत पर 'कविता' लिख कर सहानुभूति अर्जित कर रहा है। कविता जीने और लड़ने का विकल्प बनती जा रही है!

सचमुच, समकालीन कविता-परिदृश्य को देखते हुए कात्यायनी का साहस चकित करता है, किन्तु आश्चर्य इस बात से होता है कि उनके यहाँ कविता के देशज जनप्रिय रूप की चिन्ता सिरे से ग़ायब है। वैचारिक अन्तर्दृष्टि की सघनता और ब्रेश्ट जैसी भंगिमा और विरोधाभास के कारण ही इनकी कविता के रूप में पहचान बनती है। अकारण नहीं है इस संग्रह की कुछ कविताएँ सीधे-सीधे गद्य के विन्यास में लिखी गयी हैं।

पाँच

समकालीन कविता के संकट से मुक्ति का एक सीधा सरल विकल्प है छन्द की वापसी। छन्दोबद्ध कविताएँ लिखी तो जाती रही हैं। किन्तु उन्हें गम्भीरता से नहीं लिया जाता था। नयी कविता के प्रभाव में छन्द और कविता परस्पर विरोधी मान लिए गये। अच्छे कवियों ने छन्दों में लिखना

बन्द कर दिया। इधर जब से छन्द-मुक्त कविता के औचित्य को लेकर उँगली उठनी शुरू हुई है, अच्छे-अच्छे कवियों ने भी छन्द-लय-तुक में कविता लिखने का साहस दिखाया है। अष्टभुजा शुक्ल का 'पद-कुपद' इधर काफ़ी चर्चित और प्रशंसित हुआ है। यह प्रयास सराहनीय तो है लेकिन उसकी अपनी समस्याएँ हैं। हिन्दी पाठक के मन में पद का अर्थ भक्तिकालीन कवियों के पद के रूप में रूढ़ हो चुका है। इन पदों के साथ मध्यकालीन विचारधारा, धार्मिक सांस्कृतिक परिवेश जुड़ा है जो पाठक के आस्वादन को काफ़ी हद तक निर्धारित, नियन्त्रित और संस्कारित करता है। इन गीतों की प्रगीतात्मकता आधुनिक-उत्तर आधुनिक मन की व्यथा-कथा की संवाहक बन सकती है या नहीं, इस पर गम्भीरतापूर्वक विचार करने की आवश्यकता है। समकालीन जीवन की टोन को क्या मध्यकालीन पद की प्रगीतात्मक निश्चयता में बिना सरलीकरण के पकड़ा जा सकता है? विडम्बना ये है कि ये पद ही हैं, बल्कि सुपद हैं, कुपद नहीं बन पाये हैं, लय संवेदना और रूप के स्तर पर कुपद बनाने की कोशिश भी नहीं की गयी है। मध्यकालीन रूप को यथावत उठा कर उसमें 'आधुनिक' वस्तु भर दी गयी है। समकालीन गद्यात्मक काव्यासों से मुक्ति का मार्ग भक्तिकालीन पदों की यथावत वापसी में नहीं खुलता—'पद'-कुपद पढ़ते हुए यह एहसास अवश्य होता है।

छह

परमानन्द श्रीवास्तव हिन्दी के उन विरल आलोचकों में हैं जो समकालीन हिन्दी कविता पर लगातार लिखते रहे हैं। नयी कविता के बाद की कविता पर विस्तार से लिखने वाले वे सम्भवतः हिन्दी के अकेले आलोचक हैं। 'समकालीन हिन्दी कविता का व्याकरण' (१९८०) 'समकालीन कविता का यथार्थ' (१९८८) और 'कविता का अर्थात्' (१९९९) में उन्होंने विस्तार से समकालीन कविता पर विचार किया है। अपने इस लेख की समाप्ति मैं 'कविता के अर्थात्' से चुने गये उद्धरणों के साथ करना चाहूँगा। ये उद्धरण समकालीन कविता के संकट को समझने में सहायक हो सकते हैं :

१. अपवादों को छोड़ कर हमारे समय में कविताएँ इस हद तक इकहरी

हैं कि पहली ही बार पाठ और आस्वाद में ठहरी या अवरुद्ध जान पड़ती हैं।

२. ख़राब अपठनीय गद्य कविता को कितना यान्त्रिक, निष्क्रिय, बेजान बनाता है, आज कविता के पाठकों को यह बताने के लिए बहुत उदाहरण देने की ज़रूरत नहीं।

३. आज की कविता का निर्मम पाठ और परीक्षण इस दृष्टि से ज़रूरी है कि उसमें एक ही ढंग के हुनर का आत्यन्तिक दख़ल क्यों है जो कविता को एक अच्छी, अच्छी सी कविता बनाता है—बुरे दिनों की भी एक अच्छी सी कविता। हुनरमंद हम इतने हैं कि इस दौर की साहसपूर्ण जोख़िम भरी नयी प्रगतिशीलता को भी लक्षण-बद्ध करने से बाज़ नहीं आयेंगे। कविता को लक्षणों से मुक्त करने की ज़रूरत है। आज की कविता में भी डर है कोई नया रीतिकाल जन्म न ले।

४. बहुत सलीक़े से लिखी जा रही, बहुत शालीन, विनम्र, कोमल, प्रगीतात्मक अन्दाज़ में लिखी जा रही आज की कविता में यह गुस्सा घृणा या विक्षोभ क्यों अनुपस्थित है।

५. जहाँ आत्मसंघर्ष और बाह्य संघर्ष अभिन्न हो उठते हैं वहीं महान कविता सम्भव होती है। अच्छी कविता का सम्बन्ध अधिक से अधिक शिल्प-पूर्णता या दक्षता से है। ऐसी शिल्पपूर्णता जो प्राय: अनुभव के इकहरेपन या एकदेशीयता की सीमा में सम्भव होती है—बिना अनुभव और अभिव्यक्ति के स्तर पर कोई ख़तरा उठाये।

६. क्या हम अपने समय की कविता की एकरसता, एकसापन, इकहरेपन और एक तरह के उपचार-धर्म पर विचार करते हुए अपने ही समाज से विच्छिन्नता और उसके घातक रूपों को देख पा रहे हैं।

७. असद ज़ैदी का यह निरूपण समकालीन कविता के पाठकों के लिए विचारणीय है कि अधिकांश कविता शराफ़त, शालीनता, हुनरमंदी की ग़िरफ़्त में है और जटिल असुविधाजनक यथार्थ से एक हद तक बचती है।

८. कविता के दृश्य पर आ रहे नये-नये कवियों के यहाँ भी कविताओं से कविताएँ बनाने की कला ही महत्त्वाकांक्षा को संतुष्टि देने में

सफल है। ध्यान से देखें तो न तो सरलता और सादगी उनकी अपनी है न ही जटिलता या दुरूहता।... यह क्यों है कि जिन युवा कवियों की एक समय की ताज़गी उत्साह से भर देने वाली जान पड़ती थी, वहाँ काफ़ी कुछ सूखा नज़र आता है।

९. धीरे-धीरे समकालीन कविता अपने को भी दुहराने वालों का अभ्यास बनती दिखायी देती है।

१०. जब कविता प्राय: एक सर्वथा सपाट गद्य में नव आधुनिक यथार्थ को व्यक्त करने का अभ्यास बन चुकी हो...

इस पुस्तक में अरुण कमल के दो पत्रों के कुछ अंश भी उद्धृत हैं : 'कवियों' को समझ में नहीं आ रहा कि कविता कैसे लिखें—कविता कहाँ है—कविता का काम क्या है... एक बार फिर कविता गतिहीन हो गयी है अथवा त्वरा कम हो गयी हैं...।

विजेन्द्र के पत्र की यह पंक्ति—'इधर छूछे गद्य को कविता के नाम से प्रसारित किये जाने के महत् प्रयास हो रहे हैं। और अन्त में विजय कुमार के पत्र का यह अंश : 'महानगरों ने रचनाकारों को नष्ट कर दिया है और इस पर खुल कर लिखा जाना चाहिए'...

एक ज़माना था जब आलोचक रचनाकारों से काफ़ी दूर तक असहमत होने का जोख़िम उठाते थे। ज़माने ने पलटा खाया और रचनाकारों ने आलोचकों की बोलती बन्द कर दी। रचनाकार के सुर में सुर न मिलाने वाले आलोचक को हृदयहीन, असफल कवि आदि-आदि न जाने कितने विशेषणों से विभूषित किया गया। आलोचक को पराई पीर समझ में आयी। वह रचनाकार की हर अच्छी-बुरी बात की सफ़ाई पेश करने वाला वकील बन गया। कवि को लेकर वह इतना संवेदनशील हो उठा कि समकालीन कविता के बारे में कोई सख़्त टिप्पणी करने से बचने लगा। अब जी दुखाने की बात वह भरसक नहीं करता। बहुत बचा कर, नाम लिए बिना, ना चाहते हुए भी आदतन कुछ कड़वा सच फिर भी निकल ही जाता है। लेकिन यह कुछ ऐसे है कि साँप भी मर जाय और लाठी भी न टूटे। इस विनम्र संवेदनशील सहकारी प्रयास की विडम्बना यह है कि इससे कविता के साथ-साथ आलोचना की सार्थकता भी संदिग्ध हो उठी है। 'कविता का अर्थात्' में प्रकाशित विजय कुमार के पत्र का यह अंश

देखें : 'इस भयानक समय में कोई विकलता या अभिव्यक्ति के लिए बड़ा संघर्ष नहीं है और आलोचना भी कविता को कोई दिशा नहीं दे पा रही, न ही बड़े सवाल उठा रही।... आलोचकों और कवियों के बीच भयानक रूप से तुष्टीकरण की स्थिति है।'

मैं समझता हूँ कि इसके बाद और कुछ लिखने का मतलब नहीं रहा।

साहित्य
रचनाकार, आलोचक और पाठक

राजशेखर ने 'काव्यमीमांसा' में कारयित्री और भावयित्री प्रतिभा की चर्चा की है। कारयित्री प्रतिभा से उनका तात्पर्य रचनाकार से और भावयित्री प्रतिभा से उनका आशय भावक/सहृदय से है। भावक के लिए संस्कृत काव्यशास्त्र परम्परा में सहृदय, रसिक, विदग्ध और गुणीजन जैसे पदों का प्रयोग मिलता है। राजशेखर ने कवि और भावक के सम्बन्ध का निरूपण करते हुए लिखा है, 'कोई तो वाणी की रचना करने में निपुण है और कोई उसे सुनने में प्रवीण है। एक में अनेक गुणों का समन्वय कठिन है। एक पत्थर स्वर्ण उत्पन्न करता है और दूसरा पत्थर उसकी परीक्षा करता है।' इस दृष्टि से विचार करें तो हमारे यहाँ रचनाकार, आलोचक और पाठक के बीच किसी आत्यन्तिक विभेद की परिकल्पना नहीं की गयी, बल्कि वे एक ही प्रक्रिया के अंग माने गये हैं। साहित्य का व्यापार इन तीनों के सहयोग से ही पूरा होता है। पश्चिम में कवि, आलोचक और पाठक को अलग-अलग रख कर विचार करने की परम्परा रही है। लेकिन उत्तर-आधुनिकतावादी चिन्तन के अभ्युदय के साथ वहाँ भी इस मुद्दे पर नये सिरे से विचार हुआ। इहाब हसन ने अपनी पुस्तक 'पैराक्रिटिसिज्म' में आलोचना और रचना को पूर्णतः निरपेक्ष कोटि में नहीं रखा है। इसके बजाय उन्होंने रचना और आलोचना के बीच एक गतिशील और द्वन्द्वात्मक सम्बन्ध की परिकल्पना की। कहने की ज़रूरत नहीं कि पश्चिमी चिन्तन परम्परा की यह दृष्टि भारतीय परम्परा में पहले से चली आ रही दृष्टि से ज़्यादा भिन्न नहीं है।

असल में साहित्य का व्यापार लेखक, आलोचक और पाठक के समवाय से पूरा होता है। यदि इनमें से कोई भी कड़ी कमज़ोर हुई, तो उसके असर से साहित्य भी अछूता नहीं रहता। जैसे आलोचक को रचनाकार की ज़रूरत है, वैसे ही रचनाकार को आलोचक की ज़रूरत है और इन दोनों को पाठक की ज़रूरत है। इनके बीच यदि स्वस्थ और सहज संवाद कायम रहता है तो उसका लाभ सभी को मिलता है। इस संवाद में वाद-विवाद भी शामिल है, सहमति के साथ असहमति के लिए भी गुंजाइश है। मुक्तिबोध ने सम्भवतः इसीलिए ये माना कि कवि द्वारा लिख लेने के बाद कविता पूरी नहीं होती, क्योंकि वह 'आवेगत्वरित कालयात्री' है। यही नहीं, मुक्तिबोध ने यह भी लिख दिया कि 'मैं उसका नहीं कर्त्ता,/पिता-धाता/कि वह कभी दुहिता नहीं होती/परम स्वाधीन है वह विश्वशास्त्री है।/गहन गम्भीर छाया आगमिष्यत् के लिए,/ वह जनचरित्री है।/नये अनुभव व संवेदन/नये अध्याय-प्रकरण जुड़/तुम्हारे कारणों से जगमगाती है/व मेरे कारणों से सकुचा जाती है।'

पश्चिमी आलोचना लम्बे समय तक रचना या रचनाकार केन्द्रित रही। बहुत बाद में उसका ध्यान इस बात पर गया कि रचना अन्ततः पाठक सापेक्ष होती है। पाठक रचना का निष्क्रिय उपभोक्ता नहीं है, बल्कि रचना उसके सम्पर्क में आने पर ही पूरी होती है। इसीलिए पश्चिमी आलोचना, विशेष रूप से रीडर रिस्पॉन्स थियरी के आने के बाद, पाठक/दर्शक/श्रोता को सह-रचनाकार का दर्जा देने लगी। उल्लेखनीय है कि मुक्तिबोध ने ऊपर उद्धृत कविता में पाठक की इस भूमिका का महत्त्व बहुत पहले पहचान लिया था। सच तो यह है कि पाठक/सहृदय की भूमिका की पहचान, जैसा कि पहले भी कहा गया, भारतीय परम्परा में पहले से मौजूद है। इसके बावजूद यह ध्यान में रखना आवश्यक है कि भारतीय परम्परा में सहृदय/भावक/विदग्ध/गुणीजन की कुछ योग्यता का भी उल्लेख किया गया है। इसका आशय यह है कि किसी रचना पर निर्णय देने वाले पाठक में भी कुछ गुण होने चाहिए।

भारत में साहित्य की मार्गी परम्परा और वाचिक परम्परा का सहअस्तित्व रहा है। वाचिक परम्परा के साहित्य में मार्गी परम्परा जैसी कला भले न रही हो, लेकिन लोकरंजन और लोकज्ञान की दृष्टि से उसका महत्त्व मार्गी साहित्य से कम नहीं, बढ़ कर रहा है। यहाँ पर इस बात का उल्लेख कर

देना उचित होगा कि भक्ति-आन्दोलन के दौरान लिखे गये साहित्य में मार्गी और लोक-परम्परा का ऐसा अद्वितीय समन्वय दिखायी पड़ता है, जिसकी मिसाल न इससे पहले भारत के इतिहास में मिलती है और न ही पश्चिम के इतिहास में। यह अकारण नहीं है कि भक्तिकालीन साहित्य में श्रेष्ठता और लोकप्रियता का ऐसा मणिकांचन संयोग दिखायी पड़ता है, जिसे इसके बाद फिर कभी दोहराया न जा सका। ज़्यादातर तो ऐसे ही उदाहरण देखने को मिलते हैं कि जो साहित्य श्रेष्ठ है वह लोकप्रिय नहीं है, और जो लोकप्रिय है वह श्रेष्ठ नहीं है।

आधुनिक युग से पहले शिष्ट साहित्य-कला और लोक-साहित्य-कला के बीच वाद-विवाद-संवाद चलता रहता था। इस प्रक्रिया में दोनों का विकास होता था और दोनों एक-दूसरे को समृद्ध करते थे। लेकिन अट्ठारहवीं सदी के ज्ञानोदय के बाद साहित्य-कला की भूमिका आधुनिकता के प्रोजेक्ट के सहायक के रूप में रेखांकित की गयी। अब साहित्य और कला से इस प्रोजेक्ट के अनुरूप अपनी सार्थकता सिद्ध करने की माँग की जाने लगी। इसका परिणाम यह हुआ कि साहित्य और कलाएँ निरन्तर गुरु-गम्भीर होती चली गयीं और उनकी रंजनकारी और लोकधर्मी भूमिका को सन्देह की दृष्टि से देखा जाने लगा। प्रिंटिग प्रेस, फ़िल्म और टी.वी. के आ जाने के बाद साहित्य और कला के एक नये रूप का विकास हुआ, जिसे प्राय: बाज़ारू, लोकप्रिय और सस्ते साहित्य-कला की श्रेणी में रखा जाता है। औद्योगिक समाज में बाज़ारू कला-साहित्य का इतने बड़े पैमाने पर उत्पादन होने लगा कि फ्रेंकफुर्त स्कूल के महान चिन्तक एडोर्नो इसे संस्कृति-उद्योग कहने के लिए विवश हुए। असल में, आधुनिक युग में आधुनिकता के प्रोजेक्ट के अनुचर के रूप में साहित्य-कला की ज्ञानधर्मी भूमिका पर जोर देने के कारण उसकी रंजनकारी और लोकधर्मी भूमिका का निषेध हो गया। इस जगह को साहित्य-कला के उस रूप ने भरा जिसे आजकल बाज़ारू साहित्य और कला कहा जाता है। आधुनिकता के विचारधारात्मक उपयोगितावादी विमर्श का साहित्यकारों पर इतना व्यापक और गहरा दबाव रहा है कि हबीब तनवीर (और विजयदान देथा की कहानियों) को छोड़ कर शायद ही कोई और हो जिसने साहित्य की रंजनकारी और लोकधर्मी भूमिका के निर्वाह का साहस दिखाया हो। जिन्होंने हबीब तनवीर के नाटक देखे हैं वे सहज ही अनुमान कर सकते

हैं कि हबीब तनवीर के नाटकों को दर्शकों की कमी का सामना क्यों नहीं करना पड़ता था। वस्तुतः भक्तिकालीन कवियों की तरह हबीब तनवीर ने लोक-नाट्य परम्परा की बुनियाद पर अपने नाटकों का रूप विकसित किया। इसलिए पाठकों/दर्शकों के अभाव का रोना रोने के बजाय हमें आधुनिकता की उस सैद्धान्तिकी पर पुनर्विचार करना चाहिए जिसे स्वीकार कर लेने के बाद साहित्य और कला का स्वरूप ऐसा बन जाता है, जो सही मायने में कभी लोकप्रिय हो ही नहीं सकता।

असल में, आधुनिक हिन्दी साहित्य का विकास विश्वविद्यालयों के परिसर में हुआ और आज भी हिन्दी साहित्य लिखने और पढ़ने वाले ज़्यादातर लोग वे ही हैं जिन्होंने इस प्रकार के शिक्षा संस्थानों में शिक्षा पायी है। हिन्दी साहित्य का विश्वविद्यालयों से बाहर के व्यापक भारतीय समाज और उसकी संवेदना से तादात्म्य कभी-कभार ही बन पाता है। इसी के साथ एक नयी मुसीबत और जुड़ गयी है। अब इस तरह के संस्थानों में पढ़ायी करने वाला युवा वर्ग हिन्दी के बजाय अंग्रेज़ी में लिखी गयी किताबें पढ़ने को ज़्यादा तरजीह दे रहा है। साहित्य-कला को उपयोगितावादी, सोद्देश्य, आस्वादपरक और ज्ञानात्मक भूमिका में निःशेष कर देने के कारण उसकी रंजनकारी और लोकधर्मी भूमिका का निषेध तो हुआ ही, साथ ही सूक्ष्मतर एवं गहन संवेदनाओं की सार्थकता भी संदिग्ध हो गयी। जीवन-जगत् में हर उपलब्ध चीज़ उपयोगी हो, उसका कोई उद्देश्य हो, वह किसी के काम आये, तभी वह सार्थक है, ऐसा मानना सही नहीं है। बहुत सारी चीज़ें अपने आप में इतनी सुन्दर, अच्छी या गहरी होती हैं कि उनका कोई उद्देश्य खोजना, उनकी उपयोगिता की तलाश करना ही बेमानी लगता है। भारतीय परम्परा के आदिकवि वाल्मीकि के क्रौंच-वध से उपजे शोक की उपयोगितावादी व्याख्या करना कितना भौंड़ा और भद्दा लगेगा। जहाँगीर के दरबारी कवि गंग भी इस बात को समझते थे, लेकिन आज के रचनाकारों के लिए यह समझ पाना बहुत मुश्किल हो गया है : 'बहु सुंदर पद्मिनी, पुरुष न चहैं न करें रति।'

साहित्य-कला और विज्ञान

पुनर्जागरण के दौरान ऑक्सफोर्ड और कैम्ब्रिज जैसे विश्वविद्यालयों के अस्तित्व में आने के बाद लम्बे समय तक वैज्ञानिक-तकनीकी शिक्षा इन विश्वविद्यालयों में नहीं, बल्कि पॉलिटेक्निक कॉलेजों में दी जाती थी। यह अकारण नहीं है कि आरम्भिक वैज्ञानिकों का अभ्युदय अर्द्धशिक्षित मिस्त्री या कारीगरों के बीच से हुआ। उस दौर के चिन्तकों की दृष्टि में लिबरल आर्ट्स की हैसियत महारानी जैसी थी और प्राकृतिक विज्ञान की नौकरानी जैसी। डॉक्टर और हत्यारे में तो वे जैसे फ़र्क़ ही नहीं करते थे। कला और विज्ञान की हैसियत का निर्धारण वास्तव में इस तथ्य से होता है कि लिबरल आर्ट्स से सम्बन्धित ज़्यादातर विद्वान अभिजन वर्ग से और 'वैज्ञानिक' गतिविधियों में लगे हुए लोग सामान्य वर्ग से आते थे। लिबरल आर्ट्स और विज्ञान के बीच इस प्रकार के ग़ैर-बराबरी के सम्बन्ध की अवधारणा रोमन साम्राज्य के दौरान भी मौजूद थी। उल्लेखनीय तथ्य यह है कि पुनर्जागरणकालीन चिन्तकों के बीच भी इसका प्रभाव लम्बे समय तक कायम रहा। पश्चिम की तरह भारत में भी लिबरल आर्ट्स और वैज्ञानिक ज्ञान के बीच ग़ैर-बराबरी के सम्बन्ध का लम्बा इतिहास रहा है।

पुनर्जागरण के दौरान भी मानविकी और समाजविज्ञान को शिक्षा और ज्ञान के क्षेत्र में सर्वाधिक महत्त्व प्राप्त था। इनके मुक़ाबले आधुनिक विज्ञान, तकनीक और वाणिज्य दोयम दर्जे के अनुशासन माने जाते थे। इसका गहरा सम्बन्ध समाज-व्यवस्था में प्रचलित पदानुक्रम से था, जिसमें मेहनतकश और उत्पादक वर्ग के कर्म का मूल्य कमतर होता था। फिर कुछ ऐतिहासिक कारणों से इस पदानुक्रम में उलटफेर हुआ, जिसके

फलस्वरूप आधुनिक विज्ञान, तकनीक और प्रबन्धन को पठन-पाठन में केन्द्रीय महत्त्व मिल गया, जबकि समाज विज्ञान और मानविकी के विभाग अपने अस्तित्व का रोना रोने लगे।

वस्तुतः अट्ठारहवीं सदी में ज्ञानोदय के दौरान लिबरल आर्ट्स और वैज्ञानिक ज्ञान के पदानुक्रम में एक ज़बर्दस्त उलट-फेर हुआ। इस उलट-फेर के परिणामस्वरूप वैज्ञानिक ज्ञान और वैज्ञानिक पद्धति का ऐसा व्यापक प्रभाव पड़ा कि लिबरल आर्ट्स को भी वैज्ञानिक निकष पर परखा जाने लगा। साहित्य और कलाओं को अब आधुनिकता के वैज्ञानिक प्रोजेक्ट में सहायक की भूमिका में देखा जाने लगा। सोद्देश्य, सार्थक और 'प्रगतिशील' साहित्य और कला की माँग आधुनिकता के इस प्रोजेक्ट के अन्तर्गत की जाने लगी। इस कसौटी पर फिट न बैठने वाले साहित्य और लोक-कलाओं को तिरस्कृत किया जाने लगा। इस समूची प्रक्रिया की परिणति ये हुई कि साहित्य और कुछ अंशों में कला की प्रकृति बहुत ही गम्भीर और 'ज्ञानवर्द्धक' हो गयी। लेकिन इसी के साथ साहित्य-कला की दर्शकों/श्रोताओं/पाठकों को आनन्द देने तथा उनका मनोरंजन करने की क्षमता बहुत कुछ समाप्त हो गयी। गम्भीर साहित्य और कला तथा सस्ते बाज़ारू साहित्य-कला के बीच विभाजन की शुरुआत इसी के साथ हुई। हिन्दी में इस तरह का विभाजन उन्नीसवीं सदी के दौरान घटित हुआ। किन्तु आधुनिक 'श्रेष्ठ' ज्ञानवर्द्धक साहित्य और कलाओं को पूर्ववर्ती साहित्य और कला जैसी लोकप्रियता नहीं मिली। इसका कारण यह है कि आधुनिक साहित्य कलाओं ने लोकरंजन के दायित्व से स्वयं को अलग कर लिया और 'अंग्रेज़ी ढंग' का साहित्य रचने की प्रक्रिया में स्वयं को अपनी पूर्व परम्परा से काट लिया। इस ख़ाली जगह को भरने का काम सस्ते बाज़ारू साहित्य और कलाओं ने पूरा किया। फिर तो श्रेष्ठ साहित्य और कलाओं का सामाजिक दायरा सिमटता गया और सस्ते-बाज़ारू साहित्य-कलाओं का दायरा बढ़ता गया।

साहित्य और अन्य कलाओं के अनुशासनों का महत्त्व भी समय के साथ बदलता रहा है। जैसे महान मार्क्सवादी चिन्तक जार्ज लूकाच ने उपन्यास को आधुनिक युग का महाकाव्य कहा है। इसका अर्थ यह है कि आधुनिक युग की संगति उपन्यास से ज़्यादा बैठती है। इसलिए इस युग में महाकाव्य का लिखा जाना ही नामुमकिन हो जाता है। यह अकारण नहीं है कि

रामचन्द्र शुक्ल ने आधुनिक काल को 'गद्यकाल' कहा था। गद्यकाल में कविता बची तो रहेगी, लेकिन उसका पहले जैसा महत्त्व नहीं रह जायेगा। समाज बदल गया। नयी विधाएँ आ गयीं। साहित्य की भूमिका बदल गयी। इसलिए कविता का महत्त्व भी कम हो गया। लेकिन जो लोग कविता की देशकाल–निरपेक्ष सार्वभौम श्रेष्ठता में विश्वास करते हैं और उसके आधार पर साहित्य की विधाओं का पदानुक्रम निर्धारित करते हैं, उन्हें नहीं मालूम है कि साहित्यिक विधाओं और ज्ञान–विज्ञान के विभिन्न अनुशासनों के बीच ग़ैर–बराबरी के पदानुक्रम का निर्धारण सामाजिक ग़ैर–बराबरी और सांस्कृतिक–मूल्यों से होता रहा है।

प्राय: साहित्य, कला और ज्ञान के दूसरे अनुशासनों की श्रेष्ठता या हीनता का निर्धारण समाज का अभिजन और प्रभुत्वशाली वर्ग करता रहा है। ऐसी विधाओं, कलाओं और विद्याओं को वह तुच्छ मानता रहा है जिनकी निर्मिति में अधिक श्रम और समय लगता है। सम्भवत: इसी आधार पर जिन कार्यों के लिए शारीरिक श्रम और समय की दरकार होती है, उन्हें हीन तथा जिन कामों के लिए सिर्फ़ मानसिक श्रम या 'दैवीय' प्रेरणा की ज़रूरत होती है, उन्हें श्रेष्ठ माना जाता रहा है। जो लोग साहित्य की विभिन्न विधाओं और ज्ञान के नाना अनुशासनों के बीच ग़ैरबराबरी वाले पदानुक्रम की वकालत करते हैं, वे वास्तव में मनु के वंशज हैं। जैसे मनु जाति विशेष में जन्म के आधार पर व्यक्ति की श्रेष्ठता या हीनता का निर्धारण करते हैं, वैसे ही ये लोग किसी विधा या अनुशासन विशेष के आधार पर उसकी श्रेष्ठता और तुच्छता का निर्धारण करते हैं।

वैसे पहला सवाल तो यही उठता है कि जिसे कविता कहा जा रहा है अथवा जो चीज़ कविता के रूप में प्रकाशित और पुरस्कृत हो रही है, वो कविता है भी या नहीं! बाक़ी सवाल तो उसके बाद आते हैं। जब गद्य के चार सीधे वाक्य लिखने का शऊर आ जाय; क्योंकि गद्य को कवियों की कसौटी कहा गया है, और ये यक़ीन हो जाय कि आप में सही मायने में कविता लिखने की प्रतिभा है, तभी कविता पर हाथ आजमाना चाहिए।

साहित्य मात्र के लिए नहीं, ज्ञान के किसी भी अनुशासन के लिए प्रतिभा, अध्यवसाय और अभ्यास की ज़रूरत होती है। यदि कोई ये माने कि सारे प्रतिभाशाली लोग सिर्फ़ कविता ही लिखते हैं तो कार्ल मार्क्स से लेकर अल्बर्ट आइन्स्टीन और देरिदा तक को प्रतिभाहीन मानना पड़ेगा, क्योंकि

उन्होंने कविताएँ नहीं लिखीं। इसलिए नयी पीढ़ी को अपने प्रतिभा को चीन्हने और उसके अनुरूप विधा का चुनाव करने के लिए प्रोत्साहित किया जाना चाहिए। अपनी पसन्द नापसन्द थोपने से उनका भला नहीं होने वाला।

रीतिकाल और हिन्दी आलोचना

रीतिकालीन साहित्य का पतनशील और सामन्ती साहित्य के रूप में ग्रियर्सन द्वारा किये गये अवमूल्यन का इतना गहरा असर हुआ कि आचार्य विश्वनाथ प्रसाद मिश्र और डॉ. नगेन्द्र जैसे रीतिकाव्य के हिमायती विद्वान भी इस साहित्य की सामाजिक सार्थकता को लेकर आश्वस्त नहीं हो पाये। सूत्ररूप में कहें तो इसकी साहित्यिकता को तो वे सराहते हैं, लेकिन सामाजिक भूमिका को लेकर प्राय: वही बातें दोहराते हैं जिसके सूत्रधार ग्रियर्सन थे।

असल में रीतिकालीन साहित्य का मूल्यांकन जाने-अनजाने औपनिवेशिक इतिहास दृष्टि से प्रभावित रहा है। यदि मध्यकाल पतन का काल है तो फिर उस दौर का साहित्य भी पतन का साहित्य माना जायेगा। रीतिकाल के अवमूल्यन की प्रक्रिया में ये बात भी भुला दी गयी कि इसी काल में भक्तिकाव्य, वीरकाव्य, रोज़गर्रा के जीवन से सम्बन्धित घाघ-भड्डरी सरीखे कवियों का काव्य और नीतिकाव्य भी लिखा गया था। पतनशील दरबारी काव्य का विशेषण इस तरह के साहित्य पर लागू ही नहीं किया जा सकता। इसलिए रीतिकालीन साहित्य का सिर्फ़ शृंगारिक कविता के आधार पर किया गया मूल्यांकन अधूरा है और तथ्यों पर आधारित नहीं है।

यहाँ ये तथ्य उल्लेखनीय है कि ग्रियर्सन के इतिहास से पहले शिवसिंह सेंगर के 'शिवसिंह सरोज' में रीतिकालीन साहित्य की पतनशीलता का कोई ज़िक्र नहीं मिलता। उससे भी पहले भिखारीदास के 'काव्य निर्णय' में हिन्दी के श्रेष्ठ कवियों की सूची में भक्तिकालीन कवियों की अपेक्षा रीतिकालीन कवियों की संख्या ज़्यादा है। इससे ये साबित होता है कि भिखारीदास जैसे रीतिकालीन आचार्य की दृष्टि में रीतिकालीन साहित्य पतनशील साहित्य नहीं था। ये कहना नाइंसाफ़ी होगी कि भिखारीदास द्वारा

किया गया हिन्दी कवियों का मूल्यांकन पूरी तरह रीतिकालीन सौन्दर्यबोध से संचालित है। यदि ऐसा होता तो फिर वो भक्तिकालीन कवियों को इस सूची में शामिल नहीं करते। रीतिकालीन साहित्य सौन्दर्यबोध से प्रभावित होने के बावजूद उन्होंने भक्तिकालीन कवियों की 'महानता' को स्वीकार किया। इससे ये तो साबित होता है कि रीतिकालीन साहित्य को पतनशील साहित्य न तो भिखारीदास जैसे तत्कालीन आचार्य मानते थे और न ही उन्नीसवीं सदी के शिवसिंह सेंगर जैसे विद्वान ने उसे पतनशील साहित्य माना। निष्कर्ष ये कि रीतिकालीन साहित्य को पतनशील साहित्य मानने की शुरुआत ग्रियर्सन के साथ होती है।

इतिहास का विकास और कलाओं एवं साहित्य का विकास समान गति से आगे नहीं बढ़ता। और न ही हर युग में महान रचनाकार पैदा होते हैं। ये भी देखने में आता है कि युग तो अच्छा है, लेकिन उस युग की कला और साहित्य का स्तर अच्छा नहीं है। इसका उल्टा भी दिखायी पड़ता है कि युग अच्छा नहीं है, लेकिन उस युग का साहित्य अच्छा है, और कला सुन्दर है। इसलिए यदि ये मान भी लिया जाय कि भक्तिकालीन कवियों जैसे बड़े कवि रीतिकाल में नहीं दिखायी पड़ते तो इससे ये नहीं सिद्ध किया जाना चाहिए कि रीतिकालीन साहित्य पतनशील साहित्य है। सिर्फ़ सामाजिक सोद्देश्यता की कसौटी पर साहित्य और कलाओं को कसा जाय तो आधुनिकता के आगमन से पहले का ज़्यादातर साहित्य व्यर्थ और कलाएँ निरर्थक साबित होंगी। भक्तिकालीन साहित्य का भी यदि सामाजिक सोद्देश्यता के निकष पर मूल्यांकन करें तो उसमें भी ज़्यादातर चीज़ें ऐसी नहीं मिलेंगी, जिन्हें सार्थक कहा जा सके। असल में आधुनिकता का वर्चस्व स्थापित हो जाने के साथ साहित्य और कलाओं की भूमिका आधुनिकता प्रसूत विचारधाराओं के अधीन हो गयी। साहित्य और कलाओं की भूमिका का मूल्यांकन सामाजिक परिवर्तन में उनके महत्त्व को ध्यान में रख कर करने का दुष्परिणाम यह होता है कि अन्ततः साहित्य और कला की स्वायत्तता और वैशिष्ट्य का ही निषेध हो जाता है। साहित्य और कलाओं को हमेशा समाजवैज्ञानिक और विचारधारात्मक सत्य के निकष पर अपनी सार्थकता सिद्ध करनी होती है। कहने की ज़रूरत नहीं होनी चाहिए कि रीतिकालीन साहित्य का मूल्यांकन भी इस तरह की सोद्देश्यता वाली सोच से गहरे प्रभावित रहा है। बीसवीं सदी में हिन्दी के आचार्य

साहित्य की सामाजिक सोद्देश्यतावादी भूमिका के कायल हो चुके थे। वे यह भी मानने लगे थे कि सामाजिक परिवर्तन में साहित्य को भी अपनी सचेत भूमिका का निर्वाह करना चाहिए। इस भूमिका का निर्वाह करके ही साहित्य अपनी सार्थकता सिद्ध कर सकता है। साहित्य का सोद्देश्यतावादी भूमिका की सबसे सटीक अभिव्यक्ति हिन्दी में प्रेमचन्द के व्याख्यान 'साहित्य के उद्देश्य' में दिखायी पड़ती है। जैसा कि पहले कहा गया इस दृष्टि से देखने पर रीतिकालीन शृंगारिक साहित्य की सामाजिक सोद्देश्यता संदिग्ध हो उठती है। अकारण नहीं है कि चाहे रामचन्द्र शुक्ल हों या हजारी प्रसाद द्विवेदी या फिर महावीर प्रसाद द्विवेदी ही क्यों न हों हिन्दी के ये सभी आचार्य, रीतिकालीन शृंगारिक काव्य की सामाजिक सोद्देश्यता को स्वीकार नहीं कर पाते। इसके बावजूद जब वे रीतिकालीन शृंगारिक कविताओं पर विचार करते हैं तो वे इन कविताओं के कलात्मक सौष्ठव की प्राय: प्रशंसा करते हैं। इनमें उन्हें आपत्तिजनक-पतनशील तत्त्व नहीं दिखायी पड़ते। यदि हिन्दी के आचार्यों के रीतिकालीन मूल्यांकन को ध्यान से पढ़ा जाय तो उसमें एक ख़ास तरह का तनाव दिखायी पड़ता है। रीतिकालीन साहित्य की सामाजिक सोद्देश्यता पर सन्देह और उसके कलात्मक सौष्ठव की प्रशंसा ये दोनों बातें इन आचार्यों के यहाँ एक साथ दिखती हैं। रीतिकालीन शृंगारिक कविता के हिमायती आलोचक आचार्य विश्वनाथ प्रसाद मिश्र और डॉ. नगेन्द्र के यहाँ भी रीतिकालीन शृंगारिक कविता की सामाजिक सोद्देश्यता को लेकर संकोच का भाव विद्यमान है। यदि कोई चाहे तो हिन्दी के इन आचार्यों के लेखन से ऐसी पंक्तियाँ चुन कर, जिनमें इस साहित्य की आलोचना की गयी है, इन्हें रीति विरोधी सिद्ध कर सकता है। यही नहीं, इन आचार्यों के लेखन में ऐसी पंक्तियाँ भी ख़ूब मिल जायेंगी, जिनके सहारे इन्हें कोई रीतिकालीन साहित्य के समर्थक के रूप में पेश कर सकता है। लेकिन ज़्यादा मुश्किल, चुनौतीभरा और सर्जनात्मक काम ये है कि रीतिकालीन साहित्य के प्रति पाये जाने वाले इस द्वैतभाव को समग्रता में कैसे समझा जाय। पहले संकेत किया जा चुका है कि साहित्य की सामाजिक सोद्देश्यतावादी भूमिका पर जोर आधुनिकता की ज्ञानमीमांसा का वर्चस्व कायम हो जाने के बाद दिया जाने लगा। ये भी सही है कि साहित्य और कलाओं को सोद्देश्यतावादी भूमिका से बाहर निकालने की मुहिम भी उन्नीसवीं सदी का अन्त होते-होते शुरू हो गयी। लेकिन इस प्रसंग के विस्तार में जाने से मुख्य चर्चा से भटक

जाने का ख़तरा हो सकता है, इसलिए फ़िलहाल इसकी तफ़सील में हम नहीं जा रहे। ध्यातव्य है आधुनिकता की ज्ञानमीमांसा का वर्चस्व स्थापित होने से पहले साहित्य और कला की सार्थकता को सामाजिक परिवर्तन की किसी वृहद् परियोजना के साथ जोड़ कर नहीं देखा जाता था। यही नहीं, ये भी माना जाता था कि साहित्य और कलाएँ संवेदना के ऐसे आयामों का बोध कराती हैं, जिनका बोध और कोई दूसरा अनुशासन नहीं करा सकता। सूत्र रूप में कहें तो साहित्य और कलाओं को पहले से प्राप्त ज्ञान की पुनर्प्रस्तुति का सिर्फ़ माध्यम नहीं माना जाता था। इसके बजाय ये माना जाता था कि साहित्य और कलाएँ ज्ञान और संवेदना का अपने स्तर पर सन्धान करती हैं और वे किसी ज्ञात सत्य या अनुशासन का सिर्फ़ अनुकरण नहीं करतीं। साहित्य और कलाओं की इस भूमिका का संस्कार हमारे हिन्दी के आचार्यों को भी मिला था। आधुनिकता–प्रदत्त साहित्य की सोद्देश्यतावादी भूमिका को मान लेने के बावजूद वे चाहे–अनचाहे रीतिकालीन श्रृंगारिक कविता की प्रशंसा करने से स्वयं को नहीं रोक पाते। इसलिए उन्हें रीतिकालीन श्रृंगारिक कविता के पक्ष या विपक्ष में खड़ा करने के बजाय उनके लेखन को समग्रता में पढ़ा जाना चाहिए। इसके बावजूद यह सही है कि रीतिकालीन साहित्य के मूल्यांकन को लेकर मौजूद द्वन्द्व के बावजूद इन आचार्यों के यहाँ साहित्य की सामाजिक सोद्देश्यतावादी भूमिका का ही पलड़ा भारी रहा है।

हिन्दी की सामान्य समझ यही बनी कि वही साहित्य श्रेष्ठ है जो किसी सार्थक सामाजिक उद्देश्य से सीधे जुड़ता है। अत: रीतिकालीन और भक्तिकालीन साहित्य का वह हिस्सा जो किसी सामाजिक उद्देश्य से नहीं जुड़ता, महत्त्वपूर्ण नहीं है। यह तर्क करना कि महावीर प्रसाद द्विवेदी रीतिविरोधी अभियान चलाने के बावजूद रीतिकाल के समर्थक थे, बिल्कुल ग़लत होगा। ये अवश्य है कि रीतिकालीन श्रृंगारिक कविता के महत्त्व को अस्वीकार करने के बावजूद उनके यहाँ ऐसी बहुत सारी पंक्तियाँ मिल जाती हैं, जिनमें रीतिकालीन कविता की तारीफ़ की गयी है। रीतिकालीन श्रृंगारिक कविता के महत्त्व से इनकार करने के बावजूद इस तरह की पंक्तियाँ उनके यहाँ बची रह गयी हैं। कोई चाहे तो इसे विचार और संस्कार के द्वन्द्व के रूप में भी व्याख्यायित कर सकता है, जिसमें अन्तत: विचार का पलड़ा संस्कार पर भारी दिखायी पड़ता है। ये कहने की ज़रूरत

नहीं होनी चाहिए कि हमेशा विचार ही सही नहीं होते, कभी-कभी संस्कार भी सही होते हैं। जो भी हो, इतना तो तय ही है कि रीतिकालीन शृंगारिक काव्य के बारे में ये सामान्य समझ बन गयी कि वह पतनशील और दरबारी साहित्य था। ये कहना तो किसी भी तरह उचित नहीं होगा कि रीतिकालीन शृंगारिक काव्य के बारे में प्राय: बद्धमूल हो चुकी इस अवधारणा के निर्माण में हिन्दी के आचार्यों की कोई भूमिका नहीं थी। ये अवश्य है कि परवर्ती हिन्दी की साहित्यिक आलोचना में रीतिकालीन शृंगारिक काव्य को लेकर वैसा द्वन्द्व भी नहीं दिखायी पड़ता, जैसा द्वन्द्व हिन्दी के आरम्भिक आचार्यों के लेखन में मिलता है। एक सरल सपाट समझ बन गयी है कि रीतिकालीन शृंगारिक काव्य सामन्ती रुग्ण मानसिकता की अभिव्यक्ति है।

आधुनिकता की ज्ञानमीमांसा ने हमारे जीवन को सार्वजनिक और वैयक्तिक दो वृत्तों में बाँट दिया। ज्ञान के अन्य अनुशासनों की तरह साहित्य से भी आधुनिकता की यह अपेक्षा रही कि वह सार्वजनिक वृत्त की ज़रूरतों को पूरा करने में सहयोगी की भूमिका का निर्वाह करें। वैयक्तिक दायरे में कोई क्या करता है, यह आधुनिकता की चिन्ता का विषय नहीं। व्यक्ति के रूप में पसन्द आने वाले साहित्य और कलाओं का स्वरूप कुछ भी हो सकता है लेकिन सार्वजनिक रूप से स्वीकार्य साहित्य के स्वरूप में ऐसी कोई छूट सम्भव नहीं। इस तरह व्यक्तिगत मज़े के लिए पढ़ा जाने वाला साहित्य सार्वजनिक रूप से स्वीकार्य साहित्य से अलग हो गया। इस विभाजन के परिणामस्वरूप लोकप्रिय साहित्य-कला और गम्भीर साहित्य-कला का वजूद अलग-अलग हो गया। रीतिकालीन साहित्य की संगति व्यक्तिगत दायरे से अधिक बनती थी, अत: स्वाभाविक था कि सामाजिक सोद्देश्यता पर जोर देने वाले आधुनिकता के दौर में उसका महत्त्व संदिग्ध हो उठता।

बीसवीं सदी में रीतिकालीन कविता के मूल्यांकन को लेकर उठे विवाद के सन्दर्भ में विजय देव नारायण साही की टिप्पणी ध्यातव्य है : ''रीति कविता की जीवनी-शक्ति और उनके औचित्य के बारे में भी बीसवीं सदी में काफ़ी शंकाएँ उठायी गयी हैं। कभी उसकी नैतिकता को लेकर, कभी उसकी रूढ़िवादिता को लेकर और अक्सर इसलिए कि यह सारा काव्य दरबारी और सामन्ती है। उँगली उठाने वालों में क्या आदर्शवादी, क्या

यथार्थवादी, क्या 'भारतीय संस्कृति'-वादी और क्या कम्युनिस्ट धर्मनिरपेक्षतावादी सभी रहे हैं।' रीतिकालीन काव्य के नागरबोध की प्राय: आलोचना की जाती है। जबकि ध्यान देने योग्य बात यह है कि इस काव्य की नागर संस्कृति, ग्रामीण संस्कृति का ही विकास प्रतीत होती है। विजयदेवनारायण साही ने रीतिकालीन काव्य की नागर संस्कृति का विश्लेषण करते हुए सही लिखा है कि "महत्त्वपूर्ण बात यह है कि यद्यपि ब्रजभाषा बिहारीलाल और देव जैसे कवियों की नागरिक प्रगल्भता विकसित करती है, उसका रिश्ता गाँवों से नहीं टूटता। विषय-वस्तु की दृष्टि से ही नहीं और गहरे ब्रजभाषा के मिज़ाज की दृष्टि से, यह बोध बराबर होता रहता है कि यह नागरिकता नीचे से उठती हुई भाषा में से कल्ले फोड़ रही है। उधार ली हुई निजड़ी अन्तर्राष्ट्रीयता का नतीजा नहीं है।"

रीतिकालीन काव्य के महत्त्व को प्रतिपादित करते हुए साही जी ने आगे लिखा है कि "इस सारे काव्य की व्यापक प्रवृत्ति अनुभूति की कमनीयता और 'सही उक्ति' की खोज है, जो कलात्मक माध्यम के प्रति अत्यन्त जागरुक हैं। ... रीति-काव्य में लगता है कि कवियों से अलग ब्रजभाषा की अपनी प्रतिभा की अभिव्यक्ति हो रही है। 'भाषा की अपनी प्रतिभा' की अभिव्यक्ति ही वह सृजनात्मक स्तरीकरण है जो भाषा को सबकी सम्पत्ति बना देता है।"

दुनिया में किसी भी भाषा के साहित्येतिहास का अवलोकन करने से यह बात स्पष्ट हो जाती है कि कभी भी ऐसा नहीं होता कि प्रत्येक युग में महान रचनाकार दिखायी पड़ें। किसी युग में महान रचनाकार दिखायी पड़ सकते हैं लेकिन ज़रूरी नहीं कि सभी युगों में महान रचनाकार दिखायी पड़ें। इसलिए साहित्य के इतिहास का अध्ययन करते समय महान रचनाकारों को कसौटी बना कर उस दौर को ख़ारिज कर देना, जिसमें महान रचनाकार नहीं दिखायी पड़ते, किसी भी तरह से उचित नहीं। महान रचनाकारों का अभ्युदय शून्य से नहीं होता। भाषा, काव्यशास्त्र, दर्शन और ज्ञान के अन्य अनुशासनों के सम्यक् विकास के दौरान ही महान रचनाकारों का आविर्भाव होता है। ये प्रक्रिया कई बार काफ़ी लम्बी चल सकती है। इस दौरान बहुत सारी ऐसी रचनाएँ लिखी जाती हैं, जो सामान्य स्तर की होती हैं। जैसे कभी-कभी कई बार असफल होने के बाद सफलता मिलती है, वैसे ही बहुत सारी औसत क़िस्म की रचनाओं की बुनियाद पर महान रचना का

जन्म होता है। इसलिए जिस दौर में महान रचनाएँ न दिखायी पड़ें, उसे बिना सोचे-समझे ख़ारिज करने की ग़लती नहीं करनी चाहिए।

किसी भी भाषा के साहित्येतिहास का सम्यक् अध्ययन करने से ये भी उद्घाटित होता है कि समकालीन रचनाकार, कोई ज़रूरी नहीं, कि अपने निकट के अतीत से प्रेरणा ग्रहण करें। ये भी सम्भव है कि वो सुदूर अतीत की परम्परा से प्रेरणा ग्रहण करें। यही नहीं, रचनाकार महान रचनाकारों के बजाय सामान्य रचनाकारों और कई बार मुख्य धारा से बाहर पड़ने वाले, लगभग भुला दिये गये रचनाकारों से भी प्रेरणा ग्रहण कर सकता है। भाषा, शिल्प और विषयवस्तु की दृष्टि से किसी भी भाषा के साहित्येतिहास में नवोन्मेष और प्रस्थान प्रायः इसी तरह सम्भव होते हैं। परम्परा का सिर्फ़ अनुसरण करने से नवोन्मेष सम्भव नहीं होता।

रीतिकालीन साहित्य की एक महत्त्वपूर्ण उपलब्धि यह है कि उसने संस्कृत वाङ्मय को ब्रजभाषा में लाने का बड़ा काम किया। इस तरह साहित्य की भाषा बदल जाने पर भी संस्कृत वाङ्मय के ज्ञान को ब्रजभाषा में ला कर रीतिकालीन विद्वानों ने भारतीय वाङ्मय की परम्परा को टूटने से बचा लिया। ब्रजभाषा, जो ब्रज अंचल की भाषा थी, उसे रीतिकालीन आचार्यों एवं कवियों ने समूचे उत्तर भारत की भाषा के रूप में स्थापित कर दिया। यहाँ तक कि पंजाब, गुजरात, महाराष्ट्र और बंगाल में भी ब्रजभाषा में साहित्य लिखा जाने लगा। शेल्डन पोलक ने 'कॉस्मोपालिटन वर्नाकुलर' की अवधारणा प्रस्तुत की है। ब्रजभाषा का इतने बृहत्तर दायरे में विकास इस अवधारणा को पुष्ट करता है। ब्रजभाषा को 'कास्मोपॉलिटन वर्नाकुलर' के रूप में विकसित करने में रीतिकालीन आचार्यों और कवियों की भूमिका को कोई कैसे ख़ारिज कर सकता है!

औपनिवेशिकता और हिन्दी

लम्बे समय तक पश्चिम के विद्वान, जिन्हें ओरियण्टलिस्ट कहा जाता है, संस्कृत में लिखे गये ग्रन्थों का अध्ययन करते रहे। उनका विश्वास था कि भारत का रहस्य इन्हीं ग्रन्थों में छिपा हुआ है। असली या शुद्ध भारत को समझने की कुंजी संस्कृत में लिखे गये ग्रन्थों का अध्ययन करके ही प्राप्त की जा सकती है। भारत को इस तरह समझने की प्रक्रिया में ये बात अन्तर्निहित थी कि इस्लाम के आने से पहले का भारत ही असली या शुद्ध भारत है। भारत की इस परिकल्पना में, कहीं न कहीं, ये बात भी आ जाती है कि इस्लाम के आगमन के पहले का भारत ज़्यादा बेहतर था और इस्लाम की मिलावट के बाद वह बदतर हो गया। इसीलिए अभी भी पश्चिम के अनेक विद्वान शुद्ध भारत की खोज में उड़ीसा पहुँच जाते हैं। उल्लेखनीय है कि समूचे भारतीय उपमहाद्वीप में उड़ीसा एकमात्र ऐसा क्षेत्र है, जो कभी भी सीधे-सीधे इस्लामिक शासन में नहीं रहा। इसलिए उन्हें लगता है कि 'हिन्दू' संस्कृति यदि कहीं बची रही तो सिर्फ़ उड़ीसा में। इस प्रसंग के विस्तार में जाने की फ़िलहाल ज़रूरत नहीं है। विचारणीय विषय यह है कि संस्कृत से इतर देश-भाषा में लिखे गये ग्रन्थों और लोकविद्या के अध्ययन की ज़रूरत का एहसास पश्चिमी अध्येताओं को कुछ समय बाद हुआ। इस समूचे ऐतिहासिक घटनाक्रम को पश्चिमी विश्वविद्यालयों में भारत-विद्या के विभागों की स्थापना के साथ जोड़ कर समझा जा सकता है। इण्डोलॉजी या ओरियण्टल स्टडी के नाम से स्थापित किये गये इन विभागों में लम्बे समय तक सिर्फ़ संस्कृत का अध्ययन/अध्यापन किया जाता था। उनके शोध के विषय संस्कृत में लिखे गये ग्रन्थ होते थे। जैसा कि पहले कहा गया देशभाषाओं को पढ़ने/पढ़ाने का सिलसिला इन

विभागों में काफ़ी देर से शुरू हुआ।

हिन्दी के रचनाकारों के 'आधुनिक' ढंग से अध्ययन और हिन्दी साहित्य के इतिहास-लेखन की शुरुआत पश्चिमी विद्वानों ने की। लेकिन सबसे गहरा और व्यापक प्रभाव जार्ज अब्राहम ग्रियर्सन का रहा। ग्रियर्सन ने, भारत के भाषा-सर्वेक्षण से लेकर लोकसाहित्य एवं हिन्दी साहित्य तक, शायद ही ऐसा कोई विषय हो, जिसका अध्ययन न किया हो। इस प्रसंग में विशेष रूप से उल्लेखनीय है, उनकी कृति 'मार्डन वर्नाकुलर लिटरेचर ऑफ़ हिन्दुस्तान'। ग्रियर्सन की इस पुस्तक का हिन्दी साहित्य के अध्ययन/अध्यापन पर युगान्तकारी प्रभाव पड़ा। विशेष रूप से हिन्दी और उर्दू के इतिहास को अलगाने और भक्तिकाल एवं रीतिकाल के मूल्यांकन में ग्रियर्सन के विचारों का गहरा असर हुआ। कालान्तर में जब हिन्दी के विद्वानों ने हिन्दी साहित्य का इतिहास लिखा तो वे ग्रियर्सन के प्रभाव से बच नहीं पाये। कई मामलों में उन्होंने ग्रियर्सन की मान्यताओं को ही दोहराया। भले ही काल-विशेष के और साहित्य के उद्‌भव सम्बन्धी ग्रियर्सन द्वारा बताये हुए कारणों को ख़ारिज किया गया हो, लेकिन उस दौर के साहित्य के मूल्यांकन में ग्रियर्सन की मान्यताओं को ही जाने-अनजाने दोहराया गया। मिसाल के तौर पर भक्तिकालीन साहित्य की महानता और रीतिकालीन साहित्य की पतनशीलता की बात आचार्य शुक्ल और आचार्य द्विवेदी से लेकर रामविलास शर्मा जैसे मार्क्सवादी इतिहासकारों द्वारा भी, किसी न किसी रूप में दोहरायी गयी। यहाँ ये तथ्य उल्लेखनीय है कि ग्रियर्सन के इतिहास से पहले शिवसिंह सेंगर के 'शिवसिंह सरोज' में रीतिकालीन साहित्य की पतनशीलता का कोई ज़िक्र नहीं मिलता। उनसे भी पहले भिखारीदास के 'काव्य निर्णय' में हिन्दी के श्रेष्ठ कवियों की सूची में भक्तिकालीन कवियों से ज़्यादा रीतिकालीन कवियों की संख्या है। स्पष्ट है कि भिखारीदास जैसे रीतिकालीन आचार्य की दृष्टि में रीतिकालीन साहित्य, पतनशील साहित्य नहीं था। ये कहना नाइंसाफ़ी होगी कि भिखारीदास द्वारा किया गया हिन्दी कवियों का मूल्यांकन पूरी तरह रीतिकालीन सौन्दर्यबोध से संचालित है। यदि ऐसा होता तो फिर वो भक्तिकालीन कवियों को इस सूची में शामिल नहीं करते। रीतिकालीन सौन्दर्यबोध से प्रभावित होने के बावजूद उन्होंने भक्तिकालीन कवियों की 'महानता' को स्वीकार किया। इससे ये साबित होता है कि रीतिकाल को

पतनशील साहित्य न तो भिखारीदास जैसे तत्कालीन आचार्य मानते थे और न ही उन्नीसवीं सदी के शिवसिंह सेंगर जैसे 'आधुनिक' विद्वान ने उसे पतनशील साहित्य माना। निष्कर्ष ये कि रीतिकाल के साहित्य को पतनशील साहित्य मानने की शुरुआत ग्रियर्सन के साथ होती है।

इस तरह के और भी बहुत सारे प्रसंग हैं, जहाँ पश्चिमी विद्वानों द्वारा बनायी गयी अवधारणाओं को भारतीय अध्येताओं ने थोड़ी-बहुत हेरफेर के साथ दोहराया है। इसलिए सबसे पहले तो इस बात का विधिवत् अध्ययन होना चाहिए कि उन्नीसवीं सदी के पश्चिमी विद्वानों ने हिन्दी साहित्य और इतिहास के बारे में क्या लिखा है ? तभी यह ठीक से समझ में आयेगा कि बहुत सारी अवधारणाएँ जिन्हें हिन्दी के विद्वानों के साथ जोड़ कर देखा जाता है, वास्तव में वे पश्चिमी अध्येताओं की मान्यताएँ हैं। जैसे कि ये मान्यता कि रीतिकालीन साहित्य, पतनशील साहित्य है, ग्रियर्सन की स्थापना थी।

ऊपर कही गयी बातों से ये स्पष्ट होता है कि दूसरी भारतीय भाषाओं के साहित्य की तरह हिन्दी भाषा के साहित्य पर भी ओरियण्टलिस्ट और परवर्ती पश्चिमी विद्वानों का जाने-अनजाने बहुत गहरा असर रहा है।

ओरियंटलिस्ट और एँग्लिसिस्ट विद्वानों के अतिरिक्त हिन्दी भाषा और दूसरी भारतीय भाषाओं के साहित्य के अध्ययन और लेखन पर अंग्रेज़ी में लिखे गये साहित्य और आलोचना का प्रभाव बहुत व्यापक स्तर पर दिखायी पड़ता है। अंग्रेज़ी में लिखे जाने वाले साहित्य और आलोचना के वजन पर अपनी भाषा में साहित्य और आलोचना लिखने का चलन भारत की लगभग सभी भाषाओं के साहित्य में रहा है।

आजकल पश्चिमी और अमेरिकी विश्वविद्यालयों के समाजविज्ञान के विभागों, दक्षिण एशियाई अध्ययन और इण्डोलॉजी के विभागों में भारतीय साहित्य और संस्कृति का अध्ययन किया जा रहा है। इस तरह के अध्ययन से निकलने वाला ज्ञान भारतीय इतिहास, संस्कृत और साहित्य की समझ को किसी न किसी रूप में समृद्ध करने के साथ-साथ प्रभावित भी करता है। भारतीय विश्वविद्यालयों के हिन्दी विभागों के बाहर लोकविद्या, नेतत्व शास्त्र तथा अन्य अनुशासनों में हिन्दी साहित्य और संस्कृति का अध्ययन/अनुसन्धान हो रहा है। इसलिए हिन्दी विभागों में होने वाले शोध एवं

अनुसन्धान की सार्थकता को समझने के लिए इस समूचे परिदृश्य को ध्यान में रखना पड़ेगा। हिन्दी के अध्येता ये कह कर आँख नहीं मूदें रह सकते कि चूँकि यह अध्ययन पश्चिमी विश्वविद्यालयों एवं अंग्रेज़ी भाषा में हो रहा है, इसलिए हमें स्वीकार्य नहीं।

लम्बे समय तक हिन्दी विभागों में ऐसे अध्येता मौजूद थे, जो अपनी परम्परा से भलीभाँति वाकिफ़ होते थे। वे लोकपरम्परा और लोकसाहित्य में तो वे रचे-बसे थे ही; संस्कृत, उर्दू, प्राकृत और अपभ्रंश के अच्छे जानकार भी थे। औपनिवेशिक दौर में पढ़े-लिखे होने के कारण ये अंग्रेज़ी भी ठीकठाक जानते थे। इस तरह, उनका ज्ञान कई भाषाओं और परम्पराओं से छन कर निकलता था। लेकिन धीरे-धीरे ये परम्परा कमज़ोर पड़ती गयी और हिन्दी विभागों में ऐसे लोग काबिज़ होते चले गये, जिनका हिन्दी से इतर अन्य साहित्यिक परम्पराओं का ज्ञान प्रायः नगण्य था। ये सिलसिला यूँ ही आगे बढ़ता रहा और धीरे-धीरे हिन्दी साहित्य का मतलब आधुनिक हिन्दी साहित्य हो गया। मध्यकालीन हिन्दी साहित्य का अध्ययन और अनुसन्धान फालतू का ग़ैर-रचनात्मक काम मान लिया गया। हिन्दी में अपभ्रंश, अवधी और ब्रज में लिखित साहित्य का अध्ययन और अनुसन्धान कराने वाले विद्वान ग़ायब होते चले गये। आज तो आलम ये है कि खोजने पर भी शायद ही कहीं मध्यकालीन हिन्दी साहित्य का अध्येता मिले। अब तो ज़्यादातर हिन्दी आलोचक समकालीन लेखन के आलोचक हैं जो पत्र-पत्रिकाओं में छपने वाली कविता-कहानी का 'अर्थ' बतलाते रहते हैं। ये समकालीन राजनीतिक घटनाक्रमों पर औसत अख़बारनवीसों की तर्ज पर टिप्पणी करने का शौक़ भी रखते हैं।

पश्चिम में आधुनिक आलोचना की शुरुआत पुस्तक-समीक्षा से हुई। फिर साहित्यिक कृतियों के पारस्परिक सम्बन्धों की शृंखला को साहित्येतिहास के माध्यम से समझने की कोशिश की गयी। संक्षेप में कहें तो इस समूची प्रक्रिया का विकास तीन रूपों में दिखायी पड़ता है। एक, ऐसे आलोचक जो पुस्तक-समीक्षक के रूप में पुस्तक के प्रचार और विज्ञापन में संलग्न हो गये, दूसरे ऐसे अध्येता जो साहित्येतिहास या किसी कालखण्ड अथवा प्रवृत्तिविशेष के अध्ययन में लग गये, तीसरे ऐसे विद्वान जो साहित्य के अध्ययन के लिए साहित्यिक सैद्धान्तिकी निर्मित करने में तल्लीन हो गये। हिन्दी की विडम्बना ये रही कि साहित्य का इतिहास लिखने वाले विद्वानों

को साहित्येतिहासकार कह कर आलोचक मानने से इनकार कर दिया गया। किसी समकालीन रचनाकार पर पुस्तक न लिखने वालों को भी विद्वान कह कर आलोचक के सिंहासन से नीचे उतार दिया गया। जैसे हजारी प्रसाद द्विवेदी कइयों की नज़र में आलोचक नहीं, विद्वान हैं। ये कहने का मतलब है कि विद्वान होना कोई सम्मान की बात नहीं। सम्मान तो केवल आलोचक को ही मिलना चाहिए। और जो आलोचक होगा वह विद्वान नहीं होगा। विद्वान होते ही वह आलोचक नहीं रह जायेगा। साहित्य का इतिहास लिखने के पचड़े में पड़ने वाला व्यक्ति विद्वान हो, तो हो, लेकिन आलोचक नहीं हो सकता! साहित्यिक सैद्धान्तिकी में दख़ल रखने वाला व्यक्ति भी विद्वान ही माना जायेगा, आलोचक नहीं!

एक ज़रूरी और शुरुआती काम के रूप में पुस्तक-समीक्षा की अहमियत से इनकार नहीं किया जा सकता। लेकिन पश्चिम में आलोचना के विकास के इतिहास पर ध्यान दें, तो स्पष्ट हो जाता है कि जिसे सामान्य रूप से आलोचना कहा जाता है, उसका विकास रचनाकारों के अध्ययन के दौरान हुआ। रचनाकार-केन्द्रित अध्ययन ही आलोचना कहलाया। उल्लेखनीय है कि इस तरह का अध्ययन भी अपने समय के समाजवैज्ञानिक ज्ञान से पूरी तरह अछूता नहीं था। फिर वह दौर आया जब समाजवैज्ञानिक अन्तर्दृष्टियों का प्रयोग साहित्येतिहास-लेखन और साहित्यिक कृतियों के अध्ययन के लिए व्यापक स्तर पर किया जाने लगा। इस प्रक्रिया की परिणति साहित्यिक सैद्धान्तिकी के गढ़ने के रूप में दिखायी पड़ी। साहित्यिक सैद्धान्तिकी मूलतः साहित्य को उसकी समग्रता में समझने का उद्यम है। इस प्रसंग में रचना विशेष का उपयोग किसी सैद्धान्तिकी को समझाने के लिए या उस रचना को किसी सैद्धान्तिकी के आलोक में समझने के लिए किया जाता है। लेकिन अन्ततः यह रचना-केन्द्रित आलोचना से आगे की चीज़ है। रचना विशेष की आलोचना करना उसका अभीष्ट नहीं। एक तरह से यह वही स्थिति है जो अपनी भारतीय परम्परा में काव्यशास्त्र के विभिन्न सम्प्रदायों में दिखायी पड़ती है। सूत्र रूप में कहें तो आधुनिक दौर में साहित्य के अध्ययन की शुरुआत भले ही पुस्तक-समीक्षा के रूप में हुई हो, लेकिन कालान्तर में उसका विकास साहित्येतिहास लिखने, साहित्य का तुलनात्मक अध्ययन करने और फिर साहित्य सैद्धान्तिकी निर्मित करने में हुआ। लेकिन दुर्भाग्य से हमारे यहाँ पुस्तक-समीक्षा और रचना-केन्द्रित

आलोचना को ही आलोचना मानने का चलन कायम हो गया। साहित्यिक सिद्धान्त विकसित करने की कोई गम्भीर कोशिश नहीं हुई। शायद इसका कारण ये था कि पश्चिमी सैद्धान्तिकी हमारे लिए दूर की चीज़ थी, उसकी गहराई और जटिलता को समझ पाना आसान नहीं था। लेकिन उससे भी बड़ी बात ये कि यदि हम पश्चिमी ढंग की सैद्धान्तिकी निर्मित करने की सामर्थ्य अर्जित कर भी लेते तो ये सैद्धान्तिकी अन्ततः पश्चिमी सैद्धान्तिकी की नक़ल ही कहलाती। जबकि भारतीय सांस्कृतिक परम्परा और सामाजिक सन्दर्भ से निकलने वाली सैद्धान्तिकी और आलोचना के विकास के बिना हमारा भला नहीं होने वाला। अब ये अलग बात है कि कुछ लोगों की दृष्टि में रचना-केन्द्रित आलोचना तो भारतीय है, लेकिन उससे आगे विकसित होने वाली साहित्यिक सैद्धान्तिकी पश्चिमी। जो भी हो, बात इतनी दूर तलक निकल आयी है तो ये भी बताना पड़ेगा कि साहित्यिक सैद्धान्तिकी की अन्तर्दृष्टियों के परिणामस्वरूप 'सांस्कृतिक अध्ययन' की शुरुआत हुई। 'सांस्कृतिक अध्ययन' संस्कृति का समग्रता में अध्ययन है। साहित्य भी उसका एक हिस्सा है, संस्कृति का पर्याय नहीं। इस तरह 'सांस्कृतिक अध्ययन' में साहित्यिक अध्ययन भी अन्तर्भुक्त हो गया। यह अकारण नहीं है कि साहित्य के कई विभागों ने अपने विभाग का नाम बदल कर 'भाषा, साहित्य और सांस्कृतिक अध्ययन' कर लिया।

समूची दुनिया का इतिहास अभी तक यूरोप को केन्द्र में रख कर लिखा गया है। साहित्य-संस्कृति का इतिहास भी यूरोप केन्द्रित रहा है। मूल्यांकन के निकष भी प्रायः यूरोपीय रहे हैं। सांस्कृतिक अध्ययन की सैद्धान्तिकी भी यूरो-केन्द्रित रही है। यूरो-केन्द्रीयता से बाहर निकलने की जद्दोजहद में उत्तर-उपनिवेशवाद का जन्म हुआ। उत्तर-उपनिवेशवाद ने ज्ञानमीमांसा के क्षेत्र में वि-औपनिवेशीकरण की प्रक्रिया को आगे बढ़ाया। साहित्य और कला के अध्ययन में उत्तर-औपनिवेशिक सूझ के महत्त्व से इन्कार करना मुश्किल है। किन्तु आलोचना को सिर्फ़ रचना-केन्द्रित बना देने के कारण इस समूचे विकास-क्रम के दौरान अर्जित अन्तर्दृष्टि से हम वंचित हो जाते हैं।

पहले फ़िल्म और फिर टी.वी. जैसे इलेक्ट्रॉनिक माध्यमों के आ जाने के बाद साहित्य की समाज में जगह और भूमिका बदल गयी। इण्टरनेट और सोशल मीडिया के आविर्भाव के साथ समाज में साहित्य की जगह और

भूमिका एक बार फिर बदल गयी। आज के साहित्य-अध्येता का दायित्व बनता है कि वो इस बदले हुए परिप्रेक्ष्य में साहित्य की सम्भावनाओं का नये सिरे से सन्धान करें। उल्लेखनीय है कि भारतीय परम्परा में साहित्य का गहरा सम्बन्ध संगीत, नृत्य और नाट्य से रहा है। यहाँ तक कि कविता को गाया जाता था या उसका पाठ किया जाता था। इस तरह काव्य का सम्बन्ध प्रदर्शनकारी कलाओं से जुड़ जाता था। कविता सिर्फ़ पढ़ने की चीज़ नहीं थी, लेकिन उन्नीसवीं-बीसवीं सदी के दौरान हिन्दी साहित्य का विकास इस तरह हुआ कि उसकी वाचिकता प्रायः समाप्त हो गयी और प्रदर्शनकारी कलाओं से उसका सम्बन्ध टूट गया। इस तरह साहित्य सिर्फ़ पाठ्य या पढ़ने की चीज़ बन कर रह गया। साहित्य के स्वरूप में घटित होने वाले इस तरह के बदलाव के परिणामस्वरूप साहित्य का दायरा सिर्फ़ मध्यवर्ग तक सीमित हो गया और साहित्य के पठन-पाठन और निर्माण का केन्द्र विश्वविद्यालय बन गया। आज तो हालात ऐसे हो गये हैं कि मध्यवर्ग में भी साहित्य में रुचि रखने वालों की संख्या लगातार कम होती जा रही है। कुछ लोगों के विचार से तो अब साहित्य सिर्फ़ साहित्य के विभागों से जुड़े हुए विद्यार्थियों, शिक्षकों और साहित्यकारों तक सीमित रह गया है। यदि सही मायने में साहित्य के लोकवृत्त का फिर से विस्तार करना है, तो साहित्य के मौजूदा स्वरूप पर पुनर्विचार करना होगा। साहित्य को वाचिकता और प्रदर्शनकारी कलाओं से जोड़े बिना साहित्य के लोकवृत्त का विस्तार असम्भव प्रतीत होता है। उल्लेखनीय है कि इलेक्ट्रॉनिक मीडिया और इण्टरनेट के आविर्भाव के साथ वाचिकता और प्रदर्शनकारिता का एक नये रूप में पुनर्जन्म हुआ है। और इसी के साथ प्रिण्ट युग की केन्द्रीयता समाप्त हो गयी है। समाज-विज्ञान और ज्ञान के अन्य अनुशासनों के लिए प्रिण्ट का महत्त्व भले ही आज भी बरकरार हो, लेकिन इलेक्ट्रॉनिक मीडिया और इण्टरनेट के प्लेटफार्म ने साहित्य और कला से सम्बन्धित रूपों के लिए वाचिकता और प्रदर्शन की सम्भावना के नये द्वार खोल दिये हैं। इस परिवर्तित परिप्रेक्ष्य में साहित्य को सिर्फ़ प्रिण्ट में सीमित रख कर उसके दायरे का विस्तार नहीं किया जा सकता। हिन्दी-साहित्य-अध्ययन के प्रतिष्ठानों को हिन्दी के अतीत, वर्तमान और भविष्य पर नये सिरे से अनुसन्धान-चिन्तन करना चाहिए; और ग़ैर- यूरोपीय समाज में साहित्य की जगह एवं भूमिका को इस नये परिप्रेक्ष्य में पुनर्परिभाषित करना चाहिए।

द्वितीय खण्ड

समाज और संस्कृति

पंचायत का सपना

(प्रेमचन्द की कहानी 'पंच परमेश्वर' १९१५ में प्रकाशित हुई थी। कुछ वर्ष पहले मैंने कथादेश में 'पंचायत के क़िस्से' नाम से एक लेख लिखा था, जिसमें इस कहानी की विशेष रूप से चर्चा की थी। पिछले दिनों सलमान खान को उच्च न्यायालय से आनन-फानन जमानत दे दी गयी तो अर्चना वर्मा ने उस लेख को फेसबुक पर नये सिरे से याद किया। उनके प्रति आभार। यह लेख उस लेख की अगली कड़ी है। ये सारे लेख भारत में 'लोक-न्याय' की परिकल्पना से सम्बन्धित हैं। यह लेख प्रेमचन्द की कहानी 'पंच परमेश्वर' की स्मृति को समर्पित है।)

एक

प्रत्येक समाज अपने वैचारिक एवं सांस्कृतिक मूल्यों के अनुरूप विधि-विधान और न्याय-प्रणाली का विकास करता है। जैसे पूँजीवादी व्यवस्था में तत्कालीन कायदे-क़ानून का पालन करते हुए कोई भी व्यक्ति अरब-खरबपति बन सकता है। उसके अरब-खरबपति बनने की तब तक आलोचना आप नहीं कर सकते जब तक यह साबित न कर दें कि उसने यह सम्पत्ति अवैधानिक तरीक़े से अर्जित की है। अंग्रेज़ीराज कायम होने से पहले भारत में आम आदमी अपने विवादों का निपटारा अक्सर पंचायत के जरिये करता था। पंचायत तत्कालीन सामाजिक-सांस्कृतिक मूल्यों के अनुरूप लोगों को घर बैठे न्याय दिला देती थी। यह न्याय न तो ज़्यादा ख़र्चीला था और न ही इसमें ज़्यादा समय लगता था। क्योंकि इसे क़ानूनी

दाँव-पेंच में नहीं उलझाया जा सकता था।

अंग्रेज़ी शासन कायम होने के बाद जिस नयी न्याय-प्रणाली का सूत्रपात हुआ उसके तौर-तरीक़े से गाँव के लोग बिल्कुल अपरिचित थे। इसीलिए इन अदालतों से उन्हें न्याय नहीं मिल पाता था। इंसाफ़ पाने की उम्मीद में वे बर्बाद और कोर्ट-कचहरी से जुड़े हुए लोग मालामाल ज़रूर हो जाते थे। असल में आधुनिक न्याय-प्रणाली शिक्षित मध्यवर्गीय व्यक्तियों के लिए तो उपयुक्त हो सकती है, लेकिन एक ऐसे समाज के लिए जिसकी बहुसंख्यक आबादी गाँव में बसती है, यह व्यवस्था विनाशकारी ही साबित हुई है। भारत ही नहीं, पश्चिमी देशों में भी किसान विद्रोहों के दौरान ऐसे दस्तावेज़ों को जलाने के साक्ष्य मिलते हैं जिनके बारे में किसानों का विश्वास था कि उनमें जिसका नाम दर्ज होगा, ज़मीन उसी की हो जायेगी। रंजीत गुहा ने अपनी पुस्तक 'एन एलिमेन्ट्री एस्पेक्ट्स आव पीजेंट्स इनसर्जेन्सी इन कालोनियल इंडिया' में इस प्रसंग की विस्तार से चर्चा की है। १८५७ के विद्रोह के दौरान भी किसानों द्वारा इस तरह के दस्तावेज़ों को नष्ट करने के प्रमाण मिलते हैं। इससे स्पष्ट होता है कि कृषक संस्कृति प्राय: परम्परा और लोक-विश्वासों के सहारे चलती है और लिखत-पढ़त को किसान अपने विरुद्ध किये जा रहे षड्यन्त्र के रूप में संशय की दृष्टि से देखते हैं। आधुनिक न्याय-प्रणाली की चाहे जो भी ख़ूबियाँ हों, वह ग्रामीण जीवन के उपयुक्त नहीं लगती। यदि ऊपर लिखी गयी बातें ठीक हैं तो यह निष्कर्ष निकाला जा सकता है कि किसी न्याय-व्यवस्था की सार्थकता समाज-सापेक्ष होती है। एक ही न्याय-प्रणाली किसी समाज के लिए उपयोगी हो सकती है और किसी दूसरे समाज के लिए बर्बादी का सबब बन सकती है।

ब्रिन्सले समारो और एन मारी बिसेसर द्वारा सम्पादित पुस्तक 'द कन्स्ट्रक्सन आव एन इण्डो-कैरिबियन डायस्पोरा' में नताशा सबरीना रामनारायन का एक लेख है : 'द पंचायत सिस्टम ऐज एन अर्ली फार्म आव कन्फ्लिक्ट रिसोल्युशन इन त्रिनिदाद'। न्याय-प्रणाली की समाज सापेक्षता को समझने की दृष्टि से यह लेख आँख खोलने वाला है। इस लेख में नताशा रामनारायन ने त्रिनिदाद के गाँव में प्रचलित एक कहावत का उल्लेख किया है—'यदि पंचायत के सामने झूठ बोलते हैं तो आप मूर्ख हैं, और यदि सरकारी

न्यायालय के सामने झूठ नहीं बोलते तो आप मूर्ख हैं।' इस कहावत पर कोई टिप्पणी करने से पहले मैं निर्मल वर्मा के 'इलस्ट्रेटेड वीकली ऑफ़ इंडिया', नवम्बर २०, १९८३ में प्रकाशित साक्षात्कार का उल्लेख करना चाहूँगा। इस साक्षत्कार में निर्मल वर्मा ने ब्रिटिश दण्डाधिकारी कोल्वो के एक कथन का उल्लेख किया है—'हर हिन्दू जो मेरे न्यायालय में आता है, झूठ बोलता है, पर जब वह ग्राम पंचायत में जाता है, तो सच बोलता है।' निर्मल वर्मा ने इस बात पर टिप्पणी करते हुए कहा है कि भारतीय संस्कृति कई प्रकार के झूठ और अत्याचारों का शिकार हुई है और उसने आत्मरक्षा के लिए अपना तन्त्र गढ़ लिया है। विडम्बना यह है कि झूठ बोल कर भी उसकी जान नहीं बचती और वह बर्बादी का शिकार होती है। झूठ बोलने की मजबूरी धीरे-धीरे आदत में शुमार हो जाती है और फिर कई बार तो चाह कर भी सच नहीं बोला जाता।

सबसे पहले तो हमें इस बात पर विचार करना चाहिए कि लोग पंचायत के सामने झूठ क्यों नहीं बोल पाते थे। उल्लेखनीय है कि पंचायत राज्य के द्वारा मान्यता प्राप्त न्यायाधिकरण नहीं था। इसके द्वारा लिए गये फ़ैसलों को पुलिस या ऐसे ही किसी सरकारी तन्त्र के द्वारा लागू नहीं किया जाता था। लेकिन इसके बावजूद पंचायत द्वारा लिए गये निर्णय प्राय: प्रभावी होते थे। यह सही है कि पंचायत के द्वारा दिये गये निर्णय पर बड़ी पंचायत बुला कर पुनर्विचार किया जा सकता था, लेकिन पंचायत द्वारा लिया गया अन्तिम निर्णय इतना प्रभावी होता था कि वह सरकारी अदालत द्वारा दिये गये फ़ैसले को भी दरकिनार कर देता था।

पंचायत में वादी-प्रतिवादी और पंच सभी लोग एक-दूसरे से परिचित होते थे। किसी के लिए झूठ बोल पाना आसान नहीं रहता था। वे उस व्यक्ति के इतिहास और सम्बन्धित घटना-प्रसंग से भली-भाँति परिचित होते थे। यही नहीं, व्यक्ति की मानसिक बुनावट ऐसी होती थी कि 'आधुनिक व्यक्ति की तरह झूठ बोल पाना उसके लिए आसान नहीं था। पंचायत का अस्तित्व बहुत कुछ परम्परा की निरन्तरता और उससे जुड़े हुए सांस्कृतिक मूल्यों पर निर्भर करता है। उल्लेखनीय है कि आधुनिक होने के साथ व्यक्ति में जागरूकता आती है और पारम्परिक आस्थाएँ एवं मान्यताएँ शिथिल पड़ने लगती हैं। लेकिन इसी के साथ ही वह झूठ बोलना, कुतर्क करना भी सीख जाता है। आधुनिक होना एक ऐसा पैकेज

या दुधारी तलवार है जिसमें ये दोनों चीज़ें एक साथ आती हैं। ग़ैर-आधुनिक व्यक्ति के लिए उसकी अन्तरात्मा बहुत मायने रखती है। इसीलिए कई बार वह चाह कर भी झूठ नहीं बोल पाता।

पंचायत की भूमिका ग्रामीण जीवन के सन्दर्भ में ज़्यादा प्रभावी दिखायी पड़ती है। ऊपर हमने नताशा सबरीना रामनारायन के लेख का उल्लेख किया है। इस लेख में उन्होंने अप्रवासी भारतीयों द्वारा त्रिनिदाद में पंचायती व्यवस्था को नये सिरे से कायम करने और उसके परवर्ती इतिहास का अध्ययन किया है। इन गिरमिटिया मज़दूरों का शुरुआती जीवन तो बहुत मुश्किल था लेकिन जैसे ही उन्हें शहरी इलाक़े से दूर समूह में बसाना शुरू किया गया, वैसे ही नये गाँव आबाद हो गये। नये गाँव आबाद होने के साथ अपने बिछड़े देश की सांस्कृतिक परम्पराओं को पुनर्जीवित होने का अवकाश मिल गया। इसी के साथ आपसी झगड़े निपटाने के लिए पंचायती व्यवस्था भी आ गयी। असल में औपनिवेशिक सत्ता इन गाँव में आबाद हुए भारतीयों की ख़ुशहाली के लिए कुछ भी नहीं करती थी। कोई उल्लेखनीय सरकारी संस्था भी गाँव के आस-पास नहीं थी। इसलिए सरकारी अदालतों के भँवरजाल में फँसने के बजाय गिरमिटिया मज़दूरों ने आपसी झगड़े निपटाने के लिए पंचायती व्यवस्था का सहारा लिया। इन पंचायतों में हिन्दू-मुसलमान सभी शामिल होते थे। लेकिन जैसे-जैसे नगरीकरण और शिक्षा का विस्तार हुआ, पंचायती-व्यवस्था कमज़ोर होने लगी। आधुनिक शिक्षा पाने वाले और मध्यवर्गीय पेशों में जाने वाले लोगों ने पंचायती व्यवस्था से अपना नाता तोड़ लिया।

त्रिनिदाद में पंचायती व्यवस्था के पुनर्जन्म और फिर मृत्यु के इतिहास से हम कुछ महत्त्वपूर्ण निष्कर्ष निकाल सकते हैं। इस लेख के प्रारम्भ में ही हमने इस बात का उल्लेख किया था कि असल में किसी भी न्याय-व्यवस्था की सार्थकता देशकाल-सापेक्ष होती है। ग्रामवासियों के आपसी झगड़ों को निपटाने में पंचायती व्यवस्था बहुत कारगर थी। इसीलिए गांधी और प्रेमचन्द ने अदालतों की इतनी सख़्त आलोचना की थी और ख़ुशहाल ग्रामीण जीवन के लिए पंचायतों के महत्त्व को रेखांकित किया था।

दो

लुई डूमो ने अपनी पुस्तक 'एस्सेज़ आन इंडिविजुअलइज़्म' में पंचायत से सम्बन्धित साहित्य का सर्वेक्षण करने के दौरान टिप्पणी की है कि पंचायत की भूमिका दण्डात्मक के बजाय सुलह-समझौता कराने वाली थी। किसी को ग़लत और किसी को सही साबित करने के बजाय पंचायत अक्सर बीच का रास्ता निकालने की कोशिश करती थी जिसमें न तो कोई हारता था और न कोई जीतता था। लेकिन इसका यह मतलब नहीं निकालना चाहिए कि पंचायत किसी के ख़िलाफ़ सख़्त फ़ैसले नहीं सुनाती थी।

अंग्रेज़ी राज कायम होने से पहले भारत में न्याय-व्यवस्था शास्त्रीय और लोक-परम्पराओं के सहारे चलती थी। किन्तु यदि शास्त्रीय और लोक-परम्परा की मान्यताओं में भेद हो तो लोक-परम्परा को तरजीह दी जाती थी। शास्त्रीय और लोक-परम्पराएँ सर्वत्र एक जैसी नहीं थीं। देश-भेद से उनमें पर्याप्त भिन्नता दिखायी पड़ती है। लेकिन एक भाषा, समान क़ानून के आधार पर निर्मित राष्ट्र की अपनी अवधारणाओं को अंग्रेज़-शासक भारत में भी लागू करना चाहते थे। इसलिए उन्होंने भारतीय न्याय-प्रणाली की बहुलता को नष्ट कर समूचे भारत के लिए एक जैसे क़ानून बनाये। यद्यपि प्रारम्भ में जॉन मैलकम जैसे अंग्रेज़ों ने पंचायती-व्यवस्था की अहमियत को स्वीकार किया था। लेकिन निजी मामलों को छोड़ कर और सभी सन्दर्भों के लिए उन्होंने अन्ततः समान न्याय-संहिता को ज़्यादा उपयोगी समझा और उसे लागू किया।

आधुनिक न्यायशास्त्र प्रत्यक्षवादी सेक्युलर दर्शन पर आधारित है, जिसका विकास पश्चिम के ईसाई परम्परा के बीच से हुआ था। इसीलिए इसमें ईसाई परम्परा से इतर किसी अन्य परम्परा के न्यायशास्त्र को कोई तरजीह नहीं दी गयी। अपने सार्वभौमिक महत्त्व का दावा करने के बावजूद इस न्यायशास्त्र में भारतीय, चीनी, जापानी, अफ्रीकी और इस्लामी परम्परा में विकसित न्यायशास्त्र को कोई जगह नहीं दी। यह न्याय-प्रणाली तथ्यों-साक्ष्यों के विवेचन और दोनों पक्षों के वकीलों की बहस को सुन कर तटस्थ न्यायाधीश क़ानून के मुताबिक फ़ैसला करता है कि कौन सही और कौन ग़लत है। तथ्य गढ़े जा सकते हैं, झूठे गवाह खड़े किये जा सकते हैं। महँगे किन्तु क़ानूनी दाँव-पेंच में दस वकीलों के जरिये मुकदमा जीता जा

सकता है जिस मुकदमे में हारने की सम्भावना हो उसे अनन्त काल तक खींचा जा सकता है। तटस्थ न्यायाधीश को अपने पक्ष में झुकाया जा सकता है। अगर कोई न्यायाधीश के फ़ैसले से सन्तुष्ट न हो तो वह ऊपर की अदालत में जा सकता है। प्रत्यक्षवाद का उन्नीसवीं सदी में बहुत गहरा प्रभाव था। शायद ही ऐसा कोई अनुशासन हो जो इसके प्रभाव से अछूता रह गया हो। विज्ञान से लेकर साहित्य–कला तक इसके प्रभाव का विस्तार था। यह कहना तो उचित नहीं होगा कि प्रत्यक्षवाद का असर अब पूरी तरह से ख़त्म हो गया है, लेकिन इसकी आलोचना बीसवीं सदी में ही शुरू हो गयी थी। इक्कीसवीं सदी में इसके मुरीद खोजने पर भी नहीं मिलेंगे। दर्शन और ज्ञानमीमांसा के क्षेत्र में इसका वजूद मिट गया है लेकिन सामान्य–ज्ञान/वैज्ञानिक दृष्टि के रूप में इसका असर अभी भी कायम है। ज़्यादातर अदालतों में आज भी प्रत्यक्षवादी तौर–तरीक़ों के सहारे ही फ़ैसले लिए जाते हैं।

उत्तर–औपनिवेशिक दौर में पश्चिम से आयी आधुनिकता और उसके निहितार्थों की भरपूर आलोचना की गयी। लेकिन दो ऐसे क्षेत्र हैं जिनके बारे में उत्तर–औपनिवेशिक चिन्तकों ने लगभग न के बराबर विचार–विमर्श किया है। एक है आधुनिक न्याय–व्यवस्था और दूसरी भाषा–विज्ञान। उपेन्द्र बख्शी जैसे विद्वान कम हैं जिन्होंने भारत में आधुनिक न्याय–प्रणाली की समस्याओं पर विचार किया हो। यह अकारण नहीं है कि ज़्यादातर ग़ैर–पश्चिमी देशों में आज़ादी के बाद भी इस न्याय–व्यवस्था में कोई उल्लेखनीय परिवर्तन नहीं किया गया। अपवाद हैं तो सिर्फ़ कुछ अफ्रीकी देश जिन्होंने इस न्याय–व्यवस्था के समानान्तर न्याय के अपने पारम्परिक तौर–तरीक़ों को भी आज़ादी के बाद जगह दी। आधुनिक भारत के अनुरूप न्याय–व्यवस्था का कौन सा रूप उपयुक्त और कारगर हो सकता है, यह तय करना तो विधिवेत्ताओं का काम है; लेकिन इतना तो ज़रूर कहा जा सकता है कि मौजूदा न्याय–व्यवस्था समकालीन भारतीयों की ज़रूरतों को पूरा करने में प्रायः असफल ही साबित हुई। तुलनात्मक दृष्टि से सोचने पर यह अवश्य लगता है कि राजनीतिक व्यवस्था की स्थिति तो उससे भी बदतर है। लेकिन इस लेख में मैं इस बहस से उलझने नहीं जा रहा।

पंचायत में तथ्यों–साक्ष्यों और तर्क–प्रतितर्क की प्रक्रिया का निषेध नहीं

होता। सच तो यह है कि यहाँ तथ्यों-साक्ष्यों को तोड़-मरोड़ कर और आंशिक रूप से पेश करने और उनकी मनमाफिक व्याख्या करने की गुंजाइश कम रहती है। क्योंकि पंचायत में भाग लेने वाले ज़्यादातर लोग इस समूचे घटनाक्रम से वाकिफ़ होते हैं। पंचायत यह भरोसा करके चलती है कि वादी-प्रतिवादी पंचायत के सामने झूठ नहीं बोलेंगे। इसीलिए पंचायत में व्यक्ति को बोलने से पहले सच बोलने की शपथ नहीं लेनी होती। पंचायत में वह बिना शपथ लिए सच बोलता और सरकारी अदालत में शपथ लेकर भी झूठ। क़सम खाने-खिलाने का चलन हमारे यहाँ था, लेकिन पंचायत के दौरान इसकी ज़रूरत कम ही पड़ती थी। क़सम खिला कर, गंगाजली उठवा कर सच-झूठ, ग़लत-सही का फ़ैसला दो व्यक्ति आपस में ही कर लेते थे। छोटे-मोटे विवादों के निपटारे के लिए पंचायत तक जाने की ज़रूरत नहीं पड़ती थी। इसी तरह, हर क्षेत्र में कुछ ऐसी जगहें होती थीं जिनका इस्तेमाल झगड़े निपटाने के लिए किया जाता था। ऐसी मान्यता थी कि वहाँ पहुँच कर झूठ बोलने वाले व्यक्ति का कुछ न कुछ अनिष्ट ज़रूर होगा। आपसी झगड़े निपटाने के इस तरह के बहुत सारे तरीक़े लोक-मानस ने ईजाद किये थे। यह एक ऐसा स्वायत्त क्षेत्र था जिसमें तत्कालीन सत्ता की नियामक भूमिका नहीं थी। इस क्षेत्र का दायरा घटता-बढ़ता रहा लेकिन ज़्यादातर शासकों ने इसके महत्त्व को समझते हुए इस प्रक्रिया में दख़ल देना मुनासिब नहीं समझा। ऐसा उल्लेख मिलता है कि अकबर ने इसके महत्त्व को समझा और उसे बदलने की कोशिश नहीं की। यहाँ तक कि अंग्रेज़ी शासन ने भी अपने शुरुआती दौर में इसकी भूमिका को कम करने की कोशिश नहीं की।

आधुनिक पश्चिमी समाज एक बहुत ही निर्मम और हिंसक प्रक्रिया के परिणामस्वरूप अस्तित्व में आया। औद्योगीकिकरण के शुरुआती दौर में ही गाँव के किसानों को बहुत हिंसक तरीक़े से उजाड़ दिया गया। औद्योगीकिकरण के लिए जितनी श्रमशक्ति की ज़रूरत थी उसके मुक़ाबले गाँव से बेदख़ल किये गये किसानों की संख्या कहीं ज़्यादा थी। इसलिए इन्हें आस्ट्रेलिया और न्यूजीलैंड भेज दिया गया। इस लम्बे क़िस्से को छोटा कर फ़िलहाल इतना कह कर काम चलाया जा सकता है कि पश्चिमी औद्योगिक समाजों ने ग्रामीण आबादी को न्याय सुलभ कराने की समस्या का सामना ही नहीं किया। यह समस्या मूलतः ग़ैर-पश्चिमी समाजों की

है, जहाँ बहुसंख्यक लोग अब भी गाँव में रहते हैं। हम उस न्याय-प्रणाली के जरिये, जो मुख्यत: शहरी मध्यवर्ग के अनुकूल है, बहुसंख्यक ग्रामीण आबादियों को न्याय दिला पाने के बारे में सोच भी कैसे सकते हैं!

पश्चिमी औद्योगिक समाजों में व्यक्ति के सामाजिक सम्बन्ध बहुत ही औपचारिक क़िस्म के रह गये हैं। घर-परिवार, रिश्तेदारियों और पास-पड़ोस के मायने ही उनके यहाँ बेमानी हो गये हैं। धार्मिक आस्थाएँ भी वैसी नहीं रह गयीं कि उन्हीं के सहारे कोई अपनी ज़िन्दगी गुजार ले। समस्याओं के समाधान के लिए राज्य द्वारा निर्मित संस्थाओं का सहारा लेने के अतिरिक्त उनके पास अब और कोई विकल्प नहीं रहा। व्यक्ति-केन्द्रित इस समाज में समाज की सामाजिकता क़ानून के शासन को सख़्ती से लागू करने पर ही बची रह सकती है। अन्यथा यह समाज बिखर जायेगा और मत्स्य-न्याय की स्थिति उत्पन्न हो जायेगी। वस्तुत: क़ानून के शासन को सख़्ती से लागू किये बिना आधुनिक औद्योगिक समाज का निर्माण असम्भव है। लेकिन जब तक गाँव और किसान ख़त्म नहीं होते और 'फालतू आबादी' को ठिकाने नहीं लगाया जाता, तब तक क़ानून का शासन कायम कर पाना लगभग नामुमकिन है। पश्चिमी समाजों में यह काम औद्योगीकिकरण के शुरुआती दौर में लोकतन्त्र के आगमन से पहले ही पूरा कर लिया गया था। यही नहीं, इस काम को अंजाम देने में उन्हें औपनिवेशिक देशों की लूट का लाभ भी मिला था। भारत के शासक-वर्ग के सामने चुनौती यह है कि लोकतन्त्र को कायम रखते हुए, अपनी आबादी के बड़े हिस्से को वह कहाँ ले जायें। पश्चिमी देशों की तरह अपनी 'फालतू आबादी' को किसी महाद्वीप में विस्थापित करने और उपनिवेशित देशों को लूट कर अपना घर भरने की सहूलियत इतिहास ने उसे नहीं दी है।

आधुनिक युग में नागरिक समाज का जन्म उस लोकवृत्त से हुआ जो आधुनिक राज्य के सीधे नियन्त्रण से कमोबेश मुक्त था। नागरिक समाज की गतिविधियाँ राज्य द्वारा कायम की गयी किसी संस्था के सहारे नहीं चलतीं। यह लोगों की स्वत:स्फूर्त गतिविधियों का स्वैच्छिक वृत्त है जो राजकीय और व्यक्तिगत दायरे से बाहर पड़ता है। पंचायत का चरित्र भी लगभग ऐसा ही था। लोगों ने स्वयं अपनी सहूलियत के लिए इस संस्था का विकास किया था। त्रिनिदाद में इस संस्था को पुनर्जीवित करने के

प्रयास से ऊपर कही गयी बात की पुष्टि होती है। जबकि पंचायती-राज-व्यवस्था राज्य द्वारा कायम की गयी व्यवस्था है और यह राज्य की शासन-प्रणाली का ही विस्तार है और इसे लोकवृत्त के दायरे में नहीं रखा जा सकता। इसके निर्माण और संचालन में लोगों की स्वत:स्फूर्त सक्रियता की कोई उल्लेखनीय भूमिका नहीं है। लेकिन यदि आज की तारीख़ में पुराने ढंग की पंचायत को पुनर्जीवित करने का प्रयास किया जाय तो इसके सफल होने की सम्भावना बहुत कम है। समकालीन राजनीतिक सांस्कृतिक परिवेश इसे भी अपने रंग में रँग डालेगा।

जब जाति का राजनीतीकरण हुआ और राजनीतिक दलों द्वारा इसका इस्तेमाल चुनाव जीतने के लिए किया जाने लगा तो कुछ जातियों को अपनी संख्या-शक्ति का नये सिरे से एहसास हुआ। उन्होंने जातीय पंचायतों के माध्यम से कुछ ऐसे फ़ैसले लेने शुरू किये जिन्हें आज के दौर में किसी भी तरह सही नहीं ठहराया जा सकता। किसी चीज़ का भविष्य में विकास किस रूप में होगा, यह बहुत कुछ इस बात पर निर्भर करता है कि हम उसका इस्तेमाल किस रूप में करना चाहते हैं। पुरानी पंचायत का विकास एक ज़्यादा लोकतान्त्रिक, लोकहितकारी और प्रगतिशील संस्था के रूप में भी किया जा सकता था। इस तरह की संस्था बहुसंख्यक ग्रामीण आबादी के लिए ज़्यादा उपयोगी साबित होती। दुर्भाग्य से ऐसा नहीं हुआ। इसके बजाय चुनावी राजनीति ने कुछ शक्तिशाली और संख्या-शक्तिसम्पन्न जातियों को पंचायत के नाम पर मनमानी करने की छूट दे दी। लेकिन सच्चाई यह है कि ज़्यादातर गाँवों में पंचायत की पहले जैसी भूमिका अब नहीं रही। पुरानी पंचायत के कुछ तौर-तरीक़े आज भी इधर-उधर बिखरे मिल जायेंगे। कोर्ट-कचहरी से बाहर रहकर आपसी झगड़ों के निपटारे के साक्ष्य दूर दराज के गाँवों में ही नहीं, शहरों में भी मिल जाते हैं। लेकिन एक अनौपचारिक संस्था के रूप में न तो उसका पहले जैसा वजूद बचा है और न उसके पास पहले जैसी कोई ऐसी नैतिक शक्ति रह गयी है। उसके द्वारा लिए गये फ़ैसलों को अब कोई क्यों माने ? असल में यह संस्था तभी तक अस्तित्व में रही जब तक राज्य ने इसे नियन्त्रित या ख़त्म करने की कोशिश नहीं की। त्रिनिदाद के अनुभव से यह सूझ भी मिलती है कि राज्य अपनी तरफ़ से कोई प्रयास न करे तब भी ये संस्था तभी तक चल सकती है जब तक ग्रामीण समाज बचा रहता है। विडम्बना यह है कि भारत में ग्रामीण समाज अभी भी बचा

रह गया है और निकट भविष्य में भी उसके ख़त्म होने की कोई सूरत नज़र नहीं आ रही। इसके बावजूद यह संस्था छिन्न–भिन्न हो गयी है। बहुसंख्यक आबादी को शीघ्र न्याय सुलभ कराने का क्या कोई आसान और कम ख़र्चीला तरीक़ा खोजा जा सकता है?

भारतीय परम्परा का लोकतन्त्र

संविधान द्वारा निर्मित संस्थाओं में आज की तारीख़ में विधायिका सबसे संदिग्ध और अविश्वसनीय संस्था बन गयी है। इसका कारण यह है कि राजनीति और राजनीतिक दलों के चरित्र का जिस तरह पतन हुआ है, उसका असर विधायिका के स्वरूप पर भी दिखायी पड़ रहा है। यह बात किसी एक राजनीतिक दल-विशेष तक सीमित हो, ऐसा नहीं है। प्रायः सभी राजनीतिक दलों में इसके लक्षण दिखायी पड़ते हैं। यदि इस प्रकार का कोई सर्वेक्षण कराया जाय जिसमें लोगों से राजनीति और राजनीतिक दलों के बारे में उनकी राय पूछी गयी हो, तो राजनीति और राजनीतिक दलों पर भरोसा करने वालों की संख्या स्वाधीन भारत में इस समय सबसे निचले पायदान पर होगी। यह अजीब विडम्बना है कि राजनीति, जिसके सहारे लोकतन्त्र चलता है, इस समय सबसे ज़्यादा अविश्वसनीय और संदिग्ध बन गयी है। एक तरह से कहा जाय तो राजनीतिक-सामाजिकता और आपराधिकता के बीच की विभाजक रेखा बहुत ही धुँधली हो गयी है। राजनीति में अब ऐसे ही व्यक्तियों के लिए जगह बची है या राजनीति में ऐसे ही लोग जा सकते हैं या सफल हो सकते हैं जिनका चरित्र एक सभ्य नागरिक की अवधारणा में फिट नहीं बैठता। इसका आशय यह है कि नागरिक समाज और राजनीतिक विमर्श के बीच कोई सम्बन्ध नहीं बचा है। जो राजनीति में है वह अच्छा नागरिक नहीं है। जो अच्छा नागरिक है, वह राजनीति में नहीं है; राजनीतिक तन्त्र को उसकी ज़रूरत भी नहीं है।

उल्लेखनीय है कि लोकतान्त्रिक समाज में राजनीति को नागरिक समाज की गतिविधियों के विस्तार के रूप में ही देखा जाता रहा है। एक तरह से नागरिक-समाज की चिन्ताओं को मूर्त रूप देने और समाज को बदलने

के साधन के रूप में नागरिक समाज ने राजनीति की परिकल्पना की। इस तरह सोचें तो राजनीतिक विमर्श को नागरिक समाज की चिन्ताओं से अनुशासित होना चाहिए। लेकिन विडम्बना यह है कि नागरिक समाज और राजनीतिक-विमर्श के बीच आज की तारीख़ में अन्तर्क्रिया के सारे सूत्र टूट गये हैं। राजनीति ने अब नागरिक-समाज से पूरी तरह से स्वतन्त्र विमर्श का रूप ले लिया है। चुनाव जीतने, जनता को प्रभावित करने और सरकार बनाने के तौर-तरीक़े का इस तरह विकास हुआ है कि नागरिक समाज के बीच होने वाले चिन्तन और अपेक्षाओं से अब उसे कुछ भी ग्रहण करने की ज़रूरत का एहसास नहीं होता।

इस राजनीतिक तन्त्र ने शासन करने के ऐसे तौर-तरीक़े विकसित कर लिए हैं कि लोकमत और नागरिक समाज की चिन्ता उसे नहीं सताती। अब समस्या यह है कि लोकमत और नागरिक समाज की चिन्ताएँ कैसे सामने आएँ, क्योंकि राजनीतिक विमर्श में उसके लिए जगह ही नहीं बची है। कुछ हद तक अब नागरिक समाज और लोकमत की चिन्ताओं की अभिव्यक्ति के दो ही रूप बचे रह गये हैं।

पहला यह कि ऐसे जनान्दोलन के रूप में नागरिक समाज और लोकमत की अपेक्षाएँ सामने आ सकती हैं, जिसका स्वरूप मौजूदा राजनीतिक दलों के स्वरूप से गुणात्मक रूप से भिन्न हो, जिसे मौजूदा राजनीतिक संस्कृति हजम न कर पाये। संविधान द्वारा प्रदत्त संस्थाओं में कुछ अंशों में नागरिक समाज की चिन्ताएँ न्यायपालिका के माध्यम से सामने आ जाती हैं, क्योंकि न्यायपालिका का चरित्र समकालीन राजनीतिक विमर्श से पूरी तरह निर्धारित नहीं होता। इसीलिए न्यायपालिका के कई ऐसे निर्णय आते रहते हैं जिसमें नागरिक समाज की चिन्ताओं की झलक दिखायी पड़ती है और जो विधायिका की कारगुजारियों पर कुछ अंकुश लगाते से प्रतीत होते हैं।

जैसे-जैसे राजनीतिक संस्कृति का पतन होता जा रहा है और उसकी विश्वसनीयता घटती जा रही है वैसे-वैसे राजनीति से जुड़े हुए विभिन्न दल अपने वर्चस्व और एकाधिकार को और अधिक बढ़ाने की ओर प्रवृत्त होते दिख रहे हैं। उन्हें यह भय सताता है कि उनकी आलोचना करने वाली जो आवाज़ें न्यायपालिका और अन्य माध्यमों से सामने आ रही हैं वे उनके वर्चस्व को चुनौती दे सकती हैं। पिछले दिनों उच्च और सर्वोच्च न्यायालयों

के न्यायाधीशों की नियुक्ति प्रक्रिया में बदलाव की कोशिशों के निहितार्थ को इसी परिप्रेक्ष्य में देखना चाहिए। ऐसा कैसे हो सकता है कि जो संस्था सबसे ज़्यादा संदिग्ध और अविश्वसनीय हो चुकी हो, वह उस संस्था को ठीक करने का जिम्मा उठाये, जो तुलनात्मक रूप से फिर भी कुछ विश्वसनीय है। पिछले दिनों आये सुप्रीम कोर्ट के उस फ़ैसले को सभी राजनीतिक दल मिल कर सर्वसम्मति से बदलने पर उतारू हैं, जिसके अनुसार दो साल की सज़ा पाने वाले सांसद–विधायकों की सदस्यता ख़त्म हो सकती है। इस सर्वसहमति एवं सर्वसम्मति से इस बात की पुष्टि होती है कि सभी राजनीतिक दल एक ही थैली (संसदीय राजनीतिक तन्त्र–मन्त्र) के चट्टे–बट्टे हैं। राजनीतिक दलों की नीयत पर इसलिए भी सन्देह होता है कि पिछले दिनों उन्होंने असाधारण आम सहमति दिखाते हुए आर.टी.आई. के दायरे से ख़ुद को बाहर कर लिया। ऐसी सहमति तो पाकिस्तान के साथ कैसे बर्ताव किया जाय, इस मुद्दे पर भी नहीं दिखायी पड़ती। ये कहना कुछ ज़्यादती नहीं होगी कि राजनीतिक तन्त्र ने ख़ुद को एक ऐसे वर्ग के रूप में स्थापित कर लिया है, जो सामान्य नागरिकों पर लागू होने वाले क़ानून के दायरे से बाहर हो गया है। इस तरह आज जो हालात बन रहे हैं, उसे देखते हुए इस दौर को संसदीय राजशाही का दौर कहना अनुचित न होगा।

भारत में विधायिका और राजनीतिक संस्कृति के पतन पर विद्वानों ने पिछले दिनों गम्भीर विचार–विमर्श किया है। इस प्रसंग में जो बातें निकल कर आ रही हैं, वह पहली नज़र में चौंकाने वाली हैं। मिथी मुखर्जी ने तो भारतीय संविधान को ही 'इम्पीरियल संविधान' कहा है। उन्होंने इस ओर ध्यान दिलाया है कि भारतीय संविधान की प्रस्तावना में स्वतन्त्रता के बजाय न्याय को भारतीय संविधान की सबसे बुनियादी और नियामक अवधारणा के रूप में रखा गया है। अलग–अलग समुदायों, वर्गों, धर्मों के साथ कैसे नाइन्साफ़ी न हो, यह तय करना विधायिका/संसद का मूलभूत कार्य है। उल्लेखनीय है कि औपनिवेशिक शासकों ने भारत की परिकल्पना विभिन्न धर्मों, समुदायों, क्षेत्रों, वर्गों और जातियों में बँटे हुए समूह के रूप में की थी, जो आपस में एक–दूसरे से लगातार लड़ते रहते थे। इसी आधार पर वे यह तर्क देते थे कि भारत एक राष्ट्र बन ही नहीं सकता। अंग्रेज़ी शासन भारतवासियों के लिए अभिशाप नहीं, वरदान है।

क्योंकि भारतीय न होने के कारण इन समूहों के बीच होने वाले संघर्ष में वही एक निष्पक्ष रेफरी की भूमिका निभा सकता है और भारत में शान्ति-व्यवस्था कायम कर सकता है। भारतीय संविधान निर्माताओं ने संसद या विधायिका की भूमिका को लगभग इसी रूप में परिभाषित किया। औपनिवेशिक राजशाही की तरह संसद की भूमिका भी भारतीय समाज के विभिन्न समूहों के साथ न्याय करना और शान्ति व्यवस्था बनाये रखना माना गया। यह सही है कि सांसदों का चुनाव सार्वभौमिक मताधिकार के आधार पर किया जाना तय हुआ लेकिन उसी के साथ यह भी माना गया कि जनता स्वयं सीधे-सीधे अपनी आकांक्षाओं को अभिव्यक्त करने में समर्थ नहीं है, और यदि उसे समर्थ मान कर इस प्रकार की छूट दे दी जाय तो समाज में अराजकता फैल जायेगी, शान्ति व्यवस्था बनाये रखना असम्भव हो जायेगा। इस तरह वोट दे देने के बाद जनता की स्थिति कुछ-कुछ वैसे ही हो जाती है जैसे अपने वकील को पावर आफ एटार्नी दे देने के बाद मुवक्किल की होती है। लहरी ने 'संविधान सभा की बहसें-खण्ड तीन' में लिखा है कि अन्ततः संविधान सभा के सदस्यों ने सारा दारोमदार सांसदों/विधायकों की दया और उनके नेताओं के चरित्र पर डाल दिया। इस तरह संसद को ऐसी शक्ति मिल गयी जिसके सहारे न्यायपालिका समेत किसी भी अन्य संवैधानिक संस्था के नियम-निर्देश-निर्णयों को, जनता के पास गये बिना, चाहे तो वह निरस्त कर दे। संसद की इस नियामक भूमिका पर जोर देते हुए नेहरू ने संविधान सभा में कहा था कि संसद की सम्प्रभु इच्छा के रास्ते में कोई सुप्रीम कोर्ट या न्यायपालिका का फ़ैसला नहीं आ सकता है, क्योंकि संसद समूचे समुदाय की इच्छा का प्रतिनिधित्व करती है। अन्ततः समूचा संविधान संसद द्वारा निर्मित किया गया है।' संविधान को संसद की निर्मिति बता कर नेहरू ने प्रकारान्तर से संसद को सुप्रीम कोर्ट ही नहीं, संविधान से भी ऊपर रखा। इस समझ से संविधान की सम्प्रभुता ख़त्म हो जाती है और संविधान को एक विलक्षण दस्तावेज़ के रूप में देखने और उसके अनुसार राजनय चलाने की ज़रूरत का एहसास भी मिट जाता है। इस तरह संविधान एक ऐसे सामान्य क़ानूनी-दस्तावेज़ में बदल जाता है जिसको संसद जैसे चाहे, बदल सकती है। इस तरह संसद एक ऐसी आत्मचालित संस्था बन जाती है जिसे अपने कार्य-व्यापार के लिए न्यायपालिका ही नहीं, जनता का भी मुँह ताकने की ज़रूरत नहीं रह जाती है। संसद की सम्प्रभुता अन्ततः विधायी सम्प्रभुता

का रूप ले लेती है और न्याय की विधायी सम्प्रभुता का आधार सबके प्रति समानता का आदर्श बन जाता है। और फिर न्याय की समानता के निकष को तय करने का विशेषाधिकार संसद को मिल जाता है। इस प्रकार स्वाधीनता की अवधारणा न्याय के अधीन हो जाती है। औपनिवेशिक राज्य की तरह सारी शक्ति संसद के हाथ में आ जाती है और स्वाधीन भारत के नवनिर्माण की ज़िम्मेदारी भी उसकी हो जाती है। जनता की हैसियत राज्य द्वारा दी जाने वाली सुविधाओं को प्राप्त करने वाली निष्क्रिय प्रजा में रूपान्तरित हो जाती है। संसद एक ऐसी संस्था के रूप में उभरती है, जो भले ही यह दावा करे कि उसका निर्माण जनता के द्वारा चुने गये प्रतिनिधियों के द्वारा हुआ है, किन्तु उसकी ज़िम्मेदारी और जवाबदेही वास्तव में किसी के प्रति नहीं रह जाती और फिर वह जनता को अपनी मर्ज़ी के मुताबिक संचालित करने लगती है। जनता के प्रतिनिधि जनता पर शासन करने वाले शासक बन जाते हैं। यह सही है कि भारत की आज़ादी व्यापक जनान्दोलन के कारण सम्भव हुई, किन्तु राजनीतिक निर्णय की प्रक्रिया में जनता की सक्रिय और सीधी भागीदारी संविधान निर्माताओं को रास नहीं आयी। उनके अनुसार जनता और सत्ता के प्रतिनिधि के बीच हर हाल में अन्तर बनाये रखना ज़रूरी है। सच्चाई तो यह है कि यदि अम्बेडकर ने ज़िद न की होती तो संविधान निर्माताओं ने सार्वभौमिक मताधिकार को भी सीमित कर दिया होता। इसके बावजूद उन्होंने इस प्रकार के किसी भी विधान को अस्वीकार कर दिया जिसके तहत महत्त्वपूर्ण राजनीतिक निर्णयों में जनता की सीधी भागीदारी सम्भव हो सकती। इसीलिए जनमत-संग्रह या सांसद-विधायकों को वापस बुलाने जैसे अधिकारों को उन्होंने मंजूरी नहीं दी। संविधान सभा के सदस्य के.टी. शाह ने इस मुद्दे पर बोलते हुए कहा कि क्योंकि आप अभी भी जनता पर पूरी तरह विश्वास नहीं कर पा रहे, क्योंकि आप अभी भी इस बात का एहसास नहीं कर पा रहे कि सक्रिय लोकतन्त्र के द्वारा ही भारत में लोकतन्त्र की स्थापना होगी, इसीलिए आपने मेरे उन सुझावों को संविधान में शामिल नहीं किया जिनके जरिये ऐसा सम्भव हो सकता।

वास्तव में यह भारत की जनता और सही मायने में लोकतन्त्र पर भी अविश्वास का परिणाम है। असल में भारतीय संविधान-निर्माताओं पर समाजवादी राजनेताओं का भी गहरा प्रभाव था। समाजवादी राजसत्ताएँ

सामाजिक और आर्थिक रूपान्तरण में नागरिक समाज के बजाय राजसत्ता की भूमिकाओं को ज़्यादा महत्त्वपूर्ण मानती थी और स्वतन्त्रता की अवधारणा को सन्देह की दृष्टि से देखती थीं। एक फ़र्क़ ज़रूर है कि समाजवाद में विधेयक और विधि की परिकल्पना सार्वभौमिक थी और वे नागरिक समाज को समरूप मानते थे। भारतीय संविधान निर्माता न्याय की समता-परक अवधारणा को सार्वभौमिक नहीं मानते थे क्योंकि उनके अनुसार भारतीय समाज समुदायों में बँटा था और उनके लिए अलग-अलग तरह के क़ानून की ज़रूरत थी। भारतीय सन्दर्भ में स्वतन्त्रता का सम्बन्ध व्यक्ति से ज़्यादा समुदायों से था। इस समझ का परिणाम यह हुआ कि एक समान नागरिक के रूप में व्यक्ति की पहचान सिर्फ़ चुनाव के वक़्त वोट डालने वाले वोटर के रूप में सीमित हो गयी। उससे बाहर उसकी पहचान किसी समुदाय के एक सदस्य के रूप में निर्धारित की गयी। दुनिया के दूसरे संविधानों के मुक़ाबले भारतीय संविधान की विलक्षणता यह है कि इसमें अपवाद का तर्क इतना प्रभावशाली है कि उसके सहारे राज्य किसी भी प्रकार का निर्णय ले सकता है और उसे वैध भी ठहरा सकता है। आपातकाल की घोषणा से लेकर जन-आन्दोलनों को कुचलने तक अपवाद के इस नियम की व्याप्ति दिखायी पड़ती है। बाह्य संकट ही नहीं, आंतरिक संकट और आर्थिक-संकट के तर्क से भी जनता को अधिकारों से वंचित किया जा सकता है। इसीलिए कुछ लोगों का मानना है कि वास्तव में संविधान जनता की इच्छाओं का परिणाम नहीं है, बल्कि राज्य द्वारा जनता को दिया गया उपहार है। इसीलिए समतापरक न्याय दिलाने का दावा करने वाली संसद का चरित्र राजशाही के चरित्र से गुणात्मक रूप से भिन्न नहीं रह गया है। या शायद उससे भी बदतर हो गया है।

दो

पश्चिम में आधुनिक राजनीतिक चिन्तन का जिस रूप में विकास हुआ उसके केन्द्र में अस्मिता की अवधारणा है। अस्मिता चाहे किसी व्यक्ति की हो या किसी समुदाय की हो या किसी वर्ग या राष्ट्र की ही क्यों न हो। राजनीति और राजनीतिक विचारधाराएँ इन्हीं अस्मिताओं की आकांक्षाओं का प्रतिनिधित्व करती हैं और राजनीतिक दल उसे साकार और व्यवस्थित

रूप देते हैं। इस प्रकार की राजनीति के मूल में भौतिक सुख-समृद्धि और समानता की अवधारणा है। भारतीय चिन्तन परम्परा में जीवन का चरम पुरुषार्थ लम्बे समय तक 'मोक्ष' रहा है। मोक्ष की अवधारणा संन्यास के रूप में साकार होती है। मोक्ष और संन्यास की अवधारणा नैतिक आदर्श के रूप में भारतीय समाज को प्रभावित करती रही। हालाँकि, संन्यासी समाज में व्याप्त बुराइयों को दूर करने के प्रति वैचारिक रूप से तो सक्रिय रहे, लेकिन एक व्यक्ति के रूप में कोई सार्थक भूमिका निभाने की ज़रूरत का एहसास उन्हें प्रायः नहीं हुआ। वैसे तो ये कहना भी एक सरलीकरण ही है, क्योंकि बुद्ध से लेकर कबीर तक अनेक ऐसे उदाहरण देखे जा सकते हैं, जिन्होंने इन दोनों भूमिकाओं का एक साथ निर्वाह किया है। इसके बावजूद ये कहना ग़लत नहीं होगा कि समाज की चिन्ता के मुक़ाबले आध्यात्मिक मुक्ति को हमारे यहाँ ज़्यादा तरजीह दी गयी। अध्यात्म के साथ-साथ समाज को भी सुधारने का गहरा एहसास भक्तिकालीन कवियों में दिखायी पड़ता है, उनमें भी कबीर का नाम विशेष रूप से उल्लेखनीय है। इस परम्परा का विकास आगे विवेकानन्द और गांधी में दिखायी पड़ता है। गांधी का भारतीय चिन्तन परम्परा में महान योगदान ये है कि उन्होंने संन्यास के रूप में सांसारिकता से मुक्त होने की अवधारणा को अन्याय और सामाजिक बुराइयों के विरुद्ध संघर्ष से जोड़ दिया। इस प्रकार उन्होंने एक ऐसी राजनीति की परिकल्पना की जिसके केन्द्र में तपस्या, सेवा, त्याग और बलिदान के आदर्श थे। इस प्रकार उन्होंने संवैधानिक और क़ानूनी अधिकारों की अवधारणा को ही एक भारतीय रूप नहीं दिया, बल्कि राजनीति की भी एक नयी और भारतीय परिकल्पना पेश की। गांधी ने लिखा है कि संन्यासी राजनीति के लिए सबसे उपयुक्त व्यक्ति है, क्योंकि वह संसार में रहते हुए भी संसार से बाहर है। लेकिन ये संन्यासी पहले के संन्यासी से भिन्न होगा। उन्होंने लिखा है, 'इस युग में केवल राजनीतिक संन्यासी ही संन्यास के आदर्श को पूर्ण और सुशोभित कर सकता है, दूसरे तो केवल संन्यासी के गेरुआ वस्त्र को धूमिल ही करेंगे।' इसी आधार पर गांधी ने स्वाधीनता के आदर्श को हमेशा मोक्ष के आदर्श के अधीन बताया और कहा कि स्वराज की प्राप्ति का लक्ष्य मोक्ष के आदर्श का एक हिस्सा है। गांधी ने जिस प्रकार के समाज और राजनीति की परिकल्पना की उसके मूल में ये चिन्ता थी कि पूँजीवादजन्य भौतिकवाद और उसकी बुराइयों से कैसे मुक्ति पायी

जाय। इसीलिए पश्चिम के बजाय उन्होंने पश्चिमी आधुनिकता को अपनी आलोचना का निशाना बनाया। गांधी के चिन्तन का महत्त्व अस्मिता केन्द्रित राजनीति की विडम्बनाओं के परिप्रेक्ष्य में ज़्यादा बेहतर ढंग से समझ में आता है, क्योंकि अस्मिता केन्द्रित राजनीति अन्ततः उन्हीं बुराइयों में फँस जाती है, जिनसे मुक्ति पाने के उद्देश्य से उसकी शुरुआत होती है।

गांधी के राजनीतिक चिन्तन का महत्त्व समाजवादी ढंग का समाज बनाने के प्रयासों की विडम्बनापूर्ण परिणति के सन्दर्भ में और भी निखर कर सामने आता है। समाजवादी समाज–निर्माण के दौरान सामाजिक और आर्थिक असमानता दूर करने के प्रयास तो हुए, लेकिन एक ऐसी संस्कृति और आदर्शों का विकास नहीं हो पाया, जिसके सहारे भौतिक और ऐन्द्रिक सुख और लोभ–लाभ से आगे निकला जा सकता। दूसरे शब्दों में कहें तो समाजवाद समानता की बात करने के बावजूद पूँजीवादी भौतिक संस्कृति का विकल्प नहीं पेश कर पाया। पश्चिमी संस्कृति द्वारा निर्धारित राजनीति और विकास की आज की परिणतियों को देखने के बाद क्या इस ज़रूरत का एहसास नहीं होता कि हम उन विकल्पों की ओर लौटें और उन पर विचार (पुनर्विचार) करें, जिनकी प्रस्तावना गांधी ने की थी।

विकास बनाम लोकतन्त्र

मलेशिया के पूर्व प्रधानमन्त्री महातिर बिन मोहम्मद ने एक आयोजन में बोलते हुए जो कुछ कहा, उसका लब्बोलुआब यह है कि भारत में आधुनिकीकरण और विकास की गति तेज़ करनी है तो लोकतान्त्रित अधिकारों को सीमित करना पड़ेगा और राज्यों के अधिकार और भी कम कर ज़्यादा शक्तिशाली केन्द्रीय शासन कायम करना होगा। उन्होंने एक तरह से सीमित प्रजातन्त्र की वकालत करते हुए चीन का उदाहरण दिया कि चीन पिछले साठ वर्षों के दौरान सीमित प्रजातन्त्र के कारण ही दुनिया की फ़ैक्ट्री बन गया।

महातिर बिन मोहम्मद के तर्क की पुष्टि एशियन टाइगर और दक्षिणी कोरिया के आधुनिकीकरण की प्रक्रिया से भी होती है। यही नहीं, पूर्व समाजवादी देश यदि एक समय तक औद्योगीकरण बहुत तेजी से करने में सफल रहे तो उसका एक बहुत बड़ा कारण समाजवाद के निर्माण के नाम पर लोकतान्त्रित अधिकारों पर लगायी गयी बंदिश भी थी। यह सही है कि बाद में इस बंदिश के बावजूद समाजवादी देशों में विकास की गति मंद पड़ गयी। लेकिन चीन ने अपने ढंग से इस समस्या का हल खोज लिया। राजनैतिक अधिकार दिये बिना और केन्द्रीय शासन को यथावत् बनाये रखते हुए भी उसने प्रत्यक्ष विदेशी निवेश के लिए अपने दरवाज़े खोल दिये। उत्पादन के पूँजीवादी ढंग को अपना कर विकास की गति को और भी तेज़ करने में वह सफल रहा।

महातिर मोहम्मद के इन तर्कों की भारत के बुद्धिजीवियों और राजनेताओं ने काफ़ी आलोचना की है। लेकिन इस तर्क-वितर्क में अपनी राय बनाने से पहले यह देखना दिलचस्प होगा कि पूँजीवादी विकास और लोकतन्त्र

के अन्तर्सम्बन्ध का इतिहास क्या रहा है। महातिर मोहम्मद का वक्तव्य पढ़ते हुए मुझे अचानक सुदीप्तो कविराज के लेख 'एन आउटलाइन ऑफ़ ए रिविजनिस्ट थ्योरी ऑफ़ मॉडर्निटी' का ख्याल आया। सामान्य रूप से यूरोप और आधुनिकता की कहानी जिस रूप में हमलोगों को पढ़ायी गयी है, उसके मुताबिक सेक्युलरिज्म, वैज्ञानिकता-तार्किकता, समानता और सार्वभौमिक मताधिकार पर आधारित लोकतन्त्र—ये सभी चीज़ें पश्चिम में एक साथ आयीं। इन्हीं के परिणामस्वरूप पश्चिम आधुनिकीकरण और औद्योगीकरण के मार्ग पर तेजी से आगे बढ़ गया। जिन समाजों में इन विशेषताओं का अभ्युदय नहीं हुआ, वे पिछड़ गये और उनके यहाँ आधुनिकता का सूत्रपात औपनिवेशिक शासन कायम होने पर ही हुआ। इस तर्क में उपनिवेशवाद भले ही बुराई हो लेकिन वह एक ऐसी ज़रूरी बुराई है जिसके बिना ये समाज आधुनिकता की राह पर आगे नहीं बढ़ सकते थे। सम्भवत: इसीलिए कार्ल मार्क्स ने अंग्रेज़ी औपनिवेशिक शासन की काफ़ी आलोचना करने के बावजूद भारत में आधुनिकता के सूत्रपात का श्रेय भी उसे दिया। उपनिवेशवाद की इस 'प्रगतिशील' भूमिका का उल्लेख भारत सम्बन्धी लेखों के अतिरिक्त मार्क्स ने 'पूँजी' के खण्ड-एक में भी किया है। लिखते हैं—'आधुनिक यूरोप के इतिहास में एशिया, अफ्रीका और लैटिन अमेरिका के भविष्य की छवि देखी जा सकती है।'

मार्क्स के चिन्तन का निहितार्थ यह था कि समूची दुनिया में आधुनिकता के यूरोपीय मॉडल का 'डिफ्यूजन' होगा। इसी सोच के मुताबिक पचास के दशक में समाजशास्त्री आधुनिकीकरण के सिद्धान्त की, राजनीतिशास्त्री राजनीतिक विकास के सिद्धान्त की और अर्थशास्त्री विकास के आर्थिक सिद्धान्त की चर्चा में मुब्तिला थे। कुल मिला कर ये सभी 'संक्रमण की सैद्धान्तिकी' निर्मित करने में लगे थे। लेकिन यह बात तो अब जा कर ठीक से समझ में आयी है कि यूरोपीय आधुनिकता के मॉडल का उसी रूप में ग़ैर-यूरोपीय समाजों में 'डिफ्यूजन' सम्भव ही नहीं था। यूरोप में आधुनिकता के अभ्युदय का सन्दर्भ और समय कुछ और था, ग़ैर-यूरोप में कुछ और है। इसलिए आधुनिकता के यूरोपीय मॉडल की ग़ैर-योरोपीय समाजों में यथावत् पुनरावृत्ति असम्भव है। आधुनिकता के एकवचनी यूरोप-केन्द्रित महाआख्यान को बहुवचनी होना ही था। दाढ़ में खाज यह कि अब इस महाआख्यान के साथ प्रकृति और पर्यावरण का

मुद्दा भी जुड़ गया है।

सुदीप्तो कविराज का लेख हमें यूरोप के विभिन्न देशों में आधुनिकता के विकास के इतिहास का ज़्यादा गहराई से परिचय कराता है। इस लेख से हमें यह समझने में मदद मिलती है कि स्वयं पश्चिम के विभिन्न देशों में आधुनिकता के विकास का इतिहास एक जैसा नहीं रहा है। आधुनिकता से जुड़ी हुई जिन बुनियादी विशेषताओं का उल्लेख हमने इस लेख के प्रारम्भ में किया था, वे विशेषताएँ पश्चिम में एक ही साथ और एक ही समय में नहीं आयीं। इनका विकास धीरे-धीरे और समय के साथ हुआ। इस प्रसंग की विस्तृत चर्चा यहाँ उचित नहीं होगी लेकिन हमारे लिए जो काम की बात है वह यह कि जिस समय पश्चिम के आधुनिकीकरण की प्रक्रिया परवान चढ़ रही थी, वहाँ न तो लोकतन्त्र था और न लोकतान्त्रिक अधिकार और न ही सार्वभौमिक मताधिकार। लोकतान्त्रिक संस्थाओं और अधिकारों के अभाव में औद्योगीकरण की प्रक्रिया को निर्ममतापूर्वक आगे बढ़ाना ज़्यादा आसान था।

बाद में मज़दूर आन्दोलन तथा दूसरे आन्दोलनों के दबाव में लोकतन्त्र की स्थापना ज़रूर हुई और नागरिकों को लोकतान्त्रिक अधिकार भी मिल गये। लेकिन इससे ये निष्कर्ष निकालना कि पूँजीवादी विकास और लोकतन्त्र एक ही सिक्के के दो पहलू हैं, ग़लत होगा। इस परिप्रेक्ष्य में महातिर मोहम्मद के तर्क को देखें तो उनकी बात में दम लगता है। ये ज़रूर है कि बड़े पैगाने का पूँजीवादी औद्योगीकरण जनसंख्या के एक बड़े हिस्से के तबाही की क़ीमत पर ही सम्भव होता है। इंग्लैण्ड में भी किसानों को इस तरह की तबाही झेलनी पड़ी थी। यूरोप के पास अमेरिका और आस्ट्रेलिया जैसे दो महाद्वीप थे, जहाँ वे अपनी आबादी के एक हिस्से को स्थानान्तरित कर सकते थे। यही नहीं, उन्होंने दूसरे उपनिवेशों में भी यूरोपीय आबादी के एक हिस्से को स्थानान्तरित कर और इन उपनिवेशों के संसाधनों का दोहन कर इस समस्या का हल निकाल लिया। भारत या चीन जैसे देश, जहाँ आबादी का घनत्व काफ़ी ज़्यादा है, अपनी आबादी के बड़े हिस्से को दूसरे महाद्वीप में स्थानान्तरित नहीं कर सकते। ऐसा सौभाग्य तो सिर्फ़ साम्राज्यवादी देशों को ही मिला था। इसीलिए चीन में तीव्र आर्थिक विकास के लिए यह ज़रूरी था कि लोगों को लोकतान्त्रित अधिकारों से वंचित रखा जाय। पूँजीवादी ढंग का तीव्र आर्थिक विकास

और लोकतान्त्रिक अधिकार दोनों का सहअस्तित्व एक साथ नहीं चल सकता। ये बिलकुल सम्भव है कि भविष्य में पूँजीवादी विकास की एक ऊँचाई प्राप्त कर लेने पर पश्चिम की तरह चीन में भी लोगों को लोकतान्त्रिक अधिकार दे दिये जायें लेकिन 'संक्रमणकाल' में जब विकास की तीव्र गति को बनाये रखने के लिए आबादी के एक हिस्से को बर्बाद और तबाह करना ज़रूरी होता है, लोकतान्त्रिक अधिकार देने से विकास की गति के धीमे पड़ने की सम्भावना से इन्कार नहीं किया जा सकता। महातिर मोहम्मद जो बात कह रहे हैं, औद्योगीकरण के इतिहास से उसकी पुष्टि होती है। उनकी बात अप्रिय हो सकती है किन्तु असत्य नहीं। किन्तु इस बात की क्या गारंटी है कि सीमित प्रजातन्त्र के साथ भारत में चीन जैसी समृद्धि ही आयेगी। यदि सीमित लोकतन्त्र या फिर तानाशाही से समृद्धि ही आती तो पाकिस्तान समेत ऐसे सभी देशों को भारत से आगे होना चाहिए था।

चीन के विकास की कहानी को सिर्फ़ सीमित लोकतन्त्र के आधार पर नहीं समझा जा सकता है। इसके लिए चीनी सभ्यता और समाज के वैशिष्ट्य पर ग़ौर करना ज़रूरी है और उसे समझने के लिए चीनी सभ्यता के इतिहास को जानना आवश्यक है। भारतीय समाज के विपरीत चीनी सभ्यता के आदर्श नैतिक चिन्तक रहे हैं और उनके चिन्तन को धार्मिकता के साथ एक सीमा के बाद नहीं जोड़ा जा सकता। चीनी सभ्यता में अपने समाज के इतिहास और स्मृति को संरक्षित करने, लिखित रूप देने और राज्य के शासन एवं राजनय को महत्त्व देने की परम्परा रही है। चीनी समाज में समरूपता ज़्यादा थी जबकि भारतीय समाज में विविधता। राज्य और राजनय की केन्द्रीयता के कारण चीन के इतिहास में घटित होने वाले परिवर्तनों का स्वरूप प्रायः हिंसक रहा है। चीनी समाज में राज्य और राजनयिकों की वैसी ही केन्द्रीयता रही है और उन्हें वैसा ही महत्त्वपूर्ण स्थान दिया जाता रहा है, जैसा भारतीय समाज में ऋषियों, मुनियों या संन्यासियों को। इन्हीं विलक्षणताओं के कारण चीन कभी भी भारत की तरह उपनिवेशवाद का शिकार नहीं हुआ। भारत के उपनिवेशवाद-विरोधी राष्ट्रीय आन्दोलन में भी हिंसक संघर्ष का सहारा कम ही लिया गया, जबकि चीन की समाजवादी क्रान्ति मूलतः एक हिंसक क्रान्ति थी, जिसने चीनी समाज की संरचना को गुणात्मक रूप से बदल दिया। स्वाधीनता आन्दोलन के पश्चात् चीन जैसे गुणात्मक और बुनियादी परिवर्तन भारतीय

समाज में नहीं आये। समाजवादी क्रान्ति यदि चीन में सम्भव हुई और भारत में गांधी का मार्ग कामयाब रहा तो इसके पीछे गांधी और माओत्सेतुंग के व्यक्तित्व और विचारधारा के साथ-साथ दोनों सभ्यताओं के वैशिष्ट्य का भी योगदान है। कहने का आशय यह है कि माओत्सेतुंग भारत में सफल नहीं हो सकते थे और गांधी चीन में। आख़िरकार विचारधारा और करिश्माई नेतृत्व की सफलता और असफलता का निर्धारण किसी समाज के वैशिष्ट्य से ही होता है।

नवजनवादी और सांस्कृतिक क्रान्ति के बाद चीनी समाज में पारम्परिक मूल्य और नैतिक आदर्श पूरी तरह से ख़त्म हो गये। इसके परिणामस्वरूप समाजवादी समाज का निर्माण भले ही न हुआ हो लेकिन उसने पूँजीवादी परिवर्तन के मार्ग में आने वाले अवरोधों को पूरी तरह से ख़त्म कर पूँजीवाद के दुर्निवार विकास के लिए रास्ता ज़रूर साफ़ कर दिया। संक्षेप में कहें तो चीन और दक्षिण-पूर्व एशियाई देश पश्चिमी ढंग की पूँजीवादी आधुनिकता के लिए ज़्यादा उपयुक्त साबित हुए। इसी से यह बात भी स्पष्ट होती है कि दूसरे ग़ैर-पश्चिमी देशों की तुलना में इन देशों ने आर्थिक विकास की इतनी तेज़ गति क्यों प्राप्त कर ली। चीन के विपरीत भारतीय सभ्यता का वैशिष्ट्य यह था कि यहाँ राज्य और शासकों के बजाय सामाजिक संरचना की नियामक भूमिका थी। भारतीय समाज को बाँधने वाली बुनियादी इकाई जाति या वर्ण-व्यवस्था रही है। राज्य का काम जाति-व्यवस्था के आधार पर बने समाज को बनाये रखना था। एक तरह से राज्य इस सामाजिक संरचना का विस्तार था। इस राज्य को सामाजिक संरचना के बुनियादी स्वरूप से छेड़छाड़ करने का अधिकार प्राय: नहीं था।

यह समाज अपने अस्तित्व के लिए राज्य पर निर्भर नहीं था और सम्भवत: इसीलिए राज्य या शासक के बदल जाने के बावजूद इसका स्वरूप काफ़ी कुछ पहले जैसा ही बना रह जाता था। राज्य की केन्द्रीयता और धर्म का सुव्यवस्थित सुपरिभाषित समरूप स्वरूप न होने के कारण भारतीय समाज में विविधता और भिन्नता के लिए पर्याप्त जगह थी। विविधता खान-पान, बोली-बानी, सोचने-समझने के तौर तरीक़े से लेकर शायद ही कोई ऐसा क्षेत्र हो जहाँ न दिखायी पड़ती हो। भारतीय सभ्यता के लिए विविधता और भिन्नता कोई समस्या न थी बल्कि उसने इसके साथ जीने और रहने

का एक तरीक़ा विकसित कर लिया था। जीवन-जगत्, विकास और समृद्धि के कई आयाम और स्वरूप भारत में एक साथ चलते थे। पूँजीवादी ढंग की आधुनिकता और विकास की प्रक्रिया उन देशों में ज़्यादा सफल रही है जहाँ राज्य की केन्द्रीयता और सांस्कृतिक समरूपता रही है। भारत जैसे वैविध्यपूर्ण समाज को किसी विचार के डण्डे से किसी ख़ास दिशा में हाँकने के प्रयास इसीलिए प्राय: सफल नहीं रहे हैं।

भारतीय सभ्यता के वैशिष्ट्य को अगर ध्यान में रखें तो यह बात स्पष्ट होती है कि भारत के लिए सबसे उपयुक्त शासन प्रणाली लोकतन्त्र ही है। ये ज़रूर है कि लोकतन्त्र पश्चिमी ढंग का नहीं भारतीय ढंग का होना चाहिए, जिसमें राज्य की केन्द्रीय भूमिका ज़्यादा न हो। गांधी ने गाँव और ग्रामीण पंचायतों पर आधारित एक भारतीय ढंग के लोकतन्त्र की परिकल्पना की थी। इस लोकतन्त्र में विकास और प्रगति के मायने पश्चिमी आधुनिकता द्वारा निर्धारित मायनों से अलग थे। गांधी ने भौतिक समृद्धि को इसीलिए विकास का पर्याय नहीं माना और विकास का एक ऐसा सामाजिक मॉडल प्रस्तुत किया जो दूसरे समाजों और वर्गों और प्रकृति के शोषण और दोहन पर आधारित नहीं था।

भारत की विडम्बना यह रही है कि उसने पश्चिमी ढंग के लोकतन्त्र और आर्थिक विकास की अवधारणाओं को तो अपना लिया और अब इन्हीं के सहारे वह अपना भविष्य सँवारना चाहता है, किन्तु पश्चिमी ढंग के लोकतन्त्र और विकास की अवधारणा की संगति भारतीय समाज के यथार्थ और वैश्विक परिदृश्य के साथ बैठ नहीं पा रही है। वह दो पाटों के बीच फँस गया लगता है। उसका भला सीमित क़िस्म के लोकतन्त्र से भी नहीं होने वाला।

भारतीय लोकतन्त्र की एक विलक्षण विशेषता यह है कि वह जनता का सीधे दमन प्राय: कम करता है। इसके बजाय जाति, धर्म, सम्प्रदाय, भाषा आदि के नाम पर लोगों को एक-दूसरे के विरुद्ध भिड़ा कर वह अपना काम निकाल लेता है। उदारीकरण की प्रक्रिया को इसी तरीक़े से ज़्यादा विरोध का सामना किये बग़ैर अंजाम दिया गया।

महातिर मोहम्मद को भारत का लोकतान्त्रिक परिदृश्य अराजक, ग़ैर-ज़िम्मेदार और औद्योगीकरण की गति को धीमा करने वाला लगता है।

आंशिक रूप से उनकी बात में सच्चाई हो सकती है लेकिन पागलपन की हद को छूने वाले इस अराजक परिदृश्य में भी एक पद्धति छिपी हुई है जो ऊपर से देखने पर दिखायी नहीं देती। यह सही है कि भारतीय लोकतन्त्र एक सीमित क़िस्म की लोकतान्त्रिक 'अराजकता' की छूट देता है और इस 'अराजकता' की आड़ लेकर वह अपने 'विकास के एजेंडे' को आगे बढ़ाने में कामयाब हो जाता है। आधुनिकता के 'डिफ्यूजन' का यह भारतीय ढंग जो चीनी ढंग के सामने पिछड़ता प्रतीत होता है, सम्भव है दूरगामी दृष्टि से ज़्यादा कामयाब साबित हो। यह भी मुमकिन है कि किसी सामाजिक-राजनीतिक परिवर्तन से उसकी दिशा ही बदल जाय। लेकिन यह सब अनुमान ही हैं। भविष्य के अनुमान। और अनुमान हमेशा सही साबित नहीं होते।

आज पश्चिम के समाज, जहाँ इस प्रकार के विकास और समृद्धि की अवधारणा और लोकतन्त्र का विकास हुआ था, स्वयं दीवालिएपन की हद तक पहुँच गये हैं। इसलिए ग़ैर-पश्चिमी समाजों को विकास, समृद्धि और लोकतन्त्र के पश्चिमी मॉडल की नक़ल करने के बजाय नये रूप खोजने का प्रयास करना चाहिए।

अब बहस लोकतन्त्र बनाम विकास पर नहीं बल्कि विकास की उस अवधारणा पर केन्द्रित होनी चाहिए, जिसका सूत्रपात पश्चिम में ज्ञानोदय के बाद हुआ था। यदि ऐसा किया जाता है तो लोकतन्त्र और राष्ट्रवाद के उस मॉडल का भी विकल्प हमें खोजना होगा जिसके सहारे विकास की ये कहानी पश्चिम में और फिर ग़ैर-पश्चिमी देशों में आगे बढ़ी थी। कहने का आशय यह कि न तो पश्चिमी ढंग का विकास अन्तिम सच है और न राष्ट्रवाद और लोकतन्त्र। ये उचित समय है कि हम पश्चिम द्वारा दी गयी इन अवधारणाओं से आगे निकल कर सोचें।

विकास का एक मानवीय, समतामूलक प्रकृति हितैषी चेहरा भी हो सकता है। लेकिन विकास और औद्योगीकरण के ऐसे चेहरे की परिकल्पना करने के लिए उस समूची अवधारणा पर नये सिरे से विचार करना होगा जिस अवधारणा का सूत्रपात पूँजीवाद के अभ्युदय के साथ पश्चिम में हुआ था। लेकिन यह एक लम्बी कहानी है। फ़िलहाल इतना ही।

सामाजिक न्याय और आधुनिकता का विमर्श

आधुनिकता का विमर्श किसी भी प्रकार के भेदभाव की सख़्त आलोचना करता है। कम से कम सिद्धान्त के स्तर पर तो ये बात कही ही जा सकती है। लेकिन ऐसा कहना भी पूरी तौर पर सही नहीं है, क्योंकि आधुनिकता के विमर्श के अन्दर से ही उपनिवेशवाद को जायज ठहराने के तर्क भी निकाले गये। जो भी हो, इतना तो तय है कि आधुनिकता के विमर्श में पूँजीवाद एक ऐसा परम पुरुषार्थ है जिसके निकष पर किसी सभ्यता की सफलता और असफलता का वह मूल्यांकन करता है। सम्भवत: इसीलिए आधुनिकता के औपनिवेशिक परिणति की आलोचना करने वाले विद्वान भी उस सभ्यता को पिछड़ी हुई सभ्यता मानते हैं जो स्वयं पूँजीवाद का विकास करने में सफल नहीं रही। इस सोच की व्यावहारिक परिणति ये होती है कि यूरोप से बाहर की सारी सभ्यताएँ पिछड़ी हुई मान ली जाती हैं। और फिर इन सभ्यताओं को पूँजीवादी आधुनिकता के राजमार्ग पर घसीट लाने में, चाहे-अनचाहे, उपनिवेशवाद की भी एक प्रगतिशील भूमिका बन जाती है। कार्ल मार्क्स समेत ज़्यादातर क्रान्तिकारी चिन्तकों के यहाँ भी इसीलिए उपनिवेशवाद की भूमिका को लेकर एक ख़ास तरह का दुचित्तापन दिखलायी पड़ता है।

पश्चिम में जन्मी आधुनिकता के विमर्श की इस विडम्बना का असर कुछ एक अपवादों को छोड़ कर ज़्यादातर आधुनिक चिन्तकों पर दिखायी पड़ता है ? औपनिवेशिक ओरिएंटलिस्ट चिन्तन ने ग़ैर-पश्चिमी सभ्यताओं में पूँजीवाद का विकास न हो पाने के कारणों की व्याख्या करते हुए प्राय: ये दिखाने की कोशिश की है कि ये सभ्यताएँ एक ही धुरी पर घूमती रहीं, इनमें किसी प्रकार का परिवर्तन या विकास नहीं हुआ। भारतीय

समाजवैज्ञानिकों ने इस तर्क का खण्डन करने के लिए पश्चिमी सभ्यता के विकास के पैमाने पर भारत का इतिहास लिखने की कोशिश की। चूँकि पश्चिम में पूँजीवाद से पहले सामन्तवादी व्यवस्था थी, इसलिए उन्होंने भारत में भी पश्चिमी ढंग का सामन्तकाल खोज निकाला। उन्होंने इस बात पर ध्यान नहीं दिया कि समाज के विकास के जिन नियमों को खोज लेने का दावा पश्चिम के चिन्तक कर रहे थे, उन नियमों का सम्बन्ध पश्चिमी सभ्यता के विकास के साथ तो ठीक बैठता है, लेकिन ग़ैर-पश्चिमी सभ्यताओं के विकास को उन नियमों के सहारे व्याख्यायित कर पाना न तो सम्भव है और न उचित। ग़ैर-पश्चिमी सभ्यताओं के विकास के चरण या नियम इन सभ्यताओं का सम्यक् अध्ययन करके ही निकाले जा सकते हैं। यही नहीं, ग़ैर-पश्चिमी सभ्यताओं के भविष्य को भी पश्चिमी सभ्यताओं के पूँजीवादी वर्तमान के मानक पर परखना ग़लत होगा। ये बहुत सम्भव है कि ग़ैर-पश्चिमी सभ्यताएँ पूँजीवादी राष्ट्रवाद के पश्चिमी मॉडल से अलग किसी इतर मॉडल का विकास करतीं। लेकिन सर्वविदित है कि पश्चिमी औपनिवेशिक वर्चस्व ने इस प्रकार की सम्भावनाओं को फ़िलहाल ख़त्म कर दिया है। इसका दुष्परिणाम ये हुआ है कि ग़ैर-पश्चिमी सभ्यताएँ भी पश्चिम के वजन पर अपनी सभ्यता की ख़ूबियों और खामियों को चिह्नित करने लगी हैं।

भारत समेत दुनिया का कोई ऐसा देश नहीं है, जिसने अपने विकासक्रम के दौरान सामाजिक भेदभाव का सहारा न लिया हो। यदि भारत में जाति-प्रथा पर आधारित भेदभाव था तो पश्चिम में यही काम दासप्रथा के जरिये पूरा होता था। ग्रीक सभ्यता तो दासप्रथा पर आधारित थी ही; पुनर्जागरण के बाद दासों का बाक़ायदा व्यापार ही होने लगा। दासों के व्यापार की इस प्रथा की अन्तिम कड़ी में गिरमिटिया मज़दूर आते हैं और गिरमिटिया मज़दूरी प्रथा का अन्त बीसवीं सदी के दूसरे दशक में होता है।

प्रसिद्ध चिन्तक वाल्टर बेन्यामिन ने लिखा है कि सभ्यता का प्रत्येक दस्तावेज़ बर्बरता का भी दस्तावेज़ होता है। बेन्यामिन ने ये बात विशेष रूप से पश्चिमी सभ्यताओं के इतिहास को ध्यान में रख कर लिखी थी। लेकिन ये मानने में कोई हर्ज नहीं कि भारतीय सभ्यता में भी सामाजिक भेदभाव सहित बर्बरता के अनेक सन्दर्भ मिलते हैं। तुलनात्मक रूप से सोचें तो ये ज़रूर लगता है कि पश्चिमी सभ्यता के मुक़ाबले भारतीय

सभ्यता कदाचित कम बर्बर थी। यद्यपि बर्बरता को कम या ज़्यादा कहना और उसके आधार पर किसी सभ्यता की श्रेष्ठता का मूल्यांकन करना उचित नहीं है, क्योंकि बर्बरता अन्ततः बर्बरता है, चाहे कम हो या ज़्यादा।

इसलिए ये मानना कि सामाजिक भेदभाव और बर्बरता का सम्बन्ध सिर्फ़ भारतीय सभ्यता से है, ग़लत होगा। पश्चिमी सभ्यता भी सामाजिक भेदभाव और बर्बरता से मुक्त नहीं थी और न आज की तारीख़ में है। लेकिन पश्चिम का इतिहास इस रूप में पेश किया गया जैसे पश्चिम में सबकुछ अच्छा ही अच्छा रहा हो और ग़ैर-पश्चिमी सभ्यता में सबकुछ बुरा ही बुरा।

इससे भी विडम्बनापूर्ण बात ये हुई कि पश्चिम में जन्मी आधुनिकता और उसकी बुनियाद पर निर्मित संस्थाओं को और विकास एवं सुख-समृद्धि के मानकों को इस रूप में पेश किया गया, जैसे वे समूची दुनिया के लिए सार्वभौमिक रूप से स्वीकार्य मॉडल हों। यद्यपि आज की तारीख़ में आधुनिकता की ज्ञानमीमांसा में अन्तर्निहित अन्तर्विरोधों और उसकी व्यावहारिक परिणति को लेकर इतने सवाल खड़े हो गये हैं कि बीसवीं सदी की तरह, अब शायद ही कोई आँख मूँद कर उसकी सार्थकता पर विश्वास करता हो। फिर भी राजनीतिक दलों और बुद्धिजीवियों के एक तबके में उसका दबदबा अभी भी कायम है।

सामाजिक और आर्थिक रूप से शोषित तबकों को सामाजिक न्याय दिलाने के उद्देश्य से जिन राजनीतिक विमर्शों का निर्माण भारत में हुआ, वे विमर्श भी आधुनिकता की इसी ज्ञानमीमांसा की बुनियाद पर खड़े किये गये। मेरी समझ से सामाजिक न्याय दिलाने का दावा करने वाले इन विमर्शों को कम से कम तीन बुनियादी सवालों का सामना करना चाहिए। पहला ये कि यदि आधुनिकता की ज्ञान-मीमांसा ही त्रुटिपूर्ण और समस्याग्रस्त है तो उसके सहारे सामाजिक न्याय दिलाने के उद्देश्य से निर्मित विमर्श कैसे त्रुटिहीन हो सकते हैं। जिस आधुनिकता की परियोजना को आज असम्भव और विनाशकारी माना जा रहा है और उसमें कुछ बुनियादी और गुणात्मक बदलाव की पेशकश की जा रही है उस आधुनिकता के सहारे निर्मित सामाजिक न्याय व्यवहार में कैसे सम्भव-सफल होगा। आधुनिकता की परियोजना पर आधारित सामाजिक न्याय के विमर्श पर जोर देने से आधुनिकता के अन्तर्विरोध और कमियाँ छिप जाती हैं। प्रकारान्तर से सामाजिक न्याय का विमर्श आधुनिकता की कमियों पर पर्दा डालने का

काम करता है।

दूसरी समस्या ये है कि सामाजिक न्याय दिलाने का दावा जो राजनीतिक पार्टियाँ करती हैं, वे इतनी भ्रष्ट हो चुकी हैं कि सामाजिक न्याय की बात अब वे सिर्फ़ चुनाव जीतने और सत्ता हथियाने के लिए कर रही हैं। वास्तव में सामाजिक न्याय के प्रति उनकी प्रतिबद्धता संदिग्ध हो चुकी है। वे सामाजिक दृष्टि से शोषित-वंचित वर्गों के हितों का प्रतिनिधित्व करने का दावा तो करती हैं, किन्तु वास्तव में वे ऐसा करती प्रतीत नहीं होतीं। इसलिए सामाजिक न्याय दिलाने में राजनीतिक पार्टियों की स्वयंसिद्ध भूमिका पर भी नये सिरे से विचार करने की ज़रूरत है।

तीसरी समस्या ये है कि पहले ये माना गया था कि सामाजिक न्याय दिलाने की ज़िम्मेदारी आधुनिक राष्ट्र राज्य की है। आधुनिक राष्ट्र एक निष्पक्ष न्यायाधीश की तरह ऐसी नीतियों को क्रियान्वित करेगा जिससे सामाजिक न्याय सम्भव हो सके। लेकिन आधुनिक राष्ट्र निष्पक्ष न्यायाधीश की भूमिका का निर्वाह करता दिखायी नहीं पड़ता। इसके विपरीत वह कॉरपोरेट घरानों और बहुराष्ट्रीय कम्पनियों के हित में नीतियाँ बनाने, और उन्हें संरक्षण देने में संलग्न है। यही नहीं, कई बार तो वह सामाजिक और आर्थिक रूप से शोषित और पीड़ित वर्गों के विरुद्ध कार्य करता दिखलायी पड़ता है। इसलिए उससे ये उम्मीद करना कि वो सामाजिक न्याय सम्भव करने में सहायक होगा, उचित नहीं प्रतीत होता।

सिर्फ़ भौतिक विकास और आर्थिक समृद्धि पर आधारित आधुनिकता की परियोजना को व्यवहार में बहुत दूर तक ले जाना असम्भव है। प्रकृति और पर्यावरण से जुड़ी हुई समस्याओं के विकराल रूप धारण कर लेने के बाद विद्वानों का ध्यान इस ओर गया है कि भौतिक सुख और समृद्धि को सुखी और सफल जीवन का पर्याय मानना ठीक नहीं है। सुख और सन्तोष के अभौतिक रूपों पर गहराई से विचार करने की ज़रूरत है। बहुत पहले टॉल्सटाय ने लिखा था कि समाजवैज्ञानिकों को ये भ्रम है कि भौतिक समृद्धि आने से मनुष्य के जीवन में ख़ुशहाली भी आ जायेगी। टॉल्सटॉय की ये बात बीसवीं सदी में सही साबित हुई। पहली बात तो ये कि दुनिया के हर व्यक्ति को विकसित राष्ट्रों जैसी सुविधा उपलब्ध करवा पाना ही असम्भव है। क्योंकि ऐसा करने के लिए प्राकृतिक संसाधनों का बड़े पैमाने पर दोहन करना होगा, जिसका विनाशकारी प्रभाव प्रकृति और

पर्यावरण पर पड़ेगा और मनुष्य का अस्तित्व ही संकटग्रस्त हो जायेगा। यही नहीं, इस पृथ्वी का अस्तित्व ही ख़तरे में पड़ जायेगा। भारतीय परम्परा में ज़्यादातर चिन्तकों ने मनुष्य जीवन की सफलता और सुख को सिर्फ़ भौतिक उपलब्धियों के निकष पर मूल्यांकित नहीं किया। हमारी परम्परा में सन्तोषजन्य आत्मिक सुख और मनुष्य की सामाजिकता पर बहुत ज़्यादा जोर दिया गया है। सामाजिक न्याय के विमर्शों पर विचार करते समय हमें भारतीय परम्परा के इस महत्त्वपूर्ण सोच पर भी ध्यान देना चाहिए। असल में, सिर्फ़ सामाजिक न्याय के विमर्श के सन्दर्भ में ही नहीं बल्कि समूचे भारतीय आधुनिक समाज के सन्दर्भ में भी सुखी और सफल जीवन की परिकल्पना करते समय हमें इन बातों का ध्यान रखना चाहिए। ऐसा करके ही हम पश्चिमी आधुनिकता की विडम्बनाओं और सीमाओं के मोह से बाहर निकलने के रास्तों को टटोल सकते हैं। असल में पश्चिमी आधुनिकता से प्रेरित विकास की परिकल्पनाएँ मूलतः विज्ञान और टेक्नॉलाजी द्वारा संचालित आधुनिकीकरण की परिकल्पनाएँ हैं। आधुनिकीकरण की प्रक्रिया हाशिये पर धकेल दिये गये समुदायों को सिर्फ़ मुक्त ही नहीं करती बल्कि अक्सर उन्हें और भी विपन्न बना देती है। इसलिए बिना सोचे-विचारे यह मान लेना ग़लत होगा कि आधुनिकीकरण दलितों और अन्य वंचित समुदायों को सर्वदा मुक्ति और सम्पन्नता के मार्ग पर ले जाता है। ऐतिहासिक साक्ष्यों से भी इस बात की पुष्टि नहीं होती। दुनिया में प्रायः सर्वत्र आधुनिकीकरण की प्रक्रिया वंचित समुदायों को रौंदते हुए आगे बढ़ी है। स्वयं इंग्लैण्ड का इतिहास भी इस बात का साक्षी है। भारत में दलित और वंचित समुदायों की संख्या इतनी अधिक है कि उनकी समस्याओं को मौजूदा व्यवस्था बनाये रखते हुए हल नहीं किया जा सकता। अमेरिका में रेड इंडियन्स या अफ़्रीकियों की संख्या इतनी कम है कि यदि सामाजिक सोच में बदलाव आ जाय तो उन्हें इसी व्यवस्था में एक बेहतर जीवन दिया जा सकता है। लेकिन भारत में इस प्रकार के समुदायों की संख्या इतनी अधिक है कि उनको बेहतर जीवन सम्भव कराने के लिए मौजूदा सामाजिक-आर्थिक नीतियों को बदलना पड़ेगा। जैसाकि ऊपर कहा गया ऐसा तभी सम्भव होगा जब हम आधुनिकता की चमक से संचालित विकास की परिकल्पना और सुखी-समृद्ध जीवन की अवधारणा को प्रश्नांकित करेंगे और आधुनिकता के विमर्श से बाहर निकलने का साहस दिखायेंगे।

राजनीति का धर्म और धर्म की राजनीति

लोकतन्त्र में राजनीति की तानाशाही

सर्वोच्च न्यायालय और उच्च न्यायालयों के जजों की नियुक्ति को लेकर राजनीतिक दलों में जैसी आम सहमति दिखायी पड़ी, वैसी आम सहमति इससे पहले राजनीतिक दलों को आरटीआई के दायरे में न लाने को लेकर ही दिखी थी। इन दोनों प्रसंगों को जोड़ कर देखने पर समझ में आता है कि भारत का राजनीतिक वर्ग स्वयं को कार्यपालिका और न्यायपालिका से ऊपर रखना चाहता है। उसे ऐसी न्यायपालिका और कार्यपालिका चाहिए जो उसकी मर्ज़ी के मुताबिक काम करे। न्यायपालिका और कार्यपालिका की स्वायत्तता पर अंकुश लगाने के लिए राजनीतिक वर्ग प्राय: उनके अन्दर व्याप्त कमियों का उल्लेख कर एक ऐसा माहौल तैयार करता है, जिससे लोगों को यह लगे कि इस तरह के बदलाव निहायत ही ज़रूरी हैं। विडम्बना यह है कि राजनीतिक वर्ग (विधायिका) स्वयं अपने अन्दर व्याप्त कमियों को दूर करने के लिए बिना किसी दबाव के अपनी मर्ज़ी से कोई प्रयास नहीं करता। जबकि सच्चाई यह है कि शासन के इन तीनों अंगों में सबसे ख़राब स्थिति राजनीतिक वर्ग की ही है। राजनीतिक वर्ग में जिस तरह अपराध और भ्रष्टाचार व्याप्त है और उसे एक सामान्य स्थिति के रूप में स्वीकार कर लिया गया है, वैसा भ्रष्टाचार और अपराध प्रशासन के किसी अंग में नहीं है। सच तो यह है कि न्यायपालिका और कार्यपालिका में फैला हुआ भ्रष्टाचार बहुत कुछ राजनीतिक वर्ग की सहमति और प्रोत्साहन के कारण अस्तित्व में आया है। यदि राजनीतिक वर्ग चाहे तो इन दोनों संस्थाओं में व्याप्त भ्रष्टाचार बहुत आसानी से और

बहुत कम समय में, यदि पूरी तरह से न सही तो भी काफ़ी अंशों में, ख़त्म कर सकता है। लेकिन वह वास्तव में इन संस्थाओं में व्याप्त भ्रष्टाचार को ख़त्म करने का इच्छुक ही नहीं है। इसके बजाय उसने भ्रष्टाचार के महाभोज में इन्हें भी अपना सहयोगी बना लिया है। इसके बावजूद यदि न्यायपालिका और कार्यपालिका से जुड़े हुए कुछ लोग 'सरकारी' कामकाज में बाधा पहुँचाने की कोशिश करते हैं तो राजनीतिक वर्ग उन्हें सबक सिखाने से नहीं चूकता। कार्यपालिका से जुड़े हुए अधिकारियों—दुर्गाशक्ति नागपाल, अशोक खेमका, संजय चतुर्वेदी जैसे लोगों को 'सबक सिखाना' तो आसान है, लेकिन सर्वोच्च न्यायालय के जजों को सबक सिखाना आसान नहीं था। क्योंकि उनकी नियुक्ति कॉलेजियम सिस्टम के जरिये होती थी और कॉलेजियम सिस्टम में राजनीतिक वर्ग की दख़लन्दाजी न के बराबर थी। ये बात राजनीतिक वर्ग को नागवार गुजरती थी, भले ही उनके फसाने में इसका ज़िक्र न मिलता हो। इसलिए उन्होंने अब एक ऐसी व्यवस्था बना दी है जिसमें विधायिका की सहमति के बिना किसी भी जज की नियुक्ति नहीं हो पायेगी। यही नहीं, सुप्रीम कोर्ट के मुख्य न्यायाधीश की नियुक्ति भी अब सिर्फ़ वरिष्ठता के आधार पर की जाय, यह ज़रूरी नहीं। वरिष्ठ होने के बावजूद जज आयोग की दृष्टि में 'फिट' न हो तो उसकी जगह किसी दूसरे जज को मुख्य न्यायाधीश बनाया जा सकता है। कॉलेजियम सिस्टम में कमियों को दूर करने के नाम पर यह नया बदलाव किया गया, लेकिन इस प्रक्रिया में न्यायपालिका की स्वायत्तता का अपहरण भी कर लिया गया जबकि कॉलेजियम सिस्टम को ज़्यादा पारदर्शी, तार्किक और औचित्यपूर्ण बनाया जा सकता था।

भारत का राजनीतिक वर्ग अपने अन्दर व्याप्त बुराइयों को दूर करने के लिए कोई कारगर और ईमानदार प्रयास क्यों नहीं करता। यद्यपि चुनाव आयोग और सुप्रीम कोर्ट की तरफ़ से इस तरह के कई सुझाव दिये गये, लेकिन राजनीतिक वर्ग ने उन सुझावों के अनुरूप कोई क़ानून बनाने का प्रयास नहीं किया। उनके बीच इस तरह का क़ानून बनाने को लेकर कोई आम सहमति और उत्साह नहीं दिखायी पड़ता। उल्टे वे न्यायपालिका, चुनाव आयोग, सीएजी को अपनी हद में रहने की धमकी देने लगते हैं। इससे उनकी नीयत पर सन्देह पैदा होने लगता है। विधायिका और कार्यपालिका को दुरुस्त करने के लिए उनके द्वारा उठाये गये क़दम असल

में विधायिका के वर्चस्व को और भी मजबूत करने के प्रयास हैं। क्या यह सच नहीं है कि राजनीति में किसी भी तरह से अकूत धन अर्जित कर लेने के इरादे से भ्रष्ट, बेईमान, दलाल, अपराधी क़िस्म के लोग आ रहे हैं। ऐसा क्यों है कि राजनीति में प्रतिभाशाली, ईमानदार और देश के लिए कुछ कर गुजरने का आदर्श रखने वाले लोग नहीं आ रहे। राजनीति में आने वाले लागों से ही राजनीति का चरित्र निर्धारित होता है। यदि राजनीति में अच्छे लोग नहीं आ रहे हैं तो आप अच्छी राजनीति की कल्पना भी कैसे कर सकते हैं! क्या भारत के राजनीतिक वर्ग को राजनीति में आने वाले लोगों के चरित्र और प्रतिभा को लेकर नहीं सोचना चाहिए? क्या यह सही नहीं है कि राजनीतिक दलों के कामकाज में लोकतान्त्रिक मूल्यों और राजनीतिक आदर्शों का निर्वाह नहीं होता। विभिन्न पदाधिकारियों, संसद और विधानसभा के प्रत्याशियों के चयन का मापदण्ड क्या है, यह कोई नहीं जानता। उनको कहाँ से और कितना धन मिलता है और किस तरह से ख़र्च होता है, इसकी जाँच के लिए वे तैयार नहीं हैं।

विधायिका और कार्यपालिका की स्वायत्तता को राजनीति के अधीन कर देने का परिणाम यह हुआ है कि हमारे यहाँ केन्द्र और राज्य सरकारों से जुड़े सभी विभागों और संस्थाओं में बड़े पैमाने पर अनियमितता और भ्रष्टाचार का बोलबाला है। कोई भी काम नियम कायदे से नहीं होता। सोर्स-सिफ़ारिश, जोड़-जुगाड़ के सहारे पैसा खिला कर ही आप अपना काम करवा सकते हैं। यही नहीं, इन विभागों और संस्थाओं में बड़े पैमाने पर अयोग्य और ग़लत लोगों की नियुक्ति की जाती है। क्योंकि इस तरह की नियुक्तियाँ करने वाले पदाधिकारियों की नियुक्तियाँ भी राजनीतिक वर्ग द्वारा की जाती हैं और उन्हीं के संरक्षण में यह सारा धंधा फलता-फूलता है। यदि नियुक्तियाँ योग्यता के आधार पर हों और नियुक्ति का जिम्मा जिन लोगों पर है, वे भी योग्य और ईमानदार हों, और इन संस्थाओं के कामकाज में होने वाली गड़बड़ियों की कड़ाई और ईमानदारी से जाँच करायी जाय तो ये अच्छी तरह से काम कर सकती हैं। यूरोप, अमेरिका तथा दूसरे 'विकसित' देशों में कार्यपालिका और न्यायपालिका के कामकाज में राजनीतिक वर्ग की सीधी दख़लन्दाजी नहीं है, इसलिए वहाँ पुलिस-प्रशासन, शिक्षा-व्यवस्था, अस्पताल, सरकारी कार्यालय और न्यायालय ज़्यादा अच्छे ढंग से काम करते हैं। आम आदमी को वैसी मुश्किलों का

सामना नहीं करना पड़ता जैसी समस्याओं का सामना उसे यहाँ करना पड़ता है। इन संस्थाओं की स्वायत्तता में दख़ल न देने के कारण ये संस्थाएँ अच्छे ढंग से काम करती हैं जिसकी वजह से राजनीतिक वर्ग का वैसा सांघातिक प्रभाव वहाँ नहीं दिखता जैसा हमारे यहाँ दिखायी पड़ता है।

आधुनिक समाज को संचालित करने वाली सबसे बड़ी शक्ति राजनीति है। समाज का शायद ही कोई ऐसा हिस्सा हो, जिस पर राजनीति का प्रभाव न पड़ता हो। इक्कीसवीं सदी में दुनिया के पैमाने पर राजनीति एक ऐसे मुकाम पर पहुँच गयी है, जब एक बेहतर समाज का स्वप्न और आदर्श उसके पास नहीं बचा है। भारत की राजनीति का हाल भी दुनिया के बाक़ी देशों के हाल से ज़्यादा अलग नहीं है। असल में समूची राजनीति का चरित्र ही सत्तापरक हो गया है। सत्ता प्राप्त करने के लिए अधिकांश राजनीतिक दल कुछ भी करने के लिए तत्पर दिखायी देते हैं। समाज की चिन्ता सत्ता प्राप्त करने के लिए सिर्फ़ दिखावा भर है। समाज की परवाह किसे है! यह अकारण नहीं है कि देश, समाज, प्रकृति और विश्व की बड़े पैमाने पर चिन्ता करने वाले श्रेष्ठ बुद्धिजीवियों की किसी भी राजनीतिक दल को ज़रूरत नहीं रह गयी है। सच्चे ज्ञान के प्रति राजनीतिक दलों की उदासीनता हैरत में डालने वाली है। सत्ता की राजनीति करने में वे इस कदर मशगूल हैं कि उन्हें बुद्धिजीवियों की नेक सलाह भी मूर्खतापूर्ण और बेमतलब लगती है। कहने के लिए राजनीतिक दलों के पास कुछ तथाकथित बुद्धिजीवी हैं, लेकिन उनमें से ज़्यादातर राजनीतिक नेतृत्व के सुर में सुर मिलाने वाले चाटुकार हैं। सम्भवतः भारतीय सभ्यता के समूचे इतिहास में ज्ञान और राजनीतिक सत्ता का इतने बड़े पैमाने पर अलगाव पहले कभी नहीं हुआ था। धनबल और बाहुबल का राजनीतिक दल इतने बड़े पैमाने पर इसलिए इस्तेमाल कर रहे हैं, क्योंकि सत्ता प्राप्त करना ही इनका परम पुरुषार्थ हो गया है। अब तो सब कुछ चलता है । लेकिन जर्मनी के महान चिन्तक वाल्टर बेन्यामिन ने लिखा है कि जिस समाज में सब कुछ चलता है, वह समाज वास्तव में किसी गहरे संकट में फँस गया है। भले ही लोगों को इस संकट का बहुत व्यापक स्तर पर एहसास न हो। भारतीय समाज जिस प्रकार के गहरे संकट से गुजर रहा है, उसका एहसास सत्ता के मद में डूबे हुए राजनीतिक वर्ग को तो होने से रहा। इसलिए आज के दौर की सबसे बड़ी चुनौती यह है कि समाज पर पड़ने वाले राजनीति के दुष्प्रभाव

को कैसे नियन्त्रित किया जाय। यदि राजनीति के चरित्र में किसी सकारात्मक विकल्प के उभरने की सम्भावना फ़िलहाल दिखायी नहीं पड़ रही है, तो हमें राजनीति के समाज पर पड़ने वाले दुष्प्रभाव को कम करने के विकल्पों के बारे में सोचना पड़ेगा।

आदर्शविहीन और पतनशील राजनीति सभी संस्थाओं को अपनी गिरफ़्त में ले लेने की कोशिश करती है क्योंकि वे उसके अमर्यादित आचरण और समाज विरोधी नीतियों की आलोचना करती हैं। वैयक्तिक आलोचना की तो उसे परवाह ही नहीं। अब तो राजनीति न्यायपालिका जैसी संवैधानिक संस्था को भी अप्रत्यक्ष रूप से अपने अधीन लाने का प्रयास कर रही है। सुप्रीम कोर्ट के न्यायाधीशों की नियुक्ति की प्रक्रिया में हस्तक्षेप के पीछे असल मंशा यह है कि न्यायाधीशों की नियुक्ति की प्रक्रिया राजनीतिक सत्ता के अधीन हो जाय। अभी तक का अनुभव यह है कि राजनीति ने जब भी किसी संस्था की गतिविधियों में सीधे हस्तक्षेप किया है, वह संस्था चौपट हो गयी। सुप्रीम कोर्ट और हाई कोर्ट की विश्वसनीयता यदि थोड़ी-बहुत बची रह गयी है, तो इसका कारण यह है कि जजों की नियुक्ति में राजनीतिक वर्ग की सीधी दख़ल नहीं है। जजों की नियुक्ति के तौर-तरीक़े को और भी बेहतर तथा पारदर्शी बनाने के प्रयास तो किये जाने चाहिए लेकिन उसकी कमियों का प्रचार कर उसे राजनीति के अधीन लाने की कोशिश के पीछे छिपे इरादे को ठीक से समझने की ज़रूरत है। असल में सुप्रीम कोर्ट की तरह ही केन्द्र और राज्य की सभी संस्थाओं को स्वायत्तता देने की ज़रूरत है। इन संस्थाओं के प्रमुख कर्त्ताधर्ताओं की नियुक्ति तत्कालीन सरकार द्वारा नहीं, बल्कि इन्हीं संस्थाओं द्वारा होनी चाहिए। यह सही है अलग-अलग संस्थाओं को अपने दायित्व का ईमानदारी से निर्वाह करने और अपने पदाधिकारी, अध्यक्ष, निदेशक, सदस्य आदि चुनने का तरीक़ा विकासित करने की छूट देनी चाहिए। यही नहीं इन संस्थाओं के अन्दर होने वाली अनियमितताओं और गड़बड़ियों की जाँच के लिए एक ऐसा तन्त्र विकसित किया जाना चाहिए जिसमें मौजूदा सरकार की भूमिका नाम मात्र की हो। असल में लोकतन्त्र में सरकार का काम नीतियाँ बनाना और विभिन्न संस्थाओं को उनकी ज़रूरत के हिसाब से धन आवंटित करना है और संस्थाओं का काम सरकार द्वारा तय की गयी नीतियों को नियमानुसार क्रियान्वित करना है। हाँ, यदि कोई संस्था

अपने दायित्व का निर्वाह सही ढंग से नहीं करती तो उसके ख़िलाफ़ वह नियमानुसार कार्यवाही कर सकती है। यदि ये संस्थाएँ सही मायने में स्वायत्त हों और अपने दायित्व का निर्वाह ईमानदारी से करें, तो बहुत सारे घोटाले और अनियमितताएँ नहीं हो पायेंगी। यदि इन संस्थाओं में सही, ईमानदार और योग्य व्यक्ति का चुनाव हो और उनके कामकाज की नियमित जाँच होती रहे, तो ये अपने उस दायित्व का निर्वाह ज़्यादा अच्छे ढंग से कर पायेंगी जिसके लिए उन्हें बनाया गया है। जब राजनीति का इस तरह पतन नहीं हुआ था, तब इन संस्थाओं के कर्त्ताधर्ता के रूप में ऐसे लोगों की नियुक्ति सरकार करती थी जिनकी योग्यता और ईमानदारी असंदिग्ध थी। इस तरह की ज़्यादातर संस्थाओं का स्वर्णयुग वही था। लेकिन राजनीति के पतित हो जाने के बाद इन संस्थाओं के प्रमुख कर्त्ताधर्ता के रूप में ऐसे लोगों की नियुक्ति की जाने लगी जो खाने और खिलाने में यक़ीन करते हैं। खाने और खिलाने में यक़ीन करने वाले लोग अक्सर सरकार के दलाल के रूप में काम करते हैं और उन संस्थाओं को चौपट कर देते हैं, जिनके प्रमुख के रूप में इनकी नियुक्ति की गयी है। कोर्ट-कचहरी, शासन-प्रशासन, शिक्षा-स्वास्थ्य, क़ानून-व्यवस्था से सम्बन्धित ज़्यादातर संस्थाओं के कर्त्ताधर्ता आजकल इसी तरह के लोग हैं। इसलिए समय की माँग यह है कि इन संस्थाओं को सही मायने में स्वायत्तता दी जाय, इनकी गतिविधियों को ज़्यादा पारदर्शी बनाया जाय तथा इनमें कार्य करने वाले लोगों की ज़िम्मेदारी तय की जाय। राजनीति के दुष्प्रभाव को कम करने में शायद इससे कुछ मदद मिले।

अच्छे दिन उर्फ़ नयी बोतल में पुरानी शराब

भारत की जनता को उम्मीद थी कि नयी सरकार आयेगी तो महँगाई पर लगाम लगायेगी, भ्रष्टाचार दूर करेगी, बढ़ती बेरोज़गारी की समस्या हल करेगी, किसानों की बदहाली ख़त्म करेगी और एक ऐसा सुशासन देगी जिसमें भ्रष्ट एवं आपराधिक चरित्र वाले नेताओं के लिए कोई जगह नहीं होगी। यही नहीं, उससे ये भी उम्मीद की गयी थी कि भारतीय अर्थव्यवस्था में कालेधन की भूमिका को ख़त्म करने के लिए भी वह कुछ प्रभावी क़दम उठाएगी। उल्लेखनीय है कि भारतीय अर्थव्यवस्था में कालेधन की व्याप्ति पचास प्रतिशत है। किन्तु बीजेपी के इस पहले बजट और कांग्रेस

के पूर्ववर्ती बजटों में कोई मूलभूत अन्तर नहीं है। हाँ, ये ज़रूर है कि कांग्रेस सरकार की आर्थिक नीतियों में बहुसंख्यक समाज से जुड़ी समस्याओं को हल करने का स्वाँग दिखायी पड़ता था। लेकिन इस सरकार ने तो ये मान लिया है कि भारतीय समाज की सारी समस्याएँ कारपोरेट घरानों और बहुराष्ट्रीय कम्पनियों के सहारे हल की जा सकती हैं। सम्भवत: इसीलिए इस बजट में एफ.डी.आई. और पीपीपी पर ज़्यादा जोर है। इसका मतलब ये है कि विकास का जो सपना दिखाया गया था, उसे पूरा करने का समूचा दारोमदार अब कारपोरेट घरानों और विदेशी पूँजी निवेश पर होगा। इसीलिए उन्हें हर सम्भव छूट और सहूलियत देने की कोशिश इस बजट में की गयी है।

सकल राजकोशीय घाटे को कम करने और विभिन्न मदों के लिए ज़रूरी पूँजी हासिल करने के लिए बहुत चतुराई से ऐसी सब्सिडी कम करने की कोशिश की गयी है जिसका कुछ फायदा आम आदमी को भी मिल जाता था। अर्थव्यवस्था को दुरुस्त करने और उसे विकास के रास्ते पर आगे बढ़ाने के लिए जो 'कड़े' फ़ैसले लिए जाने हैं, उसका खामियाजा आम आदमी को ही भुगतना होगा। उसे ये दिलासा ज़रूर दिया गया है कि अर्थव्यवस्था की विकास दर बढ़ाने का लाभ, देर-सबेर, धीरे-धीरे रिसते हुए उसकी ड्योढ़ी तक भी पहुँचेगा। शर्त ये है कि विकास का लाभ पाने के लिए जनता को उस वक़्त तक जीवित रहना होगा। लेकिन क्या करें, इस वक़्त गालिब याद आ रहे हैं : 'ख़ुशी से मर न जाते, गर ऐतबार होता।' पहले तो ये कहा जा रहा था कि हमारी सरकार आते ही अच्छे दिन आ जायेंगे। अब ये कहा जा रहा है कि पिछली सरकार की ग़लत नीतियों की वजह से अच्छे दिनों के आने में देरी हो रही है। शायद बुलेट ट्रेनों के चलने तक अच्छे दिन आएँ। और बुलेट ट्रेनों के चलने में, फ़िलहाल ये बताया जा रहा है कि कम से कम नौ साल तो ज़रूर लगेंगे। जो भी हो, इतना तो तय है कि इस तरह की आर्थिक नीतियों से दुनिया के किसी बड़े देश का भला न तो पहले हुआ है और न भारत का होगा। कारपोरेट घरानों और बहुराष्ट्रीय कम्पनियों के अच्छे दिन तो आ गये। आम आदमी के अच्छे दिन कब आयेंगे ? या उसे हमेशा की तरह अच्छे दिनों के आने का इन्तजार ही करना होगा! माँ-बेटे की सरकार तो चली गयी, लेकिन अंबानी और अडानी की सरकार ज़रूर आ गयी।

यहाँ पर ये भी विचार कर लेना चाहिए कि यदि विकास का ये मॉडल चल भी निकले तो उसकी परिणति क्या होगी। इतना तो तय है कि इस विकास से रोज़गार के नये अवसर नहीं पैदा होंगे। अकुशल श्रमिकों और कुछ 'शिक्षित' युवाओं की रोज़ी–रोटी का बन्दोबस्त कुछ समय के लिए तो ज़रूर हो जायेगा, लेकिन इस प्रक्रिया में उनका शोषण भी भरपूर होगा। इस विकास की प्रक्रिया के दौरान आबादी के एक बड़े हिस्से को विस्थापन भी झेलना होगा। विकास के नाम पर प्रकृति और पर्यावरण का जो विनाश होगा सो अलग। इस विनाश का लोगों के स्वास्थ्य और पारम्परिक आजीविका पर जो असर पड़ेगा, उसकी तो बात न ही छेड़ी जाय तो बेहतर। जैसे–जैसे समय बीतता जायेगा, वैसे–वैसे लोगों का सरकार से असन्तोष भी बढ़ता जायेगा। अपनी असफलता को छिपाने और इस असन्तोष को दिग्भ्रमित करने के लिए साम्प्रदायिक कार्ड का इस्तेमाल करने से भी ये सरकार नहीं चूकेगी। चुनाव से पहले मुज़फ़्फ़रनगर में और चुनाव के बाद मुरादाबाद और महाराष्ट्र में साम्प्रदायिक कार्ड का जिस तरह से इस्तेमाल किया गया उससे ये बात भलीभाँति समझ में आ जानी चाहिए कि भविष्य में ये सरकार ज़रूरत पड़ने पर कितने बड़े पैमाने पर साम्प्रदायिक कार्ड का इस्तेमाल कर सकती है।

कारपोरेट घरानों का प्रिंट और इलेक्ट्रॉनिक मीडिया पर वर्चस्व विगत वर्षों में बढ़ा है। लेकिन पिछले दिनों जिस प्रकार की घटनाएँ घटित हुई हैं, उससे ये बात बिल्कुल साफ़ हो चली है कि भविष्य में लगभग समूचे मीडिया पर कारपोरेट घरानों का वर्चस्व होगा। वहाँ वही छापा या दिखाया जायेगा जो कारपोरेट घरानों के हितों के प्रतिकूल न हो। कारपोरेट नियन्त्रित मीडिया के द्वारा भारतीय मध्यवर्ग को अनुकूलित करने और कारपोरेट हितों के विरुद्ध जाने वाली राजनीति को देशद्रोही और अराजकतावादी सिद्ध करने का अभियान बड़े पैमाने पर चलाया जायेगा। इस अभियान में कारपोरेट नियन्त्रित मीडिया एक हद तक सफल भी हो सकता है, क्योंकि जिस प्रकार की आर्थिक नीतियाँ अपनायी जा रही हैं उसका किंचित लाभ इसी मध्य वर्ग को मिलेगा। इसलिए सवाल ये है कि मध्यवर्ग के दायरे से बाहर पड़ने वाले व्यापक समाज का भविष्य क्या होगा? उसके हितों का प्रतिनिधित्व करने वाली राजनीति कैसी होगी? या उसे मरने–खपने के लिए सिर्फ़ राम भरोसे छोड़ दिया जायेगा? दिल्ली में अरविन्द केजरीवाल

की सरकार सिर्फ़ ४९ दिन चली थी। उस सरकार द्वारा किये गये फ़ैसलों से ज़्यादातर राजनीतिक दल और मीडिया बौखला गये थे और उसे अराजकतावादी, अर्बन नक्सलाइट और न जाने क्या-क्या कहने लगे थे। बौखलाहट के वास्तविक कारण अब समझ में आ रहे हैं। यथास्थितिवाद विरोधी, कारपोरेट और बहुराष्ट्रीय हितों पर नकेल लगाने की कोशिश करने वाली वैकल्पिक राजनीति की दूरगामी सम्भावनाओं से ये सभी अन्दर से डर गये थे। अब तो मोदी सरकार के भी पचास दिन हो रहे हैं, लेकिन इनसे वैसे सवाल पूछने की ज़रूरत भी कोई नहीं समझता, जैसे सवाल केजरीवाल से घड़ी-घड़ी पूछे जा रहे थे। मीडिया और ज़्यादातर राजनीतिक दलों के इस दोहरे चरित्र का मतलब क्या आपको अभी भी समझ में नहीं आ रहा है!

दो

रफ़्तार की मार

महाभारत में यक्ष युधिष्ठिर से पूछता है कि दुनिया का सबसे बड़ा आश्चर्य क्या है? इसका जवाब देते हुए युधिष्ठिर बताते हैं कि मनुष्य जानता है कि हर रोज़ किसी न किसी की मृत्यु होती है लेकिन फिर भी वह ऐसे जीता है मानो उसकी कभी भी मृत्यु नहीं होगी। हम हर रोज़ दुर्घटनाओं की ख़बर पढ़ते हैं, कई बार चिन्तित भी होते हैं, लेकिन यह मान कर चलते हैं कि ऐसा कोई हादसा हमारे साथ नहीं होगा। यदि आपको पहले से मालूम न हो तो आप यह कल्पना भी नहीं कर पायेंगे कि सड़क हादसों में हर रोज़ भारत में कितने लोगों की मृत्यु होती है।

उपलब्ध आँकड़ों के अनुसार सन् २०१० में सड़क दुर्घटनाओं के दौरान एक लाख चौंतीस हज़ार पाच सौ तेरह और सन् २०१४ में एक लाख बयालिस हज़ार चार सौ पचासी लोगों की मृत्यु हुई। २०११ के बाद के आँकड़े उपलब्ध नहीं हैं, लेकिन एक शोध के अनुसार भारत में हर मिनट सड़क दुर्घटना के दौरान किसी न किसी की मृत्यु होती है और दूसरे शोध के अनुसार हर तीसरे मिनट पर। यदि हर तीसरे मिनट पर होने वाली मृत्यु के आँकड़े पर ध्यान दिया जाय तो समझ में आयेगा कि हर दिन भारत में ४८० लोगों की सड़क दुर्घटना में मृत्यु होती है। किसी भी आतंकवादी,

साम्प्रदायिक, राजनीतिक और सैनिक कार्यवाही के दौरान होने वाली मौतों को जोड़ भी दिया जाय तो भी सड़क दुर्घटनाओं में होने वाली मृत्यु की तुलना में कहीं न टिकेंगी। इन दुर्घटनाओं से भारतीय अर्थव्यवस्था के जी.डी.पी. का तीन प्रतिशत नुकसान होता है। इसके परिणामस्वरूप जो परिवार बर्बाद होते हैं और परिवार के सदस्यों को जिस प्रकार का मानसिक और भावनात्मक आघातों का सामना करना पड़ता है, उसकी कहानी भयावह और रूह कँपा देने वाली है। सड़क दुर्घटनाओं के शिकार होने वाले ज़्यादातर लोग २५-६५ वर्ष की उम्र के होते हैं। पैदल चलने वाले, साइकिल और दोपहिया वाहनों से चलने वाले सबसे ज़्यादा सड़क दुर्घटनाओं के शिकार होते हैं। इनकी संख्या लगभग ४० प्रतिशत है।

विडम्बना यह है कि इस भयावह सच्चाई पर विचार करना तो दूर कोई नज़र डालने के लिए भी तैयार नहीं है। यह ऐसी सच्चाई है, जिसे विचारणीय ही नहीं माना जाता। किसी भी राजनीतिक-सामाजिक विमर्श में इस सच्चाई के लिए जगह नहीं है। इसे भवितव्यता के रूप में स्वीकार कर लिया गया है। भाग्य से कौन लड़ सकता है? भाग्य में जो लिखा है, वह हो कर रहेगा! इसे हम देख कर भी नहीं देखते, जबकि क्षेत्रीय अख़बार स्थानीय सड़क दुर्घटनाओं की ख़बरों से रोज़ ही पटे रहते हैं। यदि कोई आतंकवादी घटना हो जाय या कही साम्प्रदायिक दंगे भड़क उठें, तो मीडिया में उसकी ख़ूब चर्चा होती है और दोषियों को दण्डित करने और उनके ख़िलाफ़ कड़ी कार्यवाही करने की लम्बी-चौड़ी बातें की जाती हैं। लेकिन सड़क दुर्घटनाओं को लेकर थोड़ी-बहुत चर्चा तभी होती है, जब किसी वीआईपी राजनेता की मौत हो जाती है।

ऐसा क्यों है कि हमारे बुद्धिजीवी और राजनीतिज्ञ सड़क दुर्घटनाओं को लेकर सोचने की जहमत नहीं उठाते। सम्भवतः यह इसलिए है कि हमें यह समझा दिया गया है कि विकास की कुछ न कुछ क़ीमत तो चुकानी ही होगी। बिना गति के प्रगति कैसे होगी। गति बढ़ेगी तो दुर्घटनाएँ होंगी ही। गति बढ़ाये बिना विकास कैसे होगा? इसीलिए अब बुलेट ट्रेन चलाने की बात की जा रही है। ये कोई तीन सौ क़िलोमीटर की रफ़्तार से दौड़ेंगी। इन्हें चलाने के लिए नये ट्रैक बिछाने पड़ेंगे और समूचे ट्रैक को लोहे की जालियों से घेरना पड़ेगा, ताकि भूल-ग़लती से आदमी-जानवर इन ट्रैक्स पर न आने पायें। रेलवे के एक वरिष्ठ अधिकारी ने इधर बहुत महत्त्वपूर्ण

बात कही है। उनके अनुसार बुलेट ट्रेन चलाने की योजना इतनी ख़र्चीली और महँगी है कि फ़िलहाल उसके भारत में व्यावहारिक रूप से सफल होने की गुंजाइश बहुत कम लगती है। जो भी हो इतना तो साफ़ है कि दुर्घटना रोकने के पुख़्ता इंतज़ाम किये बिना तेज़ रफ़्तार ट्रेनों को ट्रैक पर लाना ख़तरे से ख़ाली नहीं है। मौजूदा रेल व्यवस्था को बेहतर बनाने के लिए ज़रूरी क़दम उठाये जाने चाहिए। रेल दुर्घटनाओं को ख़त्म करने, रेलों को समय से संचालित करने, यात्रियों-विशेष कर महिलाओं की सुरक्षा बढ़ाने, खान-पान और साफ़-सफ़ाई की व्यवस्था दुरुस्त करने और अनारक्षित कोचों की संख्या बढ़ाने की ज़रूरत है। रेल की बात छोड़ कर यदि हम सड़क की ओर लौटें और यह देखें कि पहले के मुक़ाबले सड़क पर चलने वाले वाहनों की रफ़्तार और संख्या तो बढ़ गयी, लेकिन उसके लिए जैसी सड़कें, सुरक्षा संरक्षा के मानक, यातायात के नियमों का कड़ाई से पालन और चालकों की समुचित ट्रेनिंग होनी चाहिए, वैसी व्यवस्था आज तक नहीं हो पायी। ऑटोमोबाइल इंडस्ट्री के दबाव में तेज़ रफ़्तार वाहनों की आमद तो हो रही है लेकिन इनके अनुरूप ढाँचागत सुविधाएँ न होने के कारण दुर्घटनाएँ भी ख़ूब तेजी से बढ़ रही हैं। यही नहीं शहरों में डीजल और पेट्रोल से चलने वाले वाहनों के कारण वायु और ध्वनि प्रदूषण भी तेजी से बढ़ा है। लेकिन जैसाकि पहले कहा गया, ऑटोमोबाइल इंडस्ट्री के भारी दबाव और उससे मिलने वाले लाभ के कारण कोई भी सरकार इस विषय में कोई प्रभावी क़दम नहीं उठाती। विकास के साथ जुड़ी हुई विनाश की इस कहानी को आख़िर कब तक दबा कर रखा जायेगा। क्या किसी मीडियातन्त्र में इतना साहस है कि वह लगातार एक महीने तक मुख्य हेडलाइन के रूप में अपने मुखपृष्ठ पर यह ख़बर छापने की हिम्मत दिखाए कि 'पिछले दिन सड़क दुर्घटना में ४८० लोगों की मृत्यु हुई।'

स्त्रियों के ख़िलाफ़ होने वाले अत्याचारों के लिए ज़िम्मेदार कौन?

कई बार अपनी जान बचाने के लिए सत्ता से जुड़े हुए लोग कुछ ऐसे तर्क देते हैं, जिसमें आंशिक सच्चाई होती है और उसे नज़रअन्दाज़ कर देने की ग़लती नहीं की जानी चाहिए। चारों तरफ़ से आलोचना का शिकार हो रही

उत्तर प्रदेश की समाजवादी सरकार के नेता स्त्रियों के विरुद्ध होने वाले अत्याचारों के लिए मीडिया को ज़िम्मेदार ठहरा रहे हैं। ये सही है कि क़ानून-व्यवस्था जितनी चुस्त-दुरुस्त होनी चाहिए उतनी चुस्त-दुरुस्त उत्तर प्रदेश में नहीं है। लेकिन क़ानून-व्यवस्था तभी ठीक हो सकती है, जब भ्रष्टाचार का बोलबाला न हो और सत्ता एवं प्रशासन से जुड़े हुए लोगों की ज़िम्मेदारी तय हो। ऐसा न होने की स्थिति में जैसे और दूसरे प्रकार के अपराध बढ़ते हैं, वैसे ही स्त्रियों के ख़िलाफ़ भी अपराध बढ़ जाते हैं। अपराधों के लिए औपनिवेशिक काल से चली आ रही हमारी न्याय-व्यवस्था भी कम ज़िम्मेदार नहीं है, क्योंकि इस न्याय-व्यवस्था में अन्तिम रूप से सज़ा तय होने में एक जन्म की अवधि भी कम पड़ जाती है। इसके बावजूद मौजूदा व्यवस्था में भी अपराध नियन्त्रित किये जा सकते हैं, लेकिन इसके लिए शासन-प्रशासन में बड़े पैमाने पर गुणात्मक एवं चारित्रिक बदलाव की ज़रूरत होगी। विकसित पूँजीवादी देशों में बाक़ी दुनिया के मुक़ाबले अपराध कम हैं, क्योंकि उन्होंने एक तन्त्र विकसित कर लिया है, जिसके कारण अपराध करने पर व्यक्ति पकड़ा जाता है और उसे जल्दी ही सज़ा भी मिल जाती है। भारत सहित शेष दुनिया के देशों में अपराध मानो सामाजिक एवं राजनीतिक जीवन का अभिन्न हिस्सा बन गया है। यद्यपि अपराध और भ्रष्टाचार को नियन्त्रित करने से पूँजीवाद को व्यापक विकास में मदद ही मिलेगी, लेकिन हमारा वर्तमान सत्ताधारी वर्ग इस कदर विचारशून्य हो चुका है कि पूँजी के आदिम संचय वाली अवस्था से आगे निकलने को भी वैचारिक रूप से तैयार नहीं दिखता। विकास के नाम पर कारपोरेट घरानों और बहुराष्ट्रीय कम्पनियों द्वारा अनुमोदित आर्थिक नीतियाँ अपनाने और उन्हें सख़्ती से लागू करने के सिवा उसके पास भारत के भविष्य का कोई विजन नहीं है। संक्रमण काल से गुजर रहे भारतीय समाज की सांस्कृतिक-सामाजिक-बौद्धिक समस्याओं और आवश्यकताओं का भी उसे बोध नहीं है। भविष्य के किसी विजन के अभाव में भारत एक ऐसे कबाड़खाने में तब्दील होता जा रहा है, जिसमें किसी भी प्रकार का कूड़ा-कचरा डाला जा सकता है और विकास के नाम पर प्रकृति-पर्यावरण का नाश किया जा सकता है। इसकी क़ीमत सिर्फ़ आर्थिक रूप से कमज़ोर वर्गों को ही नहीं, उन वर्गों को भी चुकानी पड़ रही है, जो तुलनात्मक रूप से बेहतर स्थिति में हैं।

इस भूमिका के बाद आइये उस बात की ओर लौटें, जिससे लेख की शुरुआत हुई थी। ये माँग बिल्कुल जायज है कि यूपी में या कहीं भी क़ानून–व्यवस्था सख़्त होनी चाहिए और अपराधी को समुचित दण्ड भी मिलना चाहिए। लेकिन सच्चाई ये भी है कि स्त्रियों के ख़िलाफ़ अत्याचार सिर्फ़ यूपी में नहीं हो रहे हैं, दूसरे प्रदेशों में, यहाँ तक कि दिल्ली में भी हो रहे हैं। इसलिए यदि यूपी सरकार के नेता औरतों के ख़िलाफ़ होने वाले अत्याचारों के लिए मीडिया और इण्टरनेट को ज़िम्मेदार ठहरा रहे हैं तो उस पर भी राजनीतिक लफ़्फ़ाजी से ऊपर उठ कर गम्भीरतापूर्वक विचार करने की ज़रूरत है। फ़िल्म और टीवी में जो दिखाया जा रहा है, वो तो कुछ भी नहीं। इण्टरनेट पर जिस प्रचुर मात्रा में अश्लील फ़िल्में, वीडियो और चित्र सुलभ हैं, उन्हें देखने के लिए अब किसी लैपटाप या कम्प्यूटर की भी ज़रूरत नहीं रह गयी है, उसे तो अब थ्री जी मोबाइल पर भी देख सकते हैं। अश्लील फ़िल्मों की सीडी जब्त करने की ख़बर तो कभी–कभार अख़बार की सुर्ख़ियाँ बन जाती हैं, किन्तु इण्टरनेट पर सहज ही उपलब्ध अश्लील सामग्री को बैन करने की बात तो आज की तारीख़ में कोई कर ही नहीं रहा। जबकि सच्चाई ये है कि इस तरह की अश्लील सामग्री का युवा वर्ग पर बहुत ही नकारात्मक प्रभाव पड़ रहा है। भारतीय संस्कृति की रक्षा का दम्भ भरने वालों को भी जैसे इसकी ख़बर नहीं। ये अश्लीलता केवल सम्पन्न वर्गों के बीच ही अपने पाँव नहीं पसार रही, बल्कि उन वर्गों को भी मानसिक रूप से कुण्ठित और भ्रष्ट कर रही है जो इस 'लीला' को दूर से सिर्फ़ देख रहे हैं। उनकी हैसियत इतनी नहीं कि वे ये सुख–सुविधाएँ ख़रीद सकें। लेकिन उनके अन्दर ये सब पाने की चाहत ज़रूर घर कर गयी है, इसलिए वे यही सब पाने के लिए कई बार उग्र और हिंसक भी हो जाते हैं, जो सम्पन्न वर्ग अपने आर्थिक वर्चस्व के कारण सहमति से ख़रीद लेता है।

ये अकारण नहीं है कि इधर होने वाली बलात्कार की ज्यादातर घटनाएँ सामूहिक बलात्कार की घटनाएँ हैं। पहले इस तरह की घटनाओं में एक व्यक्ति शामिल होता था। अब ये देखने में आ रहा है कि इस तरह की घटनाओं में एक व्यक्ति नहीं, समूह शामिल होता है। वैसे इस तरह का फ़िलहाल कोई अध्ययन मेरी जानकारी में नहीं है, जिसमें सामूहिक बलात्कार की घटनाओं का विश्लेषण किया गया हो, फिर भी मेरा दृढ़ विश्वास है

कि इस तरह की घटनाओं को अंजाम देने वाले व्यक्ति किसी न किसी रूप में मीडिया और इण्टरनेट पर उपलब्ध सामग्री से प्रभावित या प्रेरित हुए होंगे। ये सही है कि इस तरह की अश्लील सामग्री विकसित देशों में भी सहज उपलब्ध है, लेकिन उन्मुक्त संस्कृति वाले देशों में जहाँ क़ानून-व्यवस्था और न्याय-प्रणाली चुस्त-दुरुस्त है, इसका वैसा सांघातिक प्रभाव नहीं दिखायी पड़ता। भारत के शासक-वर्गों में यदि थोड़ी संवेदनशीलता और दूरदृष्टि होती तो उन्हें ये समझ में आता कि भारतीय समाज को पश्चिमी सांस्कृतिक प्रदूषण का सामना करने के लिए समय की दरकार थी। अचानक ये सब देख कर किसी आम भारतीय के लिए स्वयं को संयमित रख पाना इतना आसान नहीं।

पुराने ज़माने में ईश्वर और धर्म की आलोचना नहीं की जा सकती थी, क्योंकि ईश्वर का वचन निर्विवाद रूप से सच माना जाता था। फिर विज्ञान का दौर आया और ईश्वर की जगह अब विज्ञान ने ले ली। अच्छा लगे या बुरा, लेकिन वैज्ञानिक सच को मानने के सिवा आपके पास कोई विकल्प नहीं बचा। इसी के पीछे-पीछे इतिहास का सच आया और ये कहा जाने लगा कि 'यदि कुछ ग़लत किया तो इतिहास माफ़ नहीं करेगा', 'इतिहास साक्षी है' और 'इतिहास ही किसी को ग़लत या सही साबित करेगा'। आज के दौर में ईश्वर, विज्ञान और इतिहास की जगह मीडिया ने ले ली है। आप मीडिया की आलोचना नहीं कर सकते। मीडिया सर्वगुणसम्पन्न है, मीडिया में कोई कमी नहीं है! मीडिया की आलोचना करना ऐसा कुफ्र है जिससे हर समझदार आदमी बचना चाहता है। मीडिया का कोपभाजन बनने की सामर्थ्य किसमें है? राजनीतिक सत्ता की आलोचना ख़ूब हो रही है और होनी भी चाहिए, लेकिन मीडिया की नकारात्मक भूमिका की आलोचना क्यों नहीं होनी चाहिए? अपनी जान बचाने के लिए ही सही, यदि मीडियारूपी बिल्ली के गले में घण्टी बाँधने की बात यूपी सरकार के नेता कर रहे हैं तो इसमें ग़लत क्या है? और इस पर गम्भीरतापूर्वक विचार-विमर्श क्यों नहीं होना चाहिए?

हिन्दू धर्म के रक्षक कैसे-कैसे

विलियम क्रूक ने उन्नीसवीं शताब्दी में छपी अपनी किताब में कहा था कि गाँव के लोगों के बीच तुलसीदास की कविताएँ किसी दूसरे कवि से

ज़्यादा लोकप्रिय थीं। विशेष रूप से हिन्दुओं के बीच तुलसी की लोकप्रियता का कोई सानी नहीं था। लेकिन कबीर एक ऐसे कवि थे, जो हिन्दू और मुसलमान, दोनों के बीच, लोकप्रिय थे। मैंने अपने एक शोध छात्र से कबीर की लोक-व्याप्ति विषय पर अध्ययन करवाया। इस अध्ययन से एक चौंकाने वाला तथ्य ये निकल कर आ रहा है कि आज के समय में कबीर की मुसलमानों के बीच लोकप्रियता समाप्तप्राय है। जो मुसलमान पढ़-लिख गये हैं, वे सिर्फ़ इतना बताते हैं कि उन्होंने हिन्दी विषय में अपनी पढ़ायी के दौरान कबीर की कुछ रचनाएँ पढ़ी थीं। इससे निष्कर्ष यह निकल रहा है कि जो कबीर उन्नीसवीं सदी तक हिन्दू और मुसलमानों में समान रूप से लोकप्रिय थे, उनकी लोकप्रियता अब सिर्फ़ हिन्दुओं तक सीमित हो गयी है। मुसलमानों के बीच कबीर की समाप्तप्राय लोकप्रियता की व्याख्या दो तरीक़े से की जा सकती है। पहली व्याख्या यह हो सकती है कि समकालीन इस्लामिक राजनीति के लिए यह ज़रूरी है कि वे अपनी एक एक्सक्लूसिव और समरूप अस्मिता निर्मित करे। और इस प्रक्रिया में उन सारे सन्दर्भों-व्यक्तियों को दरकिनार कर दे, जो मुसलमानों के साथ-साथ हिन्दुओं के द्वारा भी समादृत हैं। लेकिन कबीर की मुसलमानों के बीच घटती लोकप्रियता की यह व्याख्या अधूरी और एकांगी ही कही जायेगी, क्योंकि इस कहानी का दूसरा पहलू यह है कि मठों और हिन्दू धर्म की सांस्कृतिक राजनीति ने बीसवीं शताब्दी में कबीर और कबीर जैसे अन्य प्रतीकों का इस कदर हिन्दूकरण किया कि इस हिन्दूकृत कबीर के साथ समकालीन इस्लाम का सम्बन्ध ही टूट गया। इस पूरी कहानी का लब्बोलुआब यह है कि एक्सक्लूसिव इस्लाम और एक्सक्लूसिव हिन्दुत्व की अस्मिता की छवि जैसे-जैसे सख़्त होती गयी वैसे-वैसे वे प्रतीक जिनका सम्बन्ध इस्लाम और हिन्दू परम्परा दोनों से था, किसी एक परम्परा में आत्मसात् किये जाने लगे। कबीर के साथ जो हुआ, वही शिरड़ी के साईं बाबा के साथ भी हो चुका है। साईं बाबा के मन्दिर बन चुके हैं और उन्हें पूजने-मानने वालों में ज़्यादातर हिन्दू हैं। यहाँ तक कि शिरड़ी के मन्दिरों में भी जो लोग पहुँचते है उनमें हिन्दुओं की संख्या अधिक होती है। कबीर के बारे में यह निश्चय कर पाना असम्भव है कि वे जन्मना हिन्दू थे या मुसलमान या उनका सम्बन्ध एक ऐसी श्रेणी से था, जिसे पूरी तरह से न तो हिन्दू कहा जा सकता है, न मुसलमान, लेकिन साईं बाबा के बारे में कोई सन्देह नहीं कि जन्मना वे मुसलमान थे। इसके

बावजूद वह हिन्दुओं और मुसलमानों दोनों में लोकप्रिय थे। लेकिन आज की तारीख़ में कबीर की तरह उनका अस्तित्व भी हिन्दुओं में सिमट कर रह गया है। इतना तो कहा ही जा सकता है कि बीसवीं और इक्कीसवीं सदी में हिन्दू धर्म की अस्मिता ज़्यादा सख़्त हुई है। लेकिन इसके बावजूद साईं बाबा या तमाम सूफी फकीर, पीर इत्यादि, यदि आज की तारीख़ में हिन्दुओं द्वारा समादृत हैं तो इसका श्रेय आधुनिकता से पहले की उस ढीली-ढाली लचीली हिन्दू परम्परा को दिया जाना चाहिए, जिसमें हिन्दू परम्परा से इतर परम्पराओं से आने वाले पीर-फकीरों के लिए भी जगह थी। और ऐसे पीर-फकीरों के प्रति आस्था रखने वाले को हिन्दू परम्परा का विरोधी नहीं माना जाता था। लेकिन शंकराचार्य स्वरूपानन्द सरस्वती के अनुसार साईं बाबा को मानने वाले पथभ्रष्ट हिन्दू हैं और सच्चे राम भक्तों को साईं बाबा की पूजा तुरन्त बन्द कर देनी चाहिए। उनका यह भी मानना है कि राममन्दिर आन्दोलन को कमज़ोर करने की साजिश के तहत साईं बाबा की पूजा को बढ़ावा दिया जाता है। हिन्दू धर्म का शुद्धीकरण करने के लिए हिन्दू परम्परा से साईं बाबा को बेदख़ल करने की ज़रूरत है। उनके अनुसार साईं बाबा को हिन्दू-मुस्लिम एकता का प्रतीक भी नहीं माना जा सकता, क्योंकि इस्लामी परम्परा उन्हें पहले ही बेदख़ल कर चुकी है। मतलब बिल्कुल साफ़ है कि हमें ऐसे प्रतीकों को किसी न किसी तर्कों से तोड़ देना चाहिए, जो हिन्दू और मुस्लिम अस्मिता को जोड़ने वाले हैं। इसके बजाय हमें ऐसे प्रतीकों पर जोर देना चाहिए, जो हिन्दू-मुस्लिम सम्बन्धों को तोड़ने वाले हों। अन्यथा ये तो कोई तर्क नहीं है कि यदि मुस्लिम परम्परा किसी को नहीं मानती तो हम भी उसे न मानें। अब स्वरूपानन्द जी को कौन बताये कि लोक-जीवन में आज भी ऐसे प्रतीक बचे हुए हैं जिनमें हिन्दू और मुसलमान की साझी भागीदारी दिखायी देती है। वास्तव में हमला हिन्दुओं द्वारा साईं बाबा को पूजे जाने पर नहीं किया जा रहा है, बल्कि उस उदार हिन्दू परम्परा पर किया जा रहा है, जिसमें साईं बाबा जैसे बहुतेरे प्रतीकों के लिए जगह अभी भी बची हुई है। असल में कोशिश एक्सक्लूसिव हिन्दू अस्मिता गढ़ने की है, जिसके सहारे उन सभी को हाशिये पर ढकेला जा सके, जो शुद्धीकृत हिन्दू परम्परा में नहीं आते। ये हिन्दू परम्परा का राजनीतीकरण है जिसे धर्म के नाम पर गढ़ा जा रहा है। इस शुद्धीकरण से राजनीतिक लाभ किसे मिलेगा यह आज की तारीख़ में शायद बताने की ज़रूरत नहीं। हिन्दू परम्परा को शुद्ध

करने का अभियान चलाने वाले स्वरूपानन्द जैसे लोगों को ये ज़रूर याद दिलाना चाहिए कि वास्तविक हिन्दू परम्परा इतनी इकहरी नहीं जैसी वे बनाने की कोशिश कर रहे हैं। उसकी जड़ें बहुत गहरी और व्यापक हैं। इतनी गहरी और व्यापक कि कट्टर हिन्दू छवि वाली उमा भारती भी साईं बाबा की उपासक निकलीं! और अब स्वरूपानन्द जी को यह कहना पड़ रहा है कि उनकी रामभक्ति का तकाजा है कि वे साईं बाबा की पूजा तत्काल बन्द कर दें। काश ये बात उमा भारती को पहले से मालूम होती! जिस प्रभाव से उमा भारती नहीं बच सकीं, स्वरूपानन्द जी की कोशिश है कि उस प्रभाव से समूचा हिन्दू समाज बच जाय। चाहे और कुछ हो न हो, इस प्रभाव से हिन्दू धर्म की व्यापकता, उदारता और नम्रता का पता तो ज़रूर चलता है, जिसे मटियामेट करने पर स्वरूपानन्द जैसे हिन्दू धर्म के रक्षक तुले हुए हैं। राम बचाये हिन्दू धर्म के ऐसे रक्षकों से!

मुक्तिकामी राष्ट्रवाद की प्रतिक्रियावादी परिणति

राष्ट्र की अवधारणा बहुत पुरानी अवधारणा नहीं है। यूरोप में भी सत्रहवीं सदी से पहले राष्ट्र की परिकल्पना के निशान नहीं मिलते। भारत में १९वीं सदी के दौरान पश्चिम की प्रेरणा से राष्ट्रवाद की भावना का सूत्रपात होता है। भारतीय राष्ट्रवाद मोटे तौर पर उपनिवेशवाद-विरोधी आन्दोलन के रूप में विकसित होता है और इसका चरित्र मूलतः सर्वसमावेशी रहा है। स्वाधीनता आन्दोलन के नेताओं द्वारा सभी धर्मों, जातियों, सम्प्रदायों और परम्पराओं को मिला कर भारतीय राष्ट्र का एक प्रगतिशील रूप निर्मित करने का प्रयास किया गया। स्वतन्त्रता के पश्चात निर्मित संविधान भी इसी भावना को प्रतिबिम्बित करता है।

प्रत्येक राष्ट्र अपनी राष्ट्रीय भावनाओं की अभिव्यक्ति के लिए कुछ प्रतीकों का प्रयोग करता है। भारतीय राष्ट्र के भी कुछ ऐसे प्रतीक हैं, जिनका प्रयोग किसी न किसी रूप में किया जाता रहा है। लेकिन ये भी सच है कि कोई भी राष्ट्र और विशेष रूप से उपनिवेशवाद-विरोधी संघर्ष के परिणामस्वरूप अस्तित्व में आने वाला राष्ट्र सिर्फ़ कुछ प्रतीक चिह्नों के जरिये अपनी वैधता लम्बे समय तक कायम नहीं रख सकता। असल में, राष्ट्र का प्रभाव उसके राष्ट्र-नायकों द्वारा निर्मित होता है। किन्तु अस्सी का दशक आते-आते राजनीति और राजनेताओं का चरित्र आम आदमी की निगाह में संदिग्ध हो गया।

राजनीति और राजनेताओं को लेकर अविश्वास और सन्देह का भाव धीरे-धीरे इतना बढ़ता चला गया कि राष्ट्र के प्रतीक-पुरुष के रूप में उनकी विश्वसनीयता पूरी तरह से खण्डित हो गयी। ये वही दौर है जब राष्ट्रीय भावनाओं की अभिव्यक्ति के लिए खिलाड़ियों और कलाकारों

का प्रयोग किया जाने लगा। राजीव गांधी के शासनकाल में देश–विदेश में भारत महोत्सव आयोजित किये गये और समूचे भारत को कई सांस्कृतिक क्षेत्रों में बाँट कर इन क्षेत्रों के कलाकारों को राष्ट्रीय मंच पर एक नयी पहचान दिलाने की कोशिश की गयी। इस प्रसंग में 'दूरदर्शन' पर प्रसारित किये जाने वाले गीत 'मिले सुर मेरा तुम्हारा' को याद किया जा सकता है। इस गीत में विभिन्न क्षेत्रों के कलाकारों को शामिल कर राष्ट्रीय भावना का संचार करने की कोशिश की गयी थी। लेकिन इस समूचे अभियान में किसी राजनेता को शामिल नहीं किया गया था। इसका कारण सम्भवत: ये था कि राजनेताओं की विश्वसनीयता छीज गयी थी और उनके द्वारा किसी भी प्रकार की राष्ट्रीय भावना का संचार सही मायने में मुमकिन नहीं था। आम आदमी का तादात्म्य राष्ट्रीय स्तर के खिलाड़ियों और कलाकारों से तो हो जाता था, लेकिन ऐसा तादात्म्य राष्ट्रीय राजनेताओं से सम्भव नहीं रह गया था।

सूत्र रूप में कहें तो यह वह दौर था जब राष्ट्र के प्रतीक–पुरुष के रूप में राजनेताओं की जगह कलाकारों और खिलाड़ियों ने ले ली थी। असल में, यह बहुत बड़ा बदलाव था। क्योंकि स्वाधीनता आन्दोलन और उसके पश्चात् राष्ट्र के प्रतीक–पुरुष के रूप में गांधी, नेहरू, पटेल, शास्त्री, आजाद जैसे व्यक्तियों का बोलबाला था और उनके सामने कलाकार, लेखक और खिलाड़ियों का व्यक्तित्व काफ़ी छोटा लगता था।

विगत वर्षों में भाजपा के शासन के दौरान भारतीय राष्ट्रवाद की अवधारणा को एक विचारधारा विशेष के अनुसार पुन: परिभाषित करने का प्रयास किया जा रहा है। इसे सांस्कृतिक राष्ट्रवाद की संज्ञा दी जा रही है। सांस्कृतिक राष्ट्रवाद से उनका आशय एक विशेष प्रकार के हिन्दू राष्ट्रवाद से है। विडम्बना ये है कि भारतीय परम्परा की बात करने के बावजूद हिन्दू राष्ट्रवाद की ये अवधारणा वास्तव में औपनिवेशिक विद्वानों द्वारा गढ़ी गयी भारतीय इतिहास की समझ की पुनर्प्रस्तुति मात्र है। ध्यातव्य है कि 'विसेंट स्मिथ' ने अपनी पुस्तक 'हिस्ट्री ऑफ़ ब्रिटिश इण्डिया' में भारत के इतिहास को तत्कालीन शासकों के धर्म/मज़हब के आधार पर हिन्दू, मुस्लिम और आधुनिक काल में विभाजित किया था। इस औपनिवेशिक समझ को प्रश्नांकित करने के बजाय हिन्दुत्ववादी विचारधारा इसे यथावत् नये कलेवर में दोहराती है और भारतीय इतिहास की इस इकहरी समझ को

अन्तिम सत्य के रूप में इसे दूसरों पर आरोपित करती है। जबकि सच्चाई ये है कि जिसे आज हिन्दू धर्म कहा जाता है, उन्नीसवीं सदी से पहले वह अनेक सम्प्रदाय एवं पन्थों में बँटा हुआ था। हजारीप्रसाद द्विवेदी को यदि प्रमाण मानें तो "मुसलमानों के आने के पहले इस देश में नाना विश्वासों, और आचार–विचारों के भेद से नाना प्रकार के धर्म–मत प्रचलित थे।" यही नहीं, द्विवेदी जी ने ये भी लिखा है कि "किसी भी मत के विषय में भारतीय मनीषा ने गड्डलिका–प्रवाह की नीति का अनुसरण नहीं किया है। प्रत्येक बात में ऐसे बहुत से मत पाये जाते हैं, जो परस्पर एक–दूसरे के विरुद्ध पड़ते हैं।" अपनी इस स्थापना को स्पष्ट करते हुए उन्होंने अन्यत्र लिखा है कि "स्तूपाकार शास्त्र–वचनों के ढेर में से वही वाक्य प्रामाण्य मान लिए जाते हैं, जिनका उपयोग प्रचलित लोक–व्यवहार के समर्थन में हो सके। बाक़ी वाक्यों को ननु कह कर पूर्व पक्ष में फेंक दिया जाता है। इसका परिणाम यह हुआ कि बंगाल में जो वाक्य पूर्व–पक्ष का है, वही महाराष्ट्र में उत्तर–पक्ष का, और उड़ीसा में जो वाक्य उत्तर–पक्ष का है, वही काशी में पूर्व का। फिर ऐसे विशेष वचन भी बहुत अधिक हैं, जो किसी एक ही प्रदेश में माने जाते हैं।" द्विवेदी जी ने जो बातें हिन्दू परम्परा के बारे में कही हैं, वही बातें थोड़ी–बहुत हेर–फेर के साथ इस्लामिक परम्परा के बारे में भी कही जा सकती हैं। इस्लाम में भी अनेक मत–मतान्तर थे और उसे एक सुगठित इकाई के रूप में देखना ऐतिहासिक रूप से भारी भूल होगी। लेकिन ऐतिहासिक साक्ष्यों को दरकिनार कर हिन्दुत्व की विचारधारा समूची परिघटना को हिन्दू बनाम अन्य के रूप में इसे व्याख्यायित करती है और हिन्दू तथा मुस्लिम परम्परा में मौजूद बहुलता का निषेध करती है।

पीछे हमने राष्ट्रीय प्रतीकों की बात की थी। उस सिलसिले को आगे बढ़ाते हुए समकालीन सन्दर्भों में राष्ट्रीय प्रतीकों की चर्चा ज़रूरी है। आजकल सेना को राष्ट्रीय प्रतीक के रूप में ही नहीं, बल्कि राष्ट्र के पर्याय के रूप में पेश किया जा रहा है—राष्ट्र माने सेना। एक तरह से सेना को 'अपौरुषेय' बना दिया गया है। प्रकारान्तर से सेना को भारतीय संविधान के भी ऊपर स्थापित करने की कोशिश हो रही है। सेना के किसी भी कार्य की आलोचना आप नहीं कर सकते; वह कार्य चाहे कितना भी ग़लत क्यों न हो। ऐसा करते ही आपको राष्ट्र–विरोधी करार दिया जा सकता है, क्योंकि

सेना को राष्ट्र का पर्याय मान लिया गया है। राष्ट्र की इस सैन्यवादी समझ में अन्तर्निहित ख़तरे के प्रति सचेत होना इसलिए ज़रूरी है, क्योंकि राष्ट्र की सैन्यवादी समझ अन्ततः लोकतन्त्र के निषेध की ओर ले जाती है, जिसकी परिणति तानाशाही या सैन्य-शासन में हो सकती है। सैन्य-तानाशाही से दुनिया के किसी देश का भला नहीं हुआ तो भारत का कैसे होगा! राष्ट्र के पर्याय के रूप में सेना को प्रस्तुत करने की समझ जितनी ग़लत है, उतनी ही ग़लत भारत माता की यह अवधारणा है, जिसका इन दिनों ख़ूब जोर-शोर से प्रचार किया जा रहा है। इस प्रसंग में एक बार फिर द्विवेदी जी के कथन को देखना चाहिए—"हम आज भी काल्पनिक भारतमाता का जय-निनाद करते जा रहे हैं। भारतमाता वस्तुतः क्या हैं? यह समझने की चेष्टा बहुत कम हो रही है, पूर्व और पश्चिम में जिस प्रकार की जन-जागृति हो रही है, उसे देख कर निश्चित रूप से कहा जा सकता है कि भारतमाता जिस दिन अपने कोटि-कोटि दलित, हीन, निरन्न, निर्वस्त्र बालकों को लेकर जाग पड़ेगी, उस दिन की हालत कल्पना के बाहर होगी। उस दिन के लिए हमें अभी से तैयार रहना चाहिए।" भारतमाता की तरह ही द्विवेदी जी ने भारतवर्ष के बारे में भी लिखा है, आइए उसे भी देख लें—"भारतवर्ष क्या है? हमें इस बात को अच्छी तरह जान लेना चाहिए कि भारतवर्ष उन करोड़ों दलित और मूक जनता से अभिन्न है, जिन्हें छूने से भी पाप अनुभव किया जाता है।" ये बताने की ज़रूरत तो नहीं होनी चाहिए कि द्विवेदी जी कम्युनिस्ट, दलित, आदिवासी, पिछड़े, मुस्लिम या पाकिस्तान के एजेण्ट नहीं थे।

मुक्तिकामी राष्ट्रवाद की भूमिका का निर्वाह करने का दायित्व कांग्रेस को विरासत में मिला था। लेकिन सन् १९८४ में सिख-विरोधी दंगे करा कर कांग्रेस ने सन् १९९२ में बाबरी विध्वंस और २००२ में गुजरात दंगों के लिए रास्ता खोल दिया। इतिहास ने दलित और पिछड़े वर्ग के नेताओं को यह अवसर दिया था कि वे मुक्तिकामी राष्ट्रवाद की विरासत को आगे बढ़ाते तथा उसे और भी रेडिकल रूप प्रदान करते, लेकिन वे भी छोटे-मोटे बदलाव करके अन्ततः सत्ता की राजनीति में फँसकर रह गये। इसलिए भाजपा/आर.एस.एस. की साम्प्रदायिक एवं संकीर्ण राष्ट्रवाद की आलोचना करने से ज़्यादा ज़रूरी प्रश्न ये है कि साम्प्रदायिकता विरोधी और प्रगतिकामी राजनीति का चरित्र और उसकी भूमिका कैसी हो!

प्रेम और द्रव्य पर मार्क्स और गेटे

> 'Things fall apart, The center cannot hold' –Yeat
> 'To sa4 that our socit4 is falling apart is onl4 to sa4 that it is ali1e and 2ell' –Marshal Berman

मनुष्य की नैसर्गिक वृत्तियों के विकास की सम्भावनाएँ समाज निरपेक्ष नहीं होती, समाज इन वृत्तियों के विकास की सम्भावनाओं को संचालित करता है। इसलिए चाहे प्रेम की वृत्ति ही क्यों न हो वह समाज-निरपेक्ष नहीं रहती। वैसे तो प्रेम शब्द का अर्थ बहुत व्यापक है किन्तु यदि उसे मानवीय सम्बन्धों में स्त्री-पुरुष सम्बन्ध तक सीमित रखा जाय, तो भी इसके बारे में सार्थक विचार-विमर्श तत्कालीन समाज को संचालित करने वाली शक्तियों को दरकिनार कर नहीं किया जा सकता। समकालीन समाज को संचालित करने वाली केन्द्रीय शक्ति पूँजी है, पूँजी का प्रभाव सर्वव्यापी है, कोई ऐसी चीज़ नहीं, जो इसके दायरे में न आती हो। इसलिए प्रेम जैसी सहज नैसर्गिक मानवीय वृत्ति की कोई भी सार्थक चर्चा पूँजी के इस नियामक के प्रभाव को अनदेखा कर नहीं की जा सकती है। वैसे तो मनोविज्ञान से लेकर स्त्री-विमर्श तक पुरुष और स्त्री के प्रेम सम्बन्धों की चर्चा करने वाले नये-नये अनुशासन सामने आते जा रहे हैं, फिर भी मुझे लगता है कि इस प्रसंग में कार्ल मार्क्स के विचारों का महत्त्व घटने की बात तो कौन कहे और भी बढ़ गया है। विशेषरूप से इस बाज़ार-केन्द्रित उपभोक्तावादी दौर में मार्क्स के विचारों को नये सिरे से देखने की ज़रूरत है। चाहे मानवीय सम्बन्धों की बात हो या प्रेम सम्बन्धों की, कार्ल मार्क्स की पुस्तक 'Economic and Philoshophical Manuscripts' का ध्यान मुझे बराबर आता है। इस पुस्तक में मार्क्स ने

द्रव्य अर्थात् पैसे की शक्ति का जो बखान किया है, उसके कुछ महत्त्वपूर्ण बिन्दुओं का उल्लेख मैं इस टिप्पणी में करूँगा। मार्क्स ने लिखा है कि 'मनुष्य की अनुभूतियाँ, आवेग आदि संकीर्ण अर्थ में मात्र मनोवैज्ञानिक परिघटनाएँ नहीं हैं।' निजी सम्पत्ति पर आधारित पूँजीवादी व्यवस्था में, सबकुछ ख़रीदने, सभी वस्तुओं को विनियोजित करने का गुण रखने के कारण, द्रव्य सर्वोपरि स्वत्व की वस्तु है। उसके गुण की सार्विकता, उसके स्वत्व की सर्वशक्तिमत्ता है। इसलिए उसे सर्वशक्तिमान माना जाता है।' मार्क्स ने इस प्रसंग में 'गेटे' के 'फाउस्ट' से मेफिस्तोफिलीज का जो संवाद उद्धृत किया है, उसे देखना उचित होगा :

"अरे जाय भाड़ में—क्या कहना है!
हाथ, पैर, सिर, पीठ—यह सब तेरा है।
उस सब पर क्या स्वत्व हमारा मिट जायेगा,
सुदिनों में जीवन के जो हमने पाया है?
छः तुरंग श्रेष्ठ यदि मोल लिए मैंने,
नहीं क्या शक्ति उनकी सम्पदा मेरी है?
बढ़े जाऊँ शान से, कैसा अलबेला राजा मैं—
टाँगें उनकी, उनकी फुर्ती—सब जैसे मेरी है!"

मार्क्स ने इसी सन्दर्भ में शेक्सपीयर को भी उद्धृत किया है :

"सोना? पीला, जगमग, अनमोल सोना?
नहीं देवताओं, मैं
कोई निरा उपासक नहीं हूँ!...
इतना इसका स्याह को सफ़ेद, बुरे
को भला, सही ग़लत को, नीच को
श्रेष्ठ, युवा वृद्ध को
कायर को वीर बना देगा।

धर्मों को गढ़ेगा और तोड़ेगा, देगा आशीष
पापियों को, जीर्ण कुष्ठ को पूज्य बना देगा, देगा
चोरों को पद, पदवी, प्रतिष्ठा और पीठ पर
संसदों के साथ अनुमोदन : यही है
वह, जो जर्जरा, कंपितगात विधवा को
नववधू बना देता है।"

गेटे और शेक्सपीयर की रचनाओं से उद्धरण देने के बाद मार्क्स ने इन पंक्तियों के निहितार्थों का विश्लेषण किया है; इस विश्लेषण के कुछ अंश आगे दिये जा रहे हैं : "द्रव्य के माध्यम के जरिये मेरे लिए जो है— जिसके लिए मैं पैसा दे सकता हूँ (अर्थात् जिसे द्रव्य ख़रीद सकता है)— वह मैं स्वयं, द्रव्य का धारक हूँ। द्रव्य की शक्ति की सीमा मेरी शक्ति की सीमा है। द्रव्य के गुण मेरे—धारक के—गुण तथा तात्विक शक्तियाँ हैं। इस प्रकार मैं जो हूँ और जिसमें मैं समर्थ हूँ, वह किसी भी प्रकार मेरी वैयक्तिकता द्वारा नहीं निर्धारित होता है। मैं कुरूप हूँ, लेकिन मैं अपने लिए सुन्दरतम स्त्री को ख़रीद सकता हूँ। इसलिए मैं कुरूप नहीं हूँ, क्योंकि कुरूपता के प्रभाव—उसकी निवारक शक्ति—को द्रव्य निराकृत कर देता है। अपने वैयक्तिक लक्षणों के अनुसार मैं लँगड़ा हूँ, लेकिन द्रव्य मुझे चौबीस पैरों से युक्त कर देता है। इसलिए मैं लंगड़ा नहीं हूँ। मैं बुरा, बेईमान, चरित्रहीन, मूर्ख हूँ; लेकिन द्रव्य का और इसलिए उसके धारक का, सम्मान किया जाता है। द्रव्य सर्वोच्च भलाई है, इसलिए उसका धारक भला है। इसके अलावा द्रव्य मुझे बेईमान होने के झंझट से बचाता है—इसलिए मुझे ईमानदार माना जाता है। मैं बेअक्ल हूँ, लेकिन द्रव्य सभी चीज़ों की असली अक्ल है, फिर भला उसका धारक बेअक्ल कैसे हो सकता है? इसके अलावा वह बुद्धिमानों पर शक्ति रखता है, क्या वह बुद्धिमानों से अधिक बुद्धिमान नहीं है? क्या अपने द्रव्य की बदौलत मैं उस सबमें समर्थ नहीं हूँ; जिसके लिए मानव मन लालायित रहता है, क्या मेरे पास सारी मानव क्षमताएँ नहीं हैं? इसलिए क्या मेरा द्रव्य मेरी समस्त अक्षमताओं को उनके विलोम में नहीं परिणत कर देता है?"

मार्क्स ने शेक्सपीयर के साक्ष्य पर द्रव्य के दो विशेष गुणों का उल्लेख किया है। पहला गुण यह कि द्रव्य प्रत्यक्ष देवता की तरह है, जो मनुष्य के सभी नैसर्गिक गुणों को उसके विलोम में परिणत कर देता है। दूसरा यह कि द्रव्य एक बाज़ारू छिनाल की तरह है, जो राष्ट्रों और जातियों के बीच भड़ुये की तरह काम करता है।' द्रव्य की शक्ति का उल्लेख करते हुए मार्क्स ने लिखा है कि जो कुछ भी आप मनुष्य के नाते नहीं कर सकते, जिसे करने में आप की सारी वैयक्तिक तात्त्विक शक्तियाँ अक्षम हैं, वे सब आप द्रव्य के सहारे कर सकते हैं। इस तरह द्रव्य इन शक्तियों को एक ऐसी चीज़ में बदल देता है जो स्वयं उसमें नहीं है। द्रव्य इच्छाओं

को कल्पना में और कल्पनाओं को वांछित इन्द्रियगम्य वास्तविक अस्तित्व में रूपान्तरित कर देता है। इस प्रकार द्रव्य कल्पना को जीवन में, कल्पित स्वत्व को वास्तविक स्वत्व में परिवर्तित करने की शक्ति रखता है। इस मध्यस्थता को सम्पन्न करने में ही द्रव्य की सच्ची रचनात्मकता निहित है। इस प्रक्रिया को मार्क्स ज़्यादा सरल शब्दों में समझाते हुए लिखते हैं कि 'अगर मेरे पास यात्रा के लिए द्रव्य नहीं है तो मुझे यात्रा करने की कोई आवश्यकता अर्थात् कोई वास्तविक साध्य या आवश्यकता नहीं है। अगर मुझमें अध्ययन की वृत्ति है, लेकिन उसके लिए द्रव्य नहीं है, तो मुझमें अध्ययन की कोई वृत्ति नहीं है अर्थात् कोई प्रभावी वास्तविक वृत्ति नहीं है। तीसरी ओर, अगर मुझमें वास्तव में अध्ययन की वृत्ति नहीं है किन्तु उसके लिए संकल्प और द्रव्य है, तो मुझमें उसके लिए प्रभावी वृत्ति है।' द्रव्य की इस विकृत कर देने वाली शक्ति का उल्लेख करते हुए वे आगे लिखते हैं—'द्रव्य वफ़ा को बेवफ़ाई में, प्रेम को घृणा में, घृणा को प्रेम में, नेकी को बदी में, बदी को नेकी में, चाकर को मालिक में, मालिक को चाकर में, मूर्खता को बुद्धि में और बुद्धि को मूर्खता में परिणत कर देता है। द्रव्य की इस सर्वव्यापी शक्ति को ख़त्म किये बिना न तो सच्चे मनुष्य की कल्पना सम्भव है, न ही सच्चे प्रेम की। तभी प्रेम का केवल प्रेम से, विश्वास का विश्वास से विनिमय सम्भव हो सकता है।'

आधुनिक युग की एक महत्त्वपूर्ण विशेषता यह है कि इसमें सबकुछ लगातार बदल रहा होता है, सबकुछ जैसे एक गति और प्रवाह में बह रहा हो। ऐसे में व्यक्ति के लिए भी यह तय कर पाना मुश्किल होता है कि वह क्या है और क्या होना चाहता है। यहाँ तक कि कई बार तो वह अपने ही ख़िलाफ़ खड़ा दिखायी पड़ता है। रूसो ने अपने एक रोमांटिक उपन्यास The Ne2 Eloise में लिखा है कि सब कुछ 'एब्सर्ड' है। लेकिन अब किसी भी चीज़ से हमें कोई आघात या धक्का नहीं लगता, क्योंकि हर आदमी सबकुछ का अभ्यस्त हो गया है। रूसो पहले प्रेम के प्रति प्रतिबद्धता की घोषणा करता है; पर इस प्रकार का ऐलान करने के दौरान ही वह भयभीत भी है कि अगले दिन वह किसे प्रेम करेगा, उसे आज नहीं मालूम। वह अपने को किसी साकार वस्तु के साथ जोड़े रखना चाहता है, लेकिन उसकी आँखों के सामने 'फेंटम्स' दिखायी पड़ते हैं। जैसे ही उन्हें पकड़ने की कोशिश करता है, वे ग़ायब हो जाते हैं। हम एक ऐसे आधुनिक

परिवेश में जी रहे हैं, जिसमें संघर्ष और परिवर्तन से उथल-पुथल मच गया है, उन्माद और मानसिक बेचैनी बढ़ती जा रही है, अनुभव का लगातार विस्तार होता जा रहा है, नैतिक सीमाओं और वैयक्तिक सम्बन्धों का नाश होता जा रहा है। आत्म के विकास और आत्म के परायेपन की स्थिति बनी हुई है। सम्भवत: इसी कारण सड़क पर और आत्मा में फैंटम्स ही फैंटम्स दिखायी पड़ते हैं। हर चीज़ में उसके विरोधी तत्त्व उत्पन्न होने की सम्भावना मौजूद रहती है। मैक्सबैवर के शब्दों में आज विशेषज्ञ तो हैं लेकिन उनमें आत्मा नहीं है। मानवीय संवेदनाओं का बखान करने वाले तो हैं, लेकिन उनके पास हृदय नहीं। चीज़ों और मूल्यों को हिंसक रूप से तोड़ा तो जा रहा है, लेकिन नष्ट किये गये संसार के बदले नये संसार को बनाने की चिन्ता कहीं नहीं दिखायी पड़ती है। आधुनिकता की विडम्बना यह रही कि इसने खुलेपन और आज़ादी का तो बढ़-चढ़ कर जयघोष किया लेकिन संयम, ठहराव और त्याग के महत्त्व को लगभग दरकिनार कर दिया। हमारी इच्छाएँ तो बेलगाम हो गयीं और सीमाहीन सम्भावनाओं का आलिंगन करने लगीं, लेकिन इसी के कारण सारे मानवीय-मूल्य भी हवा में उड़ने लगे। मार्क्स के शब्दों में जो कुछ भी ठोस था, वह हवा में पिघल गया।

दो

गेटे का फाउस्ट आधुनिकता की सम्भावनाओं और विडम्बनाओं का सम्भवत: किसी भी भाषा में लिखा गया महान रूपक है। फाउस्ट वैज्ञानिक मानवीय ज्ञान का साधक है। वह विज्ञान और तर्क-बुद्धि के जरिये जीवन-जगत के सारे रहस्य जान लेना चाहता है। सूत्र रूप में कहें तो वह ज्ञानोदय की परम्परा का संवाहक बुद्धिजीवी है। लेकिन उसे कालान्तर में यह एहसास होता है कि विज्ञान और तर्क-बुद्धि ने उसके विश्वास और जीवन जीने के औचित्य को ही नष्ट कर दिया है। उसे अपना जीवन रिक्त और विभाजित प्रतीत होने लगता है और आत्मा की शान्ति नष्ट हो जाती है। गेटे के शब्दों में कहें तो फाउस्ट को यह प्रतीति होती है कि उसके सीने में दो आत्माएँ वास करती हैं। मेफिस्तोफिलीज और फाउस्ट वास्तव में दो अलग चरित्र नहीं हैं बल्कि एक ही व्यक्ति की दो प्रवृत्तियाँ हैं। फाउस्ट को लगता है कि विज्ञान एवं तर्क-बुद्धि के द्वारा नष्ट कर दिये गये

विश्वास और जीवन जीने के औचित्य को प्रेम और ट्रेजेडी द्वारा दोबारा पाया जा सकता है। इसी मानसिक उथल-पुथल के दौरान मेफिस्तोफिलीज उसके सम्पर्क में आता है। मेफिस्तोफिलीज शैतान का प्रतीक है। फाउस्ट मेफिस्तोफिलीज से अपने ख़ून से लिख कर एक समझौता करता है। इस समझौते के मुताबिक फाउस्ट जो भी चाहेगा मेफिस्तोफिलीज पूरा करेगा और इसके बदले में फाउस्ट मेफिस्तोफिलीज की नर्क में मदद करेगा। इस समझौते में यह भी शामिल है कि ऐसे किसी भी काम को जिसमें फाउस्ट की मदद शैतान ने की है, यदि फाउस्ट रम जाता है तो उसी क्षण उसकी मौत हो जायेगी।

ग्रेचेन पवित्रता, मासूमियत और सुन्दरता की मूरत है। शैतान की मदद से फाउस्ट उसे अपनी ओर आकृष्ट करने में सफल हो जाता है और उसके विश्वासों को तोड़ देता है। ग्रेचेन अपनी माँ को नींद की दवा देकर मार देती है, ताकि उसे फाउस्ट से मिलने का एकान्त मिल सके। ग्रेचेन को पता चलता है कि वह गर्भवती है। ग्रेचेन का भाई फाउस्ट को चुनौती देता है। लेकिन शैतान की सहायता से फाउस्ट उसकी हत्या कर देता है। ग्रेचेन अपनी अवैध संतान को डुबो देती है। फाउस्ट ग्रेचेन को जेल से निकालने की कोशिश करता है। लेकिन ग्रेचेन जेल से भागने से इंकार कर देती है। फाउस्ट और शैतान को वहाँ से भागना पड़ता है। तभी स्वर्ग से यह आकाशवाणी सुनाई पड़ती है कि ग्रेचेन बच जायेगी।

'फाउस्ट' के दूसरे भाग में फाउस्ट की सामाजिक उपलब्धियों का बखान है। फाउस्ट अपने अमूर्त्त विचारों को मूर्त्त रूप देने, अपने सपनों के मुताबिक समाज को परिवर्तित करने में काफ़ी हद तक सफल होता है। वह महान विजय हासिल करता है और सामाजिक कार्यों के लिए विख्यात होता है। यहाँ तक कि उसे इम्पीरियल कोर्ट का सदस्य बना दिया जाता है। इन सारी उपलब्धियों के बावजूद उसे मानसिक शान्ति और सन्तोष हासिल नहीं होता और मोहभंग की स्थिति में उसकी मृत्यु होती है।

यह सही है कि फाउस्ट एक निहलिस्ट चरित्र है। लेकिन फाउस्ट के जरिये गेटे तर्क-बुद्धि और वैज्ञानिक सोच की सीमा की ओर संकेत करते हैं। यही नहीं, गेटे संशयग्रस्त, आत्मकेन्द्रित, व्यक्तिवाद के अन्तर्विरोध और विसंगतियों की ओर भी संकेत करते हैं। आत्मकेन्द्रित व्यक्तिवाद की समस्या यह है कि वह अपने से ऊपर उठ कर दूसरे से प्रेम नहीं कर

सकता। वह अक्सर पैसे या शक्ति के द्वारा प्रेम ख़रीदता है। इस प्रकार के सम्बन्ध की बुनियाद में ही शैतानी वासना का वास है। इस प्रक्रिया द्वारा कायम हुए प्रेम का अन्त किसी न किसी प्रकार की ट्रेजेडी में होना अवश्यम्भावी है लेकिन मेफिस्तोफिलीज का फाउस्ट के लिए सन्देश यह है कि इस तरह की घटनाओं से अपराधबोध-ग्रस्त होने और अपने को अपराधी मानने की ज़रूरत नहीं है। ये निर्माण/रचना के दौरान घटित होने वाली दुर्घटनाएँ हैं। जीवन ऐसे ही चलता है। स्वप्न की रचनात्मकता को चरितार्थ करने के दौरान एक ज़रूरी हिस्से के रूप में इस प्रकार की दुर्घटनाएँ होती हैं। मेफिस्तोफिलीज फाउस्ट से कहता है कि सबसे बहुमूल्य वस्तु गति है। जो भी व्यक्ति इस संसार में महान कार्य करना चाहता है, उसे गति की ज़रूरत है। गति से एक पौरुषपूर्ण प्रभामण्डल निर्मित होता है। इस तरह द्रव्य, गति, सेक्स और सत्ता ऐसे नियामक तत्त्व हैं, जिनका सम्बन्ध केवल पूँजीवादी समाज से ही नहीं, बल्कि समाजवादी समाज से भी बनता है। आधुनिक समाज एक ऐसा समाज है, जिसमें शरीर सहित अपनी सारी शक्तियों और दूसरे व्यक्तियों का भी इस्तेमाल हम अपने फायदे और ख़ुशी के लिए करते हैं। फाउस्ट को भी लगता है कि सबसे ज़रूरी चीज़ है गतिशीलता। यदि मैं ठहर गया तो दास बन जाऊँगा, क्योंकि महत्त्वपूर्ण प्रक्रिया है, परिणाम नहीं।

नारीवादी चिन्तकों ने स्त्री-पुरुष सम्बन्ध और प्रेम को लेकर बहुत गम्भीर और महत्त्वपूर्ण कार्य किया। कई बार तो वे इस नतीजे पर पहुँचीं कि परिवार, प्रेम और संतान पुरुष की सत्ता को बनाये रखने वाली विचारधारा का हिस्सा हैं। इनकी बातों को ग़लत भी नहीं कहा जा सकता, लेकिन क्या यह सच नहीं कि मार्क्स के विचार और गेटे का 'फाउस्ट' स्त्री-पुरुष सम्बन्ध और प्रेम को कई बार ज़्यादा वृहदतर आयाम में—आधुनिकता के साथ जोड़ कर समझने में—हमारी मदद करते हैं।

अपने-अपने गांधी

स्वतन्त्र भारत में कम से कम वर्ष में एक बार गांधी जयन्ती के अवसर पर गांधी को याद करने की परम्परा चली आ रही है। इस बार भी दो अक्टूबर को गांधी को याद करने की परम्परा का निर्वाह किया गया। आधुनिक भारतीय समाज पर आज की तारीख़ में भी गांधी का इतना गहरा प्रभाव है कि सत्ता में चाहे जो हो, उसकी विचारधारा कुछ भी हो, वह गांधी को दरकिनार नहीं कर सकता। लेकिन यह भी देखने में आता है कि अलग-अलग वर्ग, समुदाय और विचारधारा के लोग गांधी को अपने ही ढंग से याद करते हैं। यही नहीं, स्वयं को गांधीवादी कहने वाले लोगों के लिए भी गांधीवाद के मायने अलग-अलग हैं। यानी सब के अपने-अपने गांधी हैं और गांधीवाद की उनके द्वारा की गयी व्याख्याएँ भी अलग-अलग हैं।

सच तो यह है कि सत्ताधारियों ने गांधी को अक्सर अपनी राजनीतिक ज़रूरत के हिसाब से इस्तेमाल किया है। नेहरू और कांग्रेस ने ही नहीं बल्कि भाजपा भी गांधी का सम्प्रति अपने राजनीतिक लाभ के लिए इस्तेमाल कर रही है। लेकिन जो लोग सीधे सत्ता में नहीं थे, उन्होंने भी गांधी के चिन्तन के किसी एक पक्ष को ही गांधीवाद के रूप में व्याख्यायित किया और उसी के अनुरूप आचरण भी किया। कुछ लोगों को ग्राम स्वराज, सादगी भरा जीवन, दीन-दुखियों की सेवा, त्याग-तपस्या और करुणा के आदर्श ही गांधीवाद के पर्याय लगते हैं। कुछ लोग खादी और हस्तशिल्प के प्रचार-प्रसार को ही गांधीवाद का पर्याय मान लेते हैं। यही नहीं, कुछ लोगों के लिए तो शाकाहारी होना, भजन-कीर्तन करना और साम्प्रदायिक सद्‌भाव में विश्वास रखना ही गांधीवादी होना है। प्रकृति की

चिन्ता करने वाले बहुत सारे पर्यावरणवादी भी स्वयं को प्रकारान्तर से गांधी का वारिस मानते हैं। मज़ा तो यह है कि विगत वर्षों में गांधी को उत्तर-आधुनिक चिन्तक के रूप में भी व्याख्यायित करने की कोशिश की गयी है।

यह सही है कि गांधी का सम्बन्ध ऊपर बताये गये सभी मुद्दों से किसी न किसी प्रकार से जुड़ता है। लेकिन इससे गांधी के चिन्तन की समग्रता और मूल संवेदना का बोध नहीं होता। असल में गांधी का चिन्तन आधुनिकता की ज्ञान-मीमांसात्मक बुनियाद की आलोचना करने वाला सत्ता-विरोधी 'रेडिकल' चिन्तन है। यह सही है कि गांधी का रेडिकल चिन्तन प्राय: ऐसी शब्दावली और मुहावरों में रचा गया है, जिससे उसकी क्रान्तिकारी परिणतियों का अनुमान कई बार बड़े विद्वानों को भी नहीं हो पाता। यह ही नहीं, आधुनिकता के कुछ बुनियादी सिद्धान्तों की उनके द्वारा की गयी आलोचना लम्बे समय तक ज़्यादातर विद्वानों को प्रगति-विरोधी और अतीतजीवी लगती थी। इक्कीसवीं सदी में अब जा कर विद्वानों की समझ में आ रहा है कि कई मामलों में गांधी का चिन्तन उस दौर के क्रान्तिकारी माने जाने वाले चिन्तन से भी ज़्यादा क्रान्तिकारी चिन्तन रहा है। उदाहरण के लिए सतही तौर पर देखने पर गांधी एक हिन्दूवादी चिन्तक लग सकते हैं। लेकिन यदि गांधी वास्तव में हिन्दूवादी चिन्तक होते तो नाथूराम गोडसे उन्हें गोली मारने के बजाय अपने आदर्श नेता के रूप में पूजता। कुछ लोग गांधी को पूँजीपतियों का नेता मानते रहे हैं। यदि गांधी सिर्फ़ पूँजीपतियों के नेता होते तो फिर औद्योगीकरण, विकास और सुख-समृद्धि की आधुनिकताजन्य अवधारणाओं की इतनी गहरी आलोचना क्यों करते। इसी प्रकार गांधी को प्रगति-विरोधी चिन्तक कहना भी अब सही नहीं लगता। क्योंकि प्रगति की जिस अवधारणा के आधार पर गांधी को प्रगति-विरोधी सिद्ध किया जाता रहा है, वह अब विकास की बजाय विनाश की ओर ले जाने वाली अवधारणा साबित हो रही है। संयम, सादगी, त्याग और करुणा की बातें करने वाले गांधी बहुत सारे लोगों को स्वतन्त्रता-विरोधी पारम्परिक चिन्तक लगते थे। लेकिन अब यह समझ में आ रहा है कि जिस स्वतन्त्रता की बात इतने जोर-शोर से आधुनिक दौर में की गयी, वह वास्तव में मनुष्य को पराधीनता की ओर ले जाने वाली सिर्फ़ एक युक्ति थी। उसका उद्देश्य मनुष्य को उपभोक्ता के रूप में

रूपान्तरित करना था। यह अकारण ही नहीं है कि आधुनिक युग में मनुष्य की स्वाधीनता बाज़ार के उत्पादों के पीछे भागने के कारण और भी घटी है। यही कारण है कि आधुनिक जीवन में असन्तोष और तनाव बढ़ा है। मनुष्य अनेक प्रकार की मानसिक बीमारियों से ग्रस्त हो गया है। दिलचस्प है कि एक हिन्दी फ़िल्म में गांधी को एक मनोचिकित्सक के रूप में पेश किया है।

गुजरात के पूर्व मुख्यमन्त्री और सम्प्रति भारत के प्रधानमन्त्री नरेन्द्र मोदी ने इस वर्ष गांधी की एक 'नयी' व्याख्या प्रस्तुत की है। इस व्याख्या के अनुसार सच्चा गांधीवादी वह है, जो अपने घर, गाँव और शहर की सफ़ाई का ध्यान रखता है। भारत को साफ़-सुथरा रखना ही गांधी के प्रति सच्ची श्रद्धांजलि है। उल्लेखनीय है कि गांधी के लिए साफ़-सफ़ाई का महत्त्व सिर्फ़ प्रतीकात्मक और प्रचारात्मक नहीं था। वे हर रोज़ साफ़-सफ़ाई से जुड़े काम ख़ुद अपने हाथ से करते थे। ख़ास बात यह है कि साफ़-सफ़ाई से उनका मतलब सिर्फ़ बाहरी सफ़ाई से नहीं था, उनका सम्बन्ध आत्मा की सफ़ाई और पवित्रता से भी था। मन के विकारों को दूर करना, प्राणी मात्र के प्रति करुणा और प्रेम का भाव रखना और अपनी आवश्यकताओं को सीमित करना गांधी के चिन्तन के महत्त्वपूर्ण आयाम हैं। इसीलिए स्वराज को वे स्वशासन और आत्मानुशासन के रूप में व्याख्यायित करते हैं। आत्मानुशासन के बिना गांधी के अनुसार स्वराज का मकसद ही व्यर्थ हो जाता है। आत्मानुशासन के बिना उन सारी विपत्तियों का जन्म होता है, जिसका सामना समकालीन भारतीय समाज इस समय कर रहा है। लेकिन आधुनिक औद्योगिक सभ्यता में भावी समाज का भविष्य देखने वाले चिन्तक इस संकट का अनुमान ही नहीं लगा पाये। बाहरी साफ़-सफ़ाई ज़रूरी है लेकिन सिर्फ़ बाहरी साफ़-सफ़ाई से भारतीय समाज का भला नहीं होने वाला। सच तो यह है कि सिर्फ़ बाहरी साफ़-सफ़ाई की बात करने वाले औद्योगीकरण से प्रकृति और पर्यावरण का बड़े पैमाने पर होने वाले प्रदूषण की सच्चाई का उल्लेख नहीं करते। औद्योगीकरण से होने वाले प्रदूषण की बात को छोड़ कर साफ़-सफ़ाई की बात करना कहाँ तक उचित है! स्वच्छ भारत की बात करने वालों को औद्योगीकरण से होने वाले प्रकृति और पर्यावरण के विनाश के बारे में भी अपनी नीति स्पष्ट करनी चाहिए और गांधी द्वारा इस विषय पर दी गयी शिक्षा को याद करना

चाहिए। वैसे तो यह उत्तर–आधुनिक समय है, जहाँ सब कुछ चलता है। अपने फ़ायदे के लिए किसी भी चीज़ का इस्तेमाल कीजिए। यहाँ तक कि वैचारिक असहमति के बावजूद विरोधी का भी अपने फ़ायदे के लिए इस्तेमाल कीजिए। स्वच्छ भारत अभियान के लिए भाजपा द्वारा गांधी का इस्तेमाल इसी सिलसिले की एक कड़ी है। अन्यथा भाजपा के अँगने में गांधी, विवेकानन्द और भगत सिंह का क्या काम!